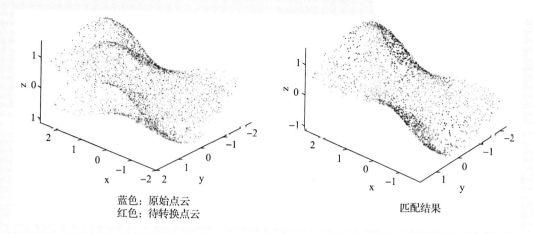

蓝色：原始点云
红色：待转换点云

匹配结果

图 2-36　点云匹配示意图

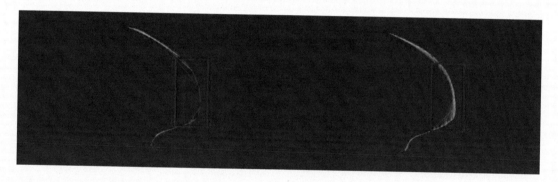

图 2-46　算法跟踪效果图

注：左边为传统的算法，右边为改进的算法。其中，蓝色是摄像头的位姿，绿色的线条为各摄像头位姿之间的约
　　束关系。

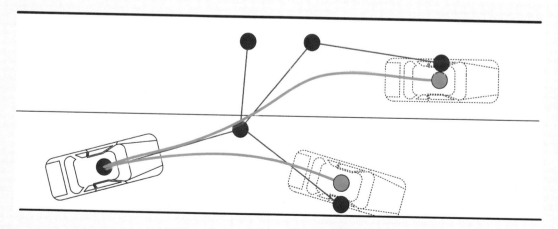

图 3-24　CL-RRT 方法效果示意图

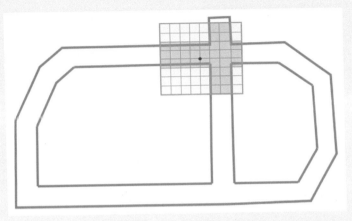

图 5 – 47 ROI 显示查找表（LUT）

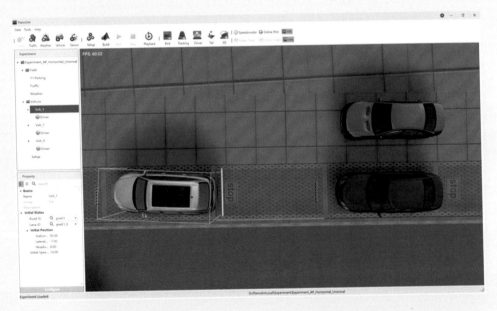

图 5 – 55 平行泊车非标准车位场景

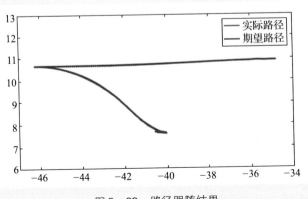

图 5 – 63 路径跟随结果

普通高等教育新工科汽车类系列教材（智能汽车·新能源汽车方向）

智能汽车技术

主　编　朱　冰

副主编　张素民　何　睿　李　刚　　任秉韬

参　编　赵　健　吴　坚　孙　浩

机械工业出版社

智能汽车技术高度融合了车辆工程、现代传感、信息通信、自动控制、计算机和人工智能等技术，是未来汽车新技术集成的载体，代表着未来汽车科技的战略制高点。本书对智能汽车技术进行了系统介绍，主要内容包括：智能汽车概论、智能汽车环境感知与定位技术、智能汽车决策规划技术、智能汽车轨迹跟随控制技术、典型智能汽车系统和智能汽车虚拟测试评价技术。为了帮助读者更好地理解智能汽车技术，本书在每章的最后均基于模拟仿真平台对书中所提到的各项关键技术进行了仿真实例介绍。

本书可以作为高等院校车辆工程专业或其他相关专业本科生及研究生课程的专业教材，也可供从事智能汽车相关行业的工程技术人员使用和参考。

图书在版编目（CIP）数据

智能汽车技术 / 朱冰主编. —北京：机械工业出版社，2021.2（2025.6 重印）

普通高等教育新工科汽车类系列教材. 智能汽车·新能源汽车方向

ISBN 978 - 7 - 111 - 67514 - 3

Ⅰ. ①智… Ⅱ. ①朱… Ⅲ. ①智能控制-汽车-高等学校-教材 Ⅳ. ①U46

中国版本图书馆 CIP 数据核字（2021）第 027194 号

机械工业出版社（北京市百万庄大街 22 号 邮政编码 100037）
策划编辑：赵海青 责任编辑：李 军 徐 霆
责任校对：刘雅娜 责任印制：常天培
河北虎彩印刷有限公司印刷

2025 年 6 月第 1 版 第 3 次印刷
184mm×260mm·14 印张·1 插页·346 千字
标准书号：ISBN 978 - 7 - 111 - 67514 - 3
定价：59.90 元

电话服务 网络服务
客服电话：010 - 88361066 机 工 官 网：www.cmpbook.com
　　　　　010 - 88379833 机 工 官 博：weibo.com/cmp1952
　　　　　010 - 68326294 金 书 网：www.golden-book.com
封底无防伪标均为盗版 机工教育服务网：www.cmpedu.com

序

  智能汽车是汽车电子信息化与智能化等现代科学技术的集大成者，是解决交通系统长期面临的诸多挑战的关键技术，代表着现代汽车技术与产业发展的大趋势。智能汽车集环境传感感知、决策与规划、控制与执行等系统于一体，将颠覆性地创新并改变传统汽车及汽车产业格局，对于传统汽车工业转型升级并形成全新产业生态体系、应对新一轮科技创新和产业变革带来的挑战都具有十分重要的战略意义。国家发改委、中央网信办、科技部、工业和信息化部等多部委在 2020 年 2 月 24 日联合发布的《智能汽车创新发展战略》，把智能汽车的发展提升到了突破并带动国家创新能力全面提升的高度，使之成为汽车强国战略选择。

  智能汽车也是人工智能技术的最大应用场景和万物互联的最重要载体。大力发展智能汽车不仅有利于形成对未来产生深远影响的"汽车 + 互联网 + 人工智能"产业生态，也是推动人工智能技术应用的最大场景和载体。人工智能作为第四次工业革命的重大标志性技术，已经成为包括我国在内的世界各国提升国家竞争力、维护国家安全的重大战略，而人工智能技术的人才培育成为落实这一重大战略的关键举措。教育部发布的《高等学校人工智能创新行动计划》强调，要围绕人工智能领域基础理论、核心关键共性技术和公共支撑平台等方面需求，大力培养新型复合型专业人才。随着汽车智能驾驶应用的不断扩大，智能汽车领域的人才需求不断增强，因此通过开设智能汽车技术课程，培养具有跨学科专业背景、掌握人工智能与智能驾驶技术的高端复合型人才具有重要意义。

  本书由一批活跃在智能汽车理论研究与技术应用一线的中青年优秀学者和科研人员执笔编写，不仅涵盖范围广泛，而且内容丰富翔实，涉及的知识体系和应用领域已大大超越了传统的汽车领域，广泛地涵盖了包括电子信息、自动控制、计算机软硬件、人工智能等在内的许多新兴学科。它不仅是智能汽车的专业教材，也是跨学科融合、多学科交叉的平台。特别值得关注的是，本书借助自主研发的仿真软件工具进一步强化了智能汽车技术的概念、方法和应用，通过虚拟场景、车辆及传感器

建模等技术手段，生动、形象且直观地呈现所讲解的智能汽车技术，也便于理论与实践、技术与应用的有机结合，对于掌握智能汽车技术，培养新工科思维、素质教育与创新模式，特别是探索智能汽车技术生动有效的教学方式等都是十分重要且有益的尝试。

本书的出版作为教材或参考书为相关领域的教学与人才培养提供了一个较好的选择，为步入智能驾驶世界的初学者开启一扇大门，也为深耕智能驾驶领域的科研和工程技术人员提供了一套有价值的技术参考资料。

邓伟文

前　言

当今世界，新一轮科技革命和产业变革方兴未艾，智能汽车已成为全球汽车产业发展的战略方向。智能汽车技术高度融合了车辆工程、现代传感、信息通信、自动控制、计算机和人工智能等技术，是未来汽车新技术集成的载体，代表着未来汽车科技的战略制高点。

当前，智能汽车产业快速发展和人才缺失之间的矛盾日益突出。为了加快智能汽车人才培养与储备，世界各国的高等教育机构均大力进行智能汽车新工科专业人才培养，我国教育部先后发布的《关于开展新工科研究与实践的通知》《关于推进新工科研究与实践项目的通知》《高等学校人工智能创新行动计划》等一系列政策文件中，均将完善智能汽车相关领域人才培养体系作为重要的工作内容。本书编者结合长期从事的智能汽车科研工作和吉林大学《汽车智能化技术》课程的多年教学实践，对智能汽车技术进行了系统梳理，形成了本教材。

本书由吉林大学朱冰教授主编，朱冰教授编写第1章、第3章、第5章和第6章，张素民副教授编写第2章，何睿副教授编写第4章；辽宁工业大学李刚教授参与了第5章编写，北京航空航天大学任秉韬博士、吉林大学吴坚教授、张素民副教授参与了第6章编写，吉林大学赵健教授、北京联合大学孙浩博士参与了第3章编写。在编写过程中，得到了吉林大学张培兴博士、宋东鉴博士、陶晓文硕士、蒋渊德博士、韩嘉懿博士、王志伟硕士、李雅欣博士、孙宇航博士等的帮助，也得到了北京航空航天大学邓伟文教授的指导，在此一并向他们表示感谢。

本书得到了国家重点研发计划课题（2018YFB0105103）、国家自然科学基金项目（51775235）、教育部产学合作协同育人项目（201901203002）、吉林省本科教学改革研究重点项目（JLZG1350201907222191930）、吉林大学本科教学改革研究重点项目（2019XZD032）的部分资助，特此致谢。

由于编者的水平能力有限，加之经验不足，书中难免有疏漏之处，恳请各位同行和广大读者批评指正。

编　者

目　录

第3章　智能汽车决策规划技术

第4章　智能汽车轨迹跟随控制技术

第5章　典型智能汽车系统

第6章　智能汽车虚拟测试评价技术

第1章
智能汽车概论

当今世界正经历百年未有之大变局，新一轮科技革命和产业变革方兴未艾，智能汽车已成为全球汽车产业发展的战略方向。智能汽车技术高度融合了车辆工程、现代传感、信息通信、自动控制、计算机和人工智能等技术，是未来汽车新技术集成的载体，代表着未来汽车科技的战略制高点。

1.1 智能汽车基本概念

1.1.1 智能汽车定义

智能汽车（Intelligent Vehicle，IV）是指搭载先进的车载传感器、控制器、执行器等装置，并融合人工智能等新技术，具备复杂环境感知、智能决策、自动控制等功能，可实现安全、舒适、节能、高效行驶的新一代汽车。智能汽车通常又称为智能网联汽车、自动驾驶汽车等。

1.1.2 智能汽车分级

智能汽车涵盖的范围很广，包括辅助驾驶、部分自动驾驶以及完全自动驾驶等多个方面。根据汽车自动化程度的不同，智能汽车可以分成不同的等级。不同机构对智能汽车的等级划分也不尽相同，美国国家高速公路交通安全管理局（National Highway Traffic Safety Administration，NHTSA）将智能汽车技术分成五个等级：

L0 级别：人工驾驶，无自动控制，车辆完全由人类驾驶人控制。一些车辆虽然装配有某些安全警示系统，如碰撞预警系统、盲区监测系统等，但仍属于这一级别。

L1 级别：驾驶辅助，单一功能自动驾驶，车辆包含对转向或加速/制动的自动控制功能，但是不能协同控制转向和加速/制动，即辅助驾驶系统仅提供纵向和侧向中的一个方向上的辅助。

L2 级别：部分自动驾驶，车辆能够同时协同控制转向和加速/制动，实现在特定环境下的自动驾驶，同时解放驾驶人的手和脚。这一级别的智能驾驶在周边环境不满足条件时，自动驾驶系统会随时退出，需要驾驶人始终关注周边环境，并随时接管车辆。

L3 级别：有条件自动驾驶，车辆能够实现特定环境下的自动驾驶。例如，在高速公路等有限条件下，自动驾驶系统可以独立控制车辆，然而在紧急情况下仍然会需要驾驶人接

管车辆，但车辆能够自主判断是否需要驾驶人介入，并预留出足够的驾驶人反应时间。

L4 级别：完全自动驾驶，这也是我们通常所说的无人驾驶，用户在设定目的地后不再参与驾驶操作，全程由车辆自主驾驶，在保证安全行驶的同时完成驾驶任务。

美国汽车工程师学会（Society of Automotive Engineers，SAE）发布的 J3016 是另一种比较有代表性的分级标准，对智能汽车分级进行了细化的规定，将 NHTSA L4 级别细分为 L4 高度自动驾驶和 L5 完全自动驾驶两个级别。其中，SAE L4 级别是指车辆具备在特定道路环境下实现完全自动驾驶的能力，无需驾驶人参与驾驶过程，在特殊情况下也能够自行解决问题，无需驾驶人接管车辆；而 SAE L5 级别是指车辆具备在所有交通环境下实现完全自动驾驶的能力。

NHTSA 与 SAE 对智能汽车的具体分级见表 1-1。

表 1-1　NHTSA 与 SAE 对智能汽车的具体分级

NHTSA 分级	SAE 分级	名称	定义	动态驾驶任务		动态驾驶任务接管	设计运行范围
				汽车侧向和纵向控制	监测		
L0	L0	人工驾驶	完全由人类驾驶人进行驾驶任务操作	驾驶人	驾驶人	驾驶人	无
L1	L1	驾驶辅助	自动驾驶系统进行侧向或纵向中的一种控制操作	驾驶人和系统	驾驶人	驾驶人	有条件
L2	L2	部分自动驾驶	在驾驶人的监测下，自动驾驶系统同时进行车辆侧向、纵向控制	系统	驾驶人	驾驶人	有条件
L3	L3	有条件自动驾驶	在规定的设计运行区域中由自动驾驶系统监测汽车的运行及控制，必要时由驾驶人进行接管	系统	系统	必要时由驾驶人接管	有条件
L4	L4	高度自动驾驶	在规定的设计运行区域中由自动驾驶系统完成整个驾驶任务，不需要驾驶人进行接管操作	系统	系统	系统	有条件
	L5	完全自动驾驶	在所有交通环境下完全由自动驾驶系统完成汽车的全部驾驶任务	系统	系统	系统	任何情况

其中，相关术语的含义如下：

动态驾驶任务（Dynamic Driving Task，DDT）：除导航、目的地选择等策略性功能外，完成车辆驾驶所需的感知、决策和执行等行为，如车辆横向运动控制、车辆纵向运动控制、目标和事件探测与响应、驾驶决策、车辆照明及信号装置控制等。

动态驾驶任务接管（Dynamic Driving Task Fallback，DDTF）：当发生驾驶自动化系统失效、车辆其他系统失效或即将不满足设计运行条件时，由用户执行动态驾驶任务或由用户/驾驶自动化系统使车辆达到最小风险状态的行为。

设计运行范围（Operational Design Domain，ODD）：设计时确定的智能汽车驾驶自动化功能的本车状态和外部环境，如车速、道路、交通、天气、光照等。

我国对智能汽车的分级最早出现在《中国制造 2025》重点领域技术路线图中，将智能网联汽车分为辅助驾驶（Driver Assistance，DA）、部分自动驾驶（Partial Automation，PA）、高度自动驾驶（High Automation，HA）和完全自动驾驶（Full Automation，FA）四级。其中，DA 是指辅助驾驶，包括一项或多项局部自动功能，并能提供基于网联的智能提醒信息；PA 是指部分自动驾驶，在驾驶人短时间转移注意力仍可保持控制，失去控制10 秒以上予以提醒，并能提供基于网联的智能引导信息；HA 是指高度自动驾驶，在高速公路和市内均可自动驾驶，偶尔需要驾驶人接管，但是有充分的移交时间，并能提供基于网联的智能控制信息；FA 是指完全自动驾驶，驾驶权完全移交给车辆。

2020 年 3 月，我国工业和信息化部颁布了《汽车驾驶自动化分级》国家标准，这是我国智能汽车标准体系的基础类标准之一。该标准按照由低到高的自动化等级将智能汽车分为应急辅助、部分驾驶辅助、组合驾驶辅助、有条件自动驾驶、高度自动驾驶和完全自动驾驶共六个级别，见表 1 - 2。以下详细介绍各等级的技术要求。

表 1 - 2　我国智能汽车分级

分级	名称	车辆横、纵向运动控制	目标和事件探测与响应	动态驾驶任务接管	设计运行条件
0 级	应急辅助	驾驶人	驾驶人及系统	驾驶人	有限制
1 级	部分驾驶辅助	驾驶人及系统	驾驶人及系统	驾驶人	有限制
2 级	组合驾驶辅助	系统	驾驶人及系统	驾驶人	有限制
3 级	有条件自动驾驶	系统	系统	动态驾驶任务接管用户（接管后为驾驶人）	有限制
4 级	高度自动驾驶	系统	系统	系统	有限制
5 级	完全自动驾驶	系统	系统	系统	无限制

0 级驾驶自动化（应急辅助）：

1）具备持续执行部分目标和事件探测与响应的能力。

2）当驾驶人请求驾驶自动化系统退出时，立即解除系统控制权。

1 级驾驶自动化（部分驾驶辅助）：

1）持续地执行动态驾驶任务中的车辆横向或纵向运动控制。

2）具备与车辆横向或纵向运动控制相适应的部分目标和事件探测与响应的能力。

3）当驾驶人请求驾驶自动化系统退出时，立即解除系统控制权。

2级驾驶自动化（组合驾驶辅助）：

1）持续地执行动态驾驶任务中的车辆横向和纵向运动控制。

2）具备与车辆横向和纵向运动控制相适应的部分目标和事件探测与响应的能力。

3）当驾驶人请求驾驶自动化系统退出时，立即解除系统控制权。

3级驾驶自动化（有条件自动驾驶）：

1）仅允许在设计运行条件内激活。

2）激活后在设计运行条件内执行全部动态驾驶任务。

3）识别是否即将不满足设计运行条件，并在即将不满足设计运行条件时，及时向动态驾驶任务接管用户发出接管请求。

4）识别驾驶自动化系统失效，并在发生驾驶自动化系统失效时，及时向动态驾驶任务接管用户发出接管请求。

5）识别动态驾驶任务接管用户的接管能力，并在用户的接管能力即将不满足要求时，发出接管请求。

6）在发出接管请求后，继续执行动态驾驶任务一定的时间供动态驾驶任务接管用户接管。

7）在发出接管请求后，如果动态驾驶任务接管用户未响应，适时执行风险减缓策略。

8）当用户请求驾驶自动化系统退出时，立即解除系统控制权。

4级驾驶自动化（高度自动驾驶）：

1）仅允许在设计运行条件内激活。

2）激活后在设计运行条件内执行全部动态驾驶任务。

3）识别是否即将不满足设计运行条件。

4）识别驾驶自动化系统失效和车辆其他系统失效。

5）在发生下列情况之一时，执行动态驾驶任务接管并自动达到最小风险状态：

① 即将不满足设计运行条件。

② 驾驶自动化系统失效或车辆其他系统失效。

③ 用户未响应接管请求。

④ 用户要求实现最小风险状态。

6）除下列情形以外，不得解除系统控制权：

① 已达到最小风险状态。

② 驾驶人在执行动态驾驶任务。

7）当用户请求驾驶自动化系统退出时，解除系统控制权，如果存在安全风险，可暂缓解除。

5级驾驶自动化（完全自动驾驶）：

1）无设计运行条件限制。

2）激活后执行全部动态驾驶任务。

3）识别驾驶自动化系统失效和车辆其他系统失效。

4）在发生下列情形之一时，执行动态驾驶任务接管并自动达到最小风险状态：

　　① 驾驶自动化系统失效或车辆其他系统失效。

　　② 用户未响应接管请求。

　　③ 用户要求实现最小风险状态。

5）除下列情形以外，不得解除系统控制权：

　　① 已达到最小风险状态。

　　② 驾驶人在执行动态驾驶任务。

6）当用户请求驾驶自动化系统退出时，解除系统控制权，如果存在安全风险，可暂缓解除。

其中，设计运行条件（Operational Design Condition，ODC）是指设计运行时确定的驾驶自动化功能可以正常工作的条件，包括设计运行范围、驾驶人状态以及其他必要条件。

1.2　智能汽车发展概述

1.2.1　智能汽车发展意义

汽车时代的到来拓展了人们对出行工具的选择范围，改变了人们的时空观念，但是随着汽车保有量的增加，伴随而来的道路交通事故频发、城市交通拥堵加剧和环境污染等一系列问题日益凸显，不仅给人们出行和城市发展带来严峻的挑战，也严重制约了经济、社会和环境的可持续发展。以智能汽车为核心，基于人工智能、互联网、大数据和云计算技术，具有高度智能化的人、车、路、网、云和社会一体化的新型智能交通系统是解决上述问题的根本途径。

研究和发展智能汽车具有重要的战略意义：

1）提升交通安全。据不完全统计，全球每年有约 130 万人死于交通事故，这些事故 90% 以上都与驾驶人的操作失误有关，不仅严重威胁人类的生命安全，其造成的经济损失也高达 2120 亿美元。智能汽车可有效地减少因驾驶人疲劳、瞌睡、分神、酒驾等引起的操作失误而造成的交通事故。

2）降低交通拥堵。交通拥堵不仅给人们的出行带来极大的不便，而且也造成了巨大的经济损失。据交通部发布的数据显示，我国每年因交通拥堵造成的经济损失高达 2500 亿人民币，占城市人口可支配收入的 20%。智能汽车可实时与其他车辆、交通平台、数据中心等交换信息，及时了解道路的实时拥堵情况，分享车辆的行驶意图，从而动态优化汽车驾驶路径，减少甚至避免拥堵的发生。

3）减轻驾驶负担。有别于传统汽车，在使用智能汽车时，驾驶人将驾驶任务交付

于智能驾驶系统，驾驶人不必时刻关注道路行驶情况，也不用对车辆状态进行连续的监测和控制，极大程度地解放了驾驶人的驾驶操作压力，同时还可使驾驶人在车辆上开展办公娱乐等活动，为驾驶人节约了路上的时间成本，使整个驾驶过程更加安全、舒适。

4）节约土地资源。根据公安部交管局的统计，截至2020年6月，我国汽车保有量已经达到2.7亿辆，全国机动车保有量高达3.6亿辆，据谷歌Waymo无人驾驶团队的统计数据，这些车辆的96%时间都处于空闲状态，这是对社会资源的极大浪费。与此同时，美国高盛公司和《经济学人》杂志指出，由于巨大的车辆保有量，美国24%的城市土地都用于修建停车区域，极大地消耗了珍贵的土地资源。在人们出行需求不断扩大的今天，智能汽车可实现智能共享，在降低汽车保有量的同时智能地分配汽车的停车位置，提高社会资源利用率。

5）减少环境污染。智能汽车从两个角度解决了排放污染的问题，一是从汽车的保有量，智能汽车能够降低车辆的保有量，并同时减少交通拥堵的情况，降低了因汽车保有量过多以及交通拥堵带来的大量排放；二是从整车的使用，智能汽车在驾驶的控制精度上具有较大优势，可以在已有的汽车状态需求下，更稳定、更精准地对汽车进行控制，使汽车尽可能地工作在最节省燃油的区间，从而减少了汽车的排放。

6）促进产业发展。智能汽车作为智能城市交通系统的重要组成，是构建绿色汽车社会的核心要素，其发展的意义不仅在于汽车产品与技术的升级，更是汽车及相关产业的全业态和价值链体系的重塑。智能汽车的发展离不开关键核心部件和核心技术的快速进步，而这些硬件、软件技术的发展将带动一大群产业的发展。

1.2.2　智能汽车发展历史

智能汽车发展历史可以分为两个阶段：

第一个阶段是2000年之前，这一阶段的智能汽车只能实现简单工况的智能驾驶和驾驶辅助，对环境适应性较差，受制于数据量及计算能力的约束，还停留在较低的智能化水平。

第二个阶段是2000年之后，随着海量数据及超高计算能力的出现，这一阶段的智能汽车技术得到了迅猛的发展，逐步实现了复杂环境及复杂工况的智能驾驶，驾驶辅助系统已经大规模商业化落地，高度自动驾驶系统也已经开展了大规模的实车道路测试。

智能汽车的概念出现很早，在1925年，美国第一辆智能汽车American Wonder诞生，如图1-1所示，自此拉开了智能汽车发展的序幕。American Wonder通过无线电控制汽车的转向盘、加速踏板、制动踏板和离合器等机械部件，在纽约街头实现了无人驾驶。在此之后，世界各国都陆续开展了智能汽车相关技术的研究，并有许多概念车先后问世。但直至21世纪初，由于技术条件的限制，这些车辆的智能驾驶功能还停留在较低的自动化水平，多以倒车雷达、定速巡航等基本功能为主，且行驶速度较低，对环境的适应性也很弱，实用性方面存在诸多不足。在此阶段，比较著名的项目有美国斯坦福国际研究所的 Shakey 机器人、美国卡内基梅隆大学的 NavLab 系列智能汽车项目、美国国防部 DEMO 计划和 DARPA 挑战赛、意大利 ARGO 试验车项目等。

图 1-1 第一辆智能汽车 American Wonder

1966—1972 年间，美国斯坦福国际研究所成功研制了世界上第一个真正可移动和感知的 Shakey 机器人，如图 1-2 所示。研究人员为 Shakey 装备了摄像头、三角法测距仪、碰撞传感器、驱动电机以及编码器，并通过无线通信系统由两台计算机控制。Shakey 具备一定的人工智能，能够自主进行感知、环境建模、行为规划和控制，这也成了后来机器人和无人驾驶的通用框架。

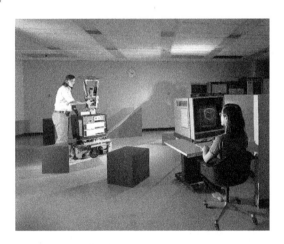

图 1-2 Shakey 机器人

1986 年，卡内基梅隆大学基于雪佛兰的一款厢式货车制造了第一代 NavLab 系列智能汽车——NavLab-1。其计算平台包括 Warp 计算机、陀螺仪、惯导系统以及卫星定位系统，可实现传感器信息融合、图像处理、路径规划等功能，在结构化道路的行驶速度最高为 28km/h。1995 年，其第二代产品 NavLab-5 问世，车体采用 Pontiac 车型，搭载 PANS 便携式高级导航支撑平台，在试验场的最高车速可达 88.5km/h，可实现侧向运动的完全自动控制，如图 1-3 所示。其最新平台为基于 Wrangler 吉普车的 NavLab-11，搭载 GPS、摄像头、陀螺仪、激光雷达和光电码盘等传感器，最高车速可达 102km/h。

图 1-3 NavLab-5 智能汽车

20 世纪 90 年代末期，美国国防部开始 DEMO 系列军事计划，期望通过无人车辆的研究发展未来无人战争。1999 年，DEMO A 智能侦察车试验启动，紧接着在 2000 年美国国防部又进行了 DEMO B 试验。在完成了 DEMO 计划不久，美国国防高级研究计划局在2004—2007 年先后开展了三届无人驾驶挑战赛，分别是 2004 年及 2005 年的 Grand Challenge 和 2007 年的 Urban Challenge。第一届比赛在美国莫哈维沙漠举办，虽有 15 支队伍参与决赛，但没有任何一支队伍完成正常比赛，其中卡内基梅隆大学的 Sandstrom 行驶了11.78km，取得了冠军。第二届比赛共有 5 支队伍（Stanley、Sandstrom、H1ghlander、Kat-5、TerraMax）完成全部比赛项目，其中斯坦福大学的 Stanley 以平均车速 30.7km/h 取得冠军。第三届比赛在美国加利福尼亚州举办，与前两次不同，这次比赛在市区道路行驶且要求遵守所有的交通规则。这是第一次不仅需要检测车辆和行人，而且需要考虑交通规则的无人驾驶比赛，这是对算法与计算机软、硬件的一次全新挑战。最终卡内基梅隆大学的Boss 智能汽车以总时长 4 小时 10 分 20 秒夺得了冠军，如图 1-4 所示。

图 1-4 Boss 智能汽车

意大利帕尔玛大学的 VisLab 实验室也一直致力于智能汽车——ARGO 的研究。1998 年ARGO 试验车在意大利汽车百年行活动中，沿着意大利高速公路网进行了长达 2000km 的试验，这是智能汽车的第一次长距离驾驶试验。在整个驾驶过程中，智能驾驶里程达到了行驶总里程的 94%，最高车速为 112km/h。2010 年，ARGO 试验车从意大利出发，沿着马可波罗的旅行线路参加中国上海举办的世博会。该车搭载一套 GPS 全球定位系统、一套惯性测试设备、三台 Linux 行车电脑、五个激光雷达、七个摄像头，如图 1-5 所示。整个驾驶旅程全部由智能驾驶系统进行控制，最终行程达到了 15900km。2013 年，ARGO 在智能驾驶模式下成功地实现了对交通信号灯、交通标志和行人等的识别，且可以实现主动避让行人、驶出十字路口和环岛等功能。

图 1-5　ARGO 智能汽车

随着人工智能时代的来临，智能汽车作为人工智能技术的重要应用场景，受到了许多互联网及高科技公司的高度关注，将人工智能技术应用于智能汽车也成为汽车未来技术发展的新思路，智能汽车的发展进入了第二阶段。

2009 年，谷歌与 DARPA 合作建立了 Google X 实验室，开始了智能汽车的研究。2012 年 3 月，谷歌获得了美国历史上第一张可在美国内华达州进行自动驾驶测试的许可证，标志着智能汽车正迈向产业化和大规模应用的前期。2014 年，谷歌 Waymo 智能汽车（图 1 -6）正式发布，并于 2015 年 5 月完成公路测试。2017 年，Waymo 在美国凤凰城 100mile^2（$1\ \text{mile}^2 = 2.59 \times 10^6 \text{m}^2$）的范围内首次实现了无驾驶人和安全员的公测无人驾驶出租车，并于 2018 年与捷豹路虎进行合作生产无人驾驶出租车。2020 年，Waymo 成为沃尔沃 L4 级自动驾驶全球独家合作伙伴。

图 1-6　谷歌 Waymo 智能汽车

我国从 20 世纪 80 年代开始研究智能汽车。

吉林大学智能汽车课题组从 20 世纪 80 年代后期开始智能汽车自主导航的研究，在环境感知、导航技术等方面有较为深入的研究，研发出的智能汽车具有遥控驾驶和自主行驶两种方式，可在无人操作的情况下自己按照驾驶标志路线前进，同时已具备简单环境中的直线、弧线行驶等功能。

　　1988年，清华大学在原国防科工委和国家863项目的支持下，开始研究THMR系列智能汽车，其基于以太网通信并搭载GPS、激光雷达、摄像头等传感器，可以实现在结构化道路环境下的车道线的自动跟踪。

　　国防科技大学从20世纪80年代末开始研究基于视觉的CITAVT系列智能汽车，并在1992年成功研制出我国第一辆智能驾驶汽车CITAVT Ⅰ，并相继开发至后续CITAVT Ⅵ、HQ等多种智能驾驶汽车。

　　2005年，西安交通大学搭建的Spring - Robot智能车实验平台——智能无人车"思源一号"成功利用激光雷达与视觉模块实现了道路检测、障碍检测等功能。2011年7月，一汽集团与国防科技大学合作，成功研制红旗HQ3智能驾驶汽车并完成了286km的面向高速公路的全程无人驾驶试验。2012年，军事交通学院开发的"军交猛狮Ⅲ号"智能驾驶汽车自动驾驶114km，最高车速高达105km/h，如图1-7所示。

图1-7　"军交猛狮Ⅲ号"智能汽车

　　2013年，我国百度公司开始研究智能汽车相关项目，其技术核心是"百度汽车大脑"；2015年，百度智能汽车在北京进行了自动驾驶测试，可实现进入高速公路和驶出高速公路的场景切换；2017年，百度发布"Apollo（阿波罗）"计划，向汽车行业及自动驾驶领域提供一个开放、完整、安全的软件平台；2018年，百度宣布与厦门金龙合作的L4级自动驾驶客车阿波龙量产下线（图1-8）。

图1-8　阿波龙自动驾驶客车

2019 年，百度在长沙宣布自动驾驶出租车队 Robotaxi 试运营正式开启。首批 45 辆 Apollo 与一汽红旗联合研发的"红旗 EV"Robotaxi 车队在长沙部分已开放测试路段开始试运营（图 1-9）。

图 1-9　百度自动驾驶出租车队 Robotaxi

1.2.3　智能汽车技术发展路线

目前，智能汽车技术发展主要有两种技术路线：一种是以传统车企为主导的渐进式发展路线，按照智能汽车分级的发展历程逐步提高汽车智能化水平，即沿着部分驾驶辅助（L1）、组合驾驶辅助（L2）、有条件自动驾驶（L3）、高度自动驾驶（L4）和完全自动驾驶（L5）的历程分阶段发展智能汽车技术；另一种是以信息技术企业为主导的颠覆式发展路线，力图突破汽车智能化技术逐级发展的思路，希望直接实现车辆的高度/完全自动驾驶，如图 1-10 所示。

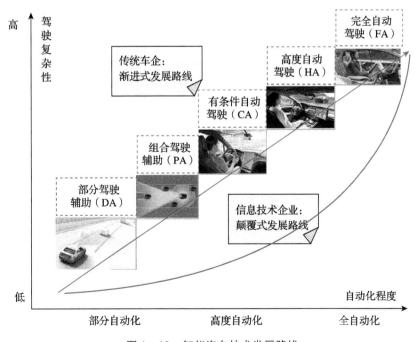

图 1-10　智能汽车技术发展路线

渐进式发展路线和颠覆式发展路线体现了传统整车企业和互联网企业关于智能汽车产业化发展的分歧。互联网企业试图将一些尖端的计算机技术引入汽车领域中，为消费者带来更多美好的驾驶体验，通过自顶而下的技术辐射，纵向向下衍生低级别的智能驾驶技术。而汽车企业认为驾驶人对于安全感的需求可能远超 IT 思维的预想，因而采取循序渐进的方式推广智能驾驶技术。

但无论采用何种技术路线，智能汽车发展仍面临很多挑战，这不仅有来自技术上的挑战，更有法规、社会接受等方面的制约。

在技术层面，智能汽车环境感知与认知技术、智能决策控制技术、人机共驾技术、智能计算平台技术、车用无线通信网络技术、云控基础平台技术和测试评价技术等共性关键基础技术亟待突破。

在标准与法规领域，智能汽车技术的发展还需要完善的技术标准和法律法规支撑，急需建立智能汽车标准体系，并开展智能汽车"机器驾驶人"认定、责任确认、网络安全、数据管理等法律问题及伦理规范研究，明确相关主体的法律权利、义务和责任等。

站在时代变革的宏观层面俯瞰汽车技术发展，智能汽车已成为全球汽车产业发展的战略方向，以移动技术为代表的普适计算、泛在网络已渗透到生产生活、经济社会发展的方方面面，传统汽车产业生态价值链重组加速，以大数据驱动的有序高效行车模式与便利安全的优质个人移动已成为智慧生活的迫切需求。以无人驾驶汽车为代表的智能汽车为人们展示了未来交通的雏形，已成为未来必然的发展趋势。

1.3 智能汽车技术架构

智能汽车是一个高度智能化的复杂系统，它通过智能环境传感设备实现环境感知，进而进行智能决策与智能集成控制，其技术架构如图 1-11 所示。

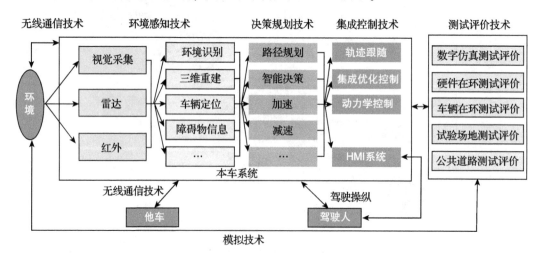

图 1-11 典型智能汽车技术架构

1.3.1 环境感知技术

智能汽车的环境感知模块利用激光雷达、毫米波雷达、视觉传感器、超声波雷达等各种传感器对周围环境进行数据采集与信息处理，以获取当前行驶环境及本车的有关信息。环境感知技术可以为智能汽车提供道路交通环境、障碍物位置、动态目标运动状态、交通信号标志、自身位置等一系列重要信息，是其他功能模块的基础，是实现辅助驾驶与自动驾驶的前提条件。各种传感器在最大探测距离、分辨率、误报率、响应时间、数据处理、环境适应性、价格等诸多关键特性上的性能表现见表 1 - 3。

表 1 - 3 传感器性能对比

传感器	视觉传感器	毫米波雷达	激光雷达	超声波雷达
最大探测距离	一般	大	大	小
分辨率	一般	好	好	差
误报率	一般	小	较小	较大
响应时间	较慢	快	快	较慢
数据处理	复杂	一般	复杂	简单
环境适应性	差	好	差	一般
价格	低	一般	高	低

从表 1 - 3 可见，不同传感器各有优劣。为实现对智能汽车功能性与安全性的全面覆盖，在感知层需要采用多传感器信息融合技术。多传感器信息融合的目标是利用各种传感器分离观测信息，对数据进行多级别、多方位和多层次的处理，产生新的、有意义的信息。这种信息是最佳协同作用的结果，利用多个传感器共同或联合操作的优势来提高整个环境感知系统的鲁棒性，如图 1 - 12 所示。

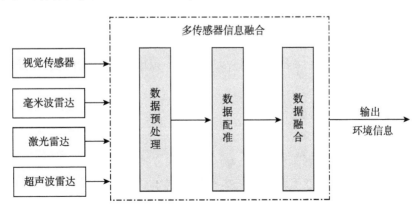

图 1 - 12 多传感器信息融合技术示意图

1.3.2 决策规划技术

决策规划技术是智能汽车的控制中枢，相当于人类的大脑，其主要作用是依据感知层处理后的信息以及先验地图信息，在满足交通规则、车辆动力学等车辆诸多行驶约束的前提下，生成一条全局最优的车辆运动轨迹。决策规划层可以分为全局轨迹规划、行驶行为决策和局部轨迹规划三个部分，如图 1-13 所示。

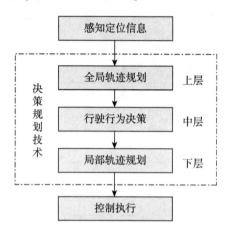

图 1-13　决策规划技术架构图

全局轨迹规划在已知电子地图、周围路网以及宏观交通信息等先验信息的条件下，得到满足起始点与目的地之间距离最短、时间最短或其他优化目标的最优路径。全局轨迹规划通常只考虑宏观静态障碍物，其规划的周期通常在几分钟到几个小时。全局轨迹规划一般不考虑车道、车道线及时间戳信息。一般使用车辆定位信息以及电子地图等进行全局轨迹的规划。

行驶行为决策的作用是产生一系列的行驶行为来完成全局轨迹规划，一般根据主车周围道路、交通以及环境信息等动态地规划车辆行驶行为，例如起步、停车、跟驰、换道等。行驶行为决策的规划周期长度为几十秒到几分钟。

局部轨迹规划的作用是根据行驶行为决策结果，综合考虑影响车辆的各种性能指标（如安全性、舒适性和操控稳定性等），在秒级周期内决策出一条最优轨迹，包括局部路径规划和局部速度规划两个部分。

1.3.3 集成控制技术

集成控制技术主要通过控制车辆驱动、制动、转向、换档等操作，对决策规划层所得到的车辆最优轨迹进行路径和速度跟随，其本质是控制车辆的侧向运动和纵向运动来减少车辆实际轨迹和期望轨迹之间的时间误差和空间误差，典型的智能汽车控制执行技术架构如图 1-14 所示。常用的控制技术包括基于最优预瞄的轨迹跟随控制技术、基于模型预测控制理论的轨迹跟随控制技术等。

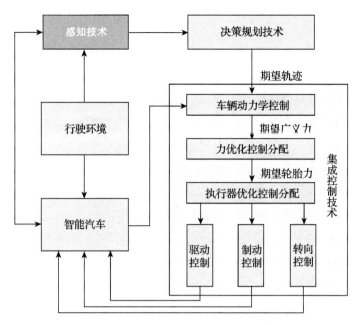

图 1 - 14 控制执行技术架构图

1.3.4 测试评价技术

科学、完善的测试评价体系对提高智能汽车研发效率、健全技术标准和法律法规、推进产业创新发展至关重要。但智能汽车测试评价对象已从传统的人、车二元独立系统变为人–车–环境–任务强耦合系统，测试场景及测试任务难以穷尽，评价维度纷繁复杂，传统汽车的测试评价技术已经不能满足智能汽车测试需求。

根据测试的真实性及可靠性，智能汽车测试评价内容可以分为模型在环测试、软件在环测试、驾驶模拟器测试、硬件在环测试、车辆在环测试、封闭试验场测试和公共道路测试，如图 1 - 15 所示。随着测试过程的不断深入，测试结果的真实性和可靠性也在不断增大。

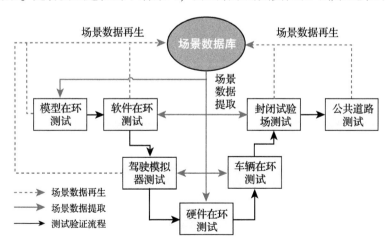

图 1 - 15 智能汽车测试评价内容

思考题

1. 什么是智能汽车？发展智能汽车有什么意义？
2. 智能汽车按照智能化程度如何分级？
3. 什么是动态驾驶任务和设计运行范围？
4. 目前制约智能汽车发展的因素都有哪些？说说你的看法，并分析解决思路。
5. 简述智能汽车发展历史。
6. 智能汽车渐进式和颠覆式发展路线各有什么特点？
7. 简述智能汽车技术架构。

第2章
智能汽车环境感知与定位技术

环境感知与定位是指智能汽车系统从环境中收集信息，并从中提取相关知识的能力。其中，环境感知特指对于环境的场景理解能力，如障碍物的类型、道路标志及标线、行人车辆的检测、交通信号等数据的语义分类；定位是对感知结果的后处理，通过定位功能帮助智能汽车了解其相对于所处环境的位置。本章将从环境感知与定位技术两个方面来介绍。

2.1 智能汽车环境感知架构

为了确保智能汽车对周围环境的理解和把握，智能汽车系统的环境感知与定位部分通常需要获取周围环境的大量信息，障碍物的位置、速度以及汽车可能的行为、汽车可行驶的区域、交通规则等都是所必需的感知信息。一般来说，定位也是感知的一部分，指智能汽车确定其相对于环境位置的能力。智能汽车通常是通过融合激光雷达（Lidar）、摄像头（Camera）、毫米波雷达（Millimeter Wave Radar）等多种传感器的数据来进行信息的感知与处理。图2-1所示为谷歌智能汽车车辆架构。

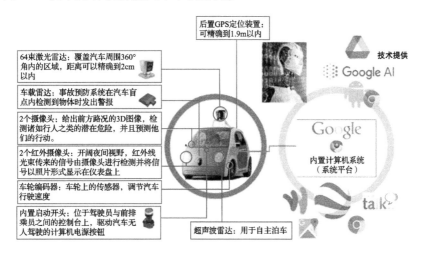

图2-1 谷歌智能汽车车辆架构

从图2-1可以看出，智能汽车的环境感知与定位系统主要由机器视觉感知、雷达、超声波和红外线等子系统组成。

2.1.1 机器视觉感知系统

机器视觉感知系统是指智能汽车利用摄像头拍摄车外环境，根据搜集到的信息得到反映真实道路的图像数据，然后综合运用各种道路检测算法，提取出车道线、道路边界以及车辆的方位信息，判断汽车是否有驶出车道的危险。当情况危险时，机器视觉感知系统会通过报警系统给驾驶人发出提示，同时根据视觉导航的输出，对车辆的执行机构发出指令，决定车辆当前的前进方向并控制车辆的运动状态。

如图2-2所示，常见的机器视觉感知系统分为单目视觉和双目视觉两种类型。单目视觉系统仅使用一个成像系统，其焦距多为固定，主要用于车道线检测和障碍物检测。双目视觉系统拥有两个成像系统，两者保持着一定的距离，如同人类的双眼视差，不同的摄像头可以有不同的焦距，从而负责不同距离、角度范围的场景。双目视觉系统可以帮助汽车确定自己的位置以及行进速度，由于视觉成像的特点，其可以辨识道路上的信号灯与信号标示，这是激光雷达、毫米波雷达以及超声波雷达所不能完成的。

图2-2 单目视觉和双目视觉

机器视觉具有检测范围广、信息容量大、成本低等优点，同时对其所得图像进行处理可以实现对象的识别与检测，基于这些特点，机器视觉系统成为最受欢迎的传感器之一，在智能汽车研究领域得到广泛的应用。但其仍存在处理速度相对较慢、鲁棒性差、准确性低、易受环境影响等缺陷，如何解决这些问题是各企业及机构的研究重点。环境对机器视觉系统的影响可分为三类：天气及光线条件的影响，包括变化的环境、雨或雾、变化不定的光线条件、建筑物或树木的阴影等因素；道路环境的影响，包括变化的道路纹理、车道线磨损或污渍、多变的路面结构等因素；检测目标的影响，包括不同类型的车辆、车辆表面污渍、行人等因素。因此，图像处理算法旨在尽可能抑制、甚至消除这些因素对于目标/对象的识别及准确定位的影响。

2.1.2 毫米波雷达

毫米波雷达的工作原理是向道路周围辐射毫米波信号，通过对比发射信号与接收信号之间的差别来实现目标距离、速度、角度等信息的检测。毫米波雷达始用于军事领域，随着技术水平的提升，开始逐渐应用于汽车领域。

目前，车载毫米波雷达的频率主要分为 24GHz 频段和 77GHz 频段。与 24GHz 毫米波雷达相比，77GHz 毫米波雷达的距离分辨率更高、体积缩小三分之一。毫米波雷达因其硬件体积较小，且不受恶劣天气影响，被广泛应用于高级驾驶辅助系统（ADAS）。雷达目前大量应用于汽车的盲点监测、变道辅助、车道偏离预警、车道保持辅助、泊车辅助等。77GHz 雷达在探测精度与距离上优于 24GHz 雷达，主要装配在车辆的前保险杠上，用来探测与前车的距离以及前车的速度，实现的主要是紧急制动、自适应巡航、前向碰撞预警等主动安全领域的功能。

2.1.3　激光雷达

激光雷达由发射系统、接收系统、信息处理三部分组成。激光器将电脉冲变成光脉冲发射出去，光接收机再把从目标反射回来的光脉冲还原成电脉冲，最后经过一系列算法来得出目标位置（距离和角度）、运动状态（速度、振动和姿态）和形状，可以探测、识别、分辨和跟踪目标。

激光雷达的优点主要包含以下几个方面：

1）解析度高，测距精度高。其可实现 2cm 的水平分辨率以及 0.09° 的角度分辨率，如此高的解析度可完整绘出物体轮廓，如图 2-3 所示；同时其外加垂直侦测角度，平均每 0.4° 即有一个扫描层，全周资料更新率可达 15Hz。

图 2-3　激光点云图

2）抗有源干扰能力强。激光雷达的脉冲光束发射器口径非常小，即接收器可接收脉冲光束的区域也非常狭窄，因此，受到其他红外线雷达光束干扰的机会就非常小。此外，脉冲光束实质上属于红外线波，不会受电磁波影响，因此，在一般应用环境中能干扰激光扫描仪的信号源不多，适用于高度自动化的系统。

3）探测性能好。对于激光扫描仪，仅有被脉冲光束照射的目标才会产生反射，且红外线波并不像电磁波会有回波干扰等问题，环境的几何形状、障碍物材质等，均不影响激光扫描仪的侦测结果。

4）不受光线影响。激光扫描仪可全天候进行侦测任务，且其侦测效果不因白天或黑夜而有所影响，这也是目前智能汽车中采用的许多摄像头传感器所达不到的。

5）测速范围大。激光扫描仪可在 200km/h 的相对速度下成功扫描出障碍物的轮廓，也就是说，激光雷达并不局限于市区或低速应用场景，其在系统应用上更具有弹性。

目前常见的有 4 线、8 线、16 线、32 线、64 线激光雷达。激光雷达线数越多，测量精度越高，安全性越高。激光雷达并不是新鲜事物，早已在航空航天、测绘等领域进行了应用。随着汽车智能化的发展，L3 级别智能汽车中开始应用激光雷达，由于具有高精度、实时 3D 环境建模等特点，激光雷达将长期成为 L3～L5 阶段最为关键的传感器。

降低激光雷达成本有两种方式：

1）取消机械旋转结构，采用固态化技术根本性地降低激光雷达成本。固态激光雷达体积更小，方便集成，并且系统可靠性更高，因此激光雷达有向固态化发展的趋势。

2）降低激光雷达线数，组合使用多个低线数激光雷达。随着量产规模的扩大，技术迭代更新，成本不断降低，激光雷达也在不断向小型化、低功耗、集成化发展。

2.1.4　超声波雷达

超声波雷达是利用超声波为检测媒介的传感器。超声波雷达在智能汽车中，常用于泊车辅助预警以及汽车盲区碰撞预警。超声波雷达成本低，在短距离测量中具有优势，探测范围在 0.1～3m，而且精度较高，非常适用于泊车。但其测量距离有限，且很容易受到恶劣天气的影响。

超声波雷达一般安装在汽车的前后保险杠或侧面，用于探测汽车周围障碍物。超声波雷达主要用作倒车雷达和自动泊车系统中近距离障碍检测。可用作探测车位宽度、获得车位尺寸及车辆的位置信息。倒车雷达系统通常需要 4 个超声波雷达，自动泊车雷达系统需要 8 个超声波雷达。

2.2　机器视觉感知技术

机器视觉主要是用计算机来模拟人的视觉功能，从客观事物的图像中提取信息，进行处理并加以理解，最终用于实际检测、测量和控制。目前，机器视觉技术被广泛应用到了各类先进智能汽车系统中，其中行车环境的感知是基于机器视觉的先进辅助驾驶系统的重要组成部分之一。本节主要介绍基于机器视觉的车道线检测技术和障碍物检测技术。

2.2.1　基于机器视觉的车道线检测技术

安装于车内的摄像头用于感知行驶车辆的前方道路情况，通过图像处理单元对摄像头拍摄得到的图像进行处理，确定道路的形状和相对位置。目前用于车道线检测的算法主要可以分为基于特征和基于模型两种。基于特征的车道线提取算法比较常见的有模板匹配算法和 Hough 变换算法等，此类方法的缺点是容易受外界的噪声干扰，检测结果不够稳定。基于模型的车道线识别算法中主要包括直线模型、双曲线模型、样条曲线模型等，该方法的不足主要体现在检测的结果对模型的选择依赖很大，场景变换时鲁棒性较差。

　　一般基于直线模型的车道线检测算法，由于近视场的车道线近似为直线，所以具有较好的检测结果，倘若是弯道工况，则无法对曲线进行有效拟合。倘若只用曲线模型进行拟合，虽然对于曲线检测结果较好，但是近视场直线部分检测结果往往不够理想。因此可以采用一种基于直线与双曲线混合模型的车道线检测方法，将图像上的车道线按近、远视场进行分段拟合，从而提高检测精度。

　　混合模型的算法主要包括两个部分：第一部分是近视场的直线检测，主要针对近视场、中距离视场的直线部分进行检测；第二部分是曲线拟合，主要是针对远距离视场的弯道部分进行检测，其主要流程如图 2-4 所示。

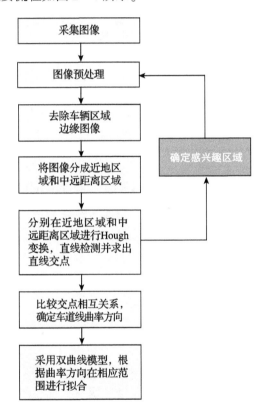

图 2-4　混合模型车道线检测主要流程

1. 图像预处理

　　图像预处理主要是将三通道彩色图像转换为单通道的灰色图像，并只对图像中感兴趣部分进行检测来减小计算量。

　　由于车道线的颜色信息会随着亮度的变化而改变，同时车道线的磨损程度不同以及污渍情况不同都会对车道线颜色造成影响，进而对基于颜色进行车道线检测造成影响，所以利用灰度图像进行检测可以有效改善这一问题。此外基于灰色图像可以大大降低图像处理器的运算消耗，缩短图像处理时间，以满足车道保持系统实时性的需求。

为了快速确定车道线的位置，有效排除噪声干扰，提升处理速度，在图像预处理阶段需要对感兴趣区域进行选择。通常可以利用上一帧图像的检测结果，将上一帧图像检测到的车道线的附近区域作为下一帧的感兴趣区域。在检测过程中，感兴趣区域的宽度根据上一帧检测结果进行调节，如果前一帧可以清楚地检测到两条车道线，那么下一帧的感兴趣区域宽度则会处于较窄的范围，倘若上一帧没有检测到车道线，那么需要进行较大范围的搜索以重新定位车道线，如图2-5所示。

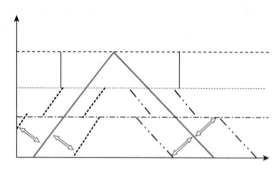

图2-5　感兴趣区域示意图

2. 边缘特征提取

由于车道线和道路边界都有较为明显的边界特征，所以基于图像边缘特征的图像处理方法普遍应用于车道线检测和道路提取等。基于边缘特征能够快速排除区域中像素灰度较为均匀的区域，找到灰度梯度变化剧烈的边缘信息。

边缘检测主要是通过图像灰度的一阶导数和二阶导数来分析边界特征。由于导数计算对于噪声的影响非常敏感，所以在计算导数之前一方面要对图像进行降噪处理，另一方面还要避免因过分降噪而造成边缘缺失。部分缺失的边缘信息可以通过增强算法将边缘特征凸显出来，然后通过设定合适的阈值，对增强后的点进行再选择，排除噪声点，最后确定边缘的位置。

目前应用较为广泛的边缘检测算子包括 Sobel 算子、Canny 算子、Prewitt 算子等。考虑到由于车道线在真实道路上为一组平行线，而经过透视后呈现在图像上则是可以相交于一点的相交直线，所以在图像上成一定角度范围。根据这个先验知识，可以使用带有角度的 Sobel 算子来替代传统只提供水平和竖直方向的 Sobel 算子，以增强对车道线的检测效果，排除其他边缘干扰。

3. 基于 Hough 变换的直线检测

Hough 变换是一种将直角坐标映射到极坐标系进行直线检测的算法，其主要原理为：直线方程 $y = ax + b$，其中 x 为变量，y 为变量 x 的函数，a 和 b 为直线的参数。在极坐标下，该直线可以表示成 $r = x\cos\theta + y$，在这里将 θ 看作是变量，r 为以 θ 为变量的函数，x 和 y 作为参数。将图像上每一个检测得到的点代入 $r = x\cos\theta + y$，得到一条曲线，那么将检测到的所有点代入后便可以得到一簇曲线，如图2-6所示。

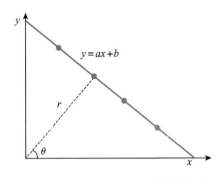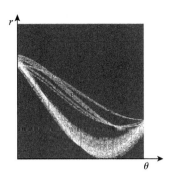

图 2-6　Hough 变换

因为在图像上这些点应位于直角坐标系中的同一条直线上，所以映射到极坐标 $r = x\cos\theta + y$ 则对应相同的 r 和 θ。将得到的每条曲线的 r 和 θ 值进行统计和数值计算，确定最终的 r 和 θ 值，从而确定相应的直线参数。设车道线的左、右斜率和截距分别记为 b_1、b_r 和 vp_1、vp_r。两条车道线在图像上的交点高度为灭点高度，记为 h，经过推导可以得到如下公式

$$\begin{cases} b_1 = -\cot\theta_1 \\ b_r = -\cot\theta_r \end{cases} \tag{2.1}$$

$$\begin{cases} vp_1 = \dfrac{r_1}{\sin}\theta_1 \\ vp_r = \dfrac{r_r}{\sin\theta_r} \end{cases} \tag{2.2}$$

$$h = \frac{(vp_1 - vp_r)}{(b_1 - b_r)} \tag{2.3}$$

4. 基于双曲线模型的弯道拟合

弯道拟合主要包括弯曲方向估计和曲线拟合两个步骤。由于图像与真实道路存在透视关系，图像近、中距离视场的每个像素对应的实际距离都比较小，所以检测的精度也比较高。相反，远视场容易受到一些干扰因素的影响而造成误检。因此，要利用较近视场检测精度高的特点首先对远处道路弯曲方向进行估计。其估计的方法主要是通过分别求解近、中距离视场两直线交点 P_1 和 P_2，倘若 P_1 在 P_2 的左侧，则车道向右弯曲；若 P_1 在 P_2 的右侧，则车道向左偏转；若 P_1 与 P_2 在一个很小的阈值范围内，则认为道路为直线。弯道拟合示意图如图 2-7 所示。

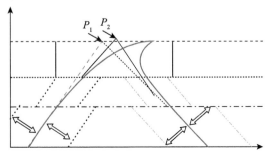

图 2-7　弯道拟合示意图

在初步判断弯曲方向后，对弯道部分进行拟合。通常在实际中，道路弯道的铺设往往选用抛物线模型，并且是两条曲率相同的平行线。通过映射关系的推导，投影到图像坐标系下的弯道满足双曲线模型，可以选用的弯道拟合模型为双曲线模型。弯道曲率记为 k，那么在图像坐标系 (u, v) 下的车道线公式为

$$u = \frac{k}{v-h} + b(v-h) + vp \tag{2.4}$$

5. 跨道误检容错机制

由于车道线的检测精度很大程度上受到环境的限制（如强光、阴影、车道线磨损等）以及行驶工况的限制（如车辆换道等）。有时会出现车道线的误检和漏检，这部分问题理论上可以通过提高算法精度来实现，但由于行车条件是复杂的，还没有一种检测算法可以在全工况、全条件下都能保证具有良好的检测效果。为此，可以设计容错机制来提高系统的鲁棒性。

车道线在车辆坐标系下为抛物线，其方程式为

$$\begin{cases} y_1 = ax^2 + bx + c_1 \\ y_r = ax^2 + bx + c_r \end{cases} \tag{2.5}$$

抛物线的常数项 c 即左、右车道线距离车辆质心的距离，$lane\_width$ 为车道线宽度，则有如下关系

$$c_1 - c_r = lane\_width \tag{2.6}$$

判断是否发生误检的流程，即跨道容错机制如图 2-8 所示。若发生车道线误检，则不能满足式（2.6），若 $c_1 - c_r > t$，t 为一设定阈值（这里设定 $t = 1.5 \times lane\_width$），那么判断发生车道线误检。进一步判断，若误检到的车道线的中间位置位于车辆左侧，则说明左侧车道线误检，以中间线作为实际的左侧车道线；反之，则以中间线作为实际的右侧车道线。

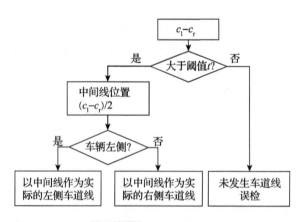

图 2-8　跨道容错机制

在 PanoSim 软件中进行测试，结果如图 2-9 所示，图 2-9a 所示为直道检测结果，图 2-9b 所示为弯道检测结果。从测试结果可以看出，该车道检测算法无论是在弯道还是直道，都具有良好的检测效果。

a）直道检测结果　　　　　　　　　b）弯道检测结果

图 2-9　车道线检测结果

2.2.2　基于机器视觉的障碍物识别技术

车辆检测主要通过安装在车内或者外后视镜的摄像头采集图像，通过图像处理算法对侧后方行驶的车辆进行检测、标记。可以采用从产生假设到验证假设的传统检测思路识别侧后方车辆，如图 2-10 所示。

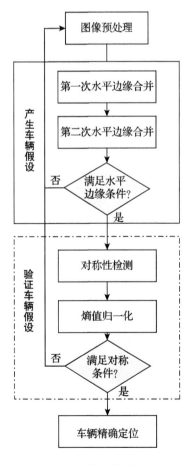

图 2-10　车辆检测流程图

车辆在图像中呈现出一些比较鲜明的特征，比如车底阴影、对称性高、水平边缘丰富、信息熵高等，这些特征常被图像处理算法用来检测、识别车辆。

在进行车辆检测算法设计时，首先基于该二值化边缘图对水平边缘进行聚类，根据车辆在图像中的特征排除一些杂质噪声，然后根据车辆的其他特征来验证产生的假设，最后对检测结果做进一步处理以获得精确的车辆坐标。

1. 产生车辆假设

由于车辆存在丰富的水平边缘特征，比如车窗处、车底阴影处、保险杠等位置，对于车辆假设产生可以基于车辆的水平边缘进行分析。首先，需要在二值化边缘图像中提取水平边缘直线；然后，对水平直线进行第一次合并，并以变化的线段长度限定直线是否可能属于车辆前脸，这样可以将两条相近的直线合并为一条，以减少后续的计算量；最后，图像自底向上遍历直线，通过底边直线所占像素个数以及常见车辆的宽高比，虚构一个矩形框，对矩形框内的直线以一定的条件进行第二次拟合，并重新调整矩形框的高度，产生该框内像素可能包含的车辆的假设。

（1）第一次水平边缘合并

水平边缘粗提取的结果为多条上下相邻或不相邻的线，这里假设两条相邻或相近的水平边缘直线属性相同，即属于同一物体的水平边缘，因此可以依据一定条件将这些水平边缘合并。自上向下遍历检测到的水平边缘，当两条直线在图像 y 方向上满足

$$|y_1 - y_2| < 5 \qquad\qquad (2.7)$$

且两条直线在图像 x 方向上满足

$$x_{1L} < \frac{|x_{2L} - x_{2R}|}{2} < x_{1R} \qquad\qquad (2.8)$$

式中，x 表示直线在图像 x 方向上的坐标；L 和 R 分别表示线段的左端点和右端点。

即第二条直线的线段中点的 x 坐标位于第一条线段之内，则将两条直线进行合并，实现第一次水平边缘合并，其效果如图 2-11 所示。

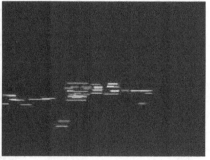

图 2-11　第一次水平边缘合并效果

（2）第二次水平边缘合并

与第一次合并不一样，第二次水平边缘合并以自下而上的方式遍历水平边缘，先确定一条基准直线，并以该直线按照一定的宽高比虚构一个矩形框，当矩形框内所包含的直线满足相应条件时，合并两条直线，直到矩形框中直线全部合并，并记录水平边缘条数，当其大于设定的阈值时，产生车辆假设。其效果如图2—12所示。

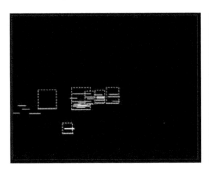

图2-12　第二次水平边缘合并效果

2. 验证车辆假设

由于车辆存在高对称性和高信息熵的特征，所以在产生车辆假设后，通过矩形框内像素的信息熵和对称性来验证假设，从而得到最终的检测结果。经过前两次水平边缘合并后得到的是粗边缘的车辆假设，接下来可以针对这些车辆假设进行分析。

对新生成的矩形框进行对称性分析，这里引入对称性测度，它是描述目标对称程度的一个统计值。根据矩形框内像素的灰度值，将其 y 方向上的灰度均值视为 x 方向的一维函数，即

$$g(x) = \sum_{y=y_{\text{start}}}^{y=y_{\text{end}}} \frac{f(x,y)}{(y_{\text{end}} - y_{\text{start}})} \tag{2.9}$$

设对称轴为矩形框的中轴 x_s，并以此对称轴分别向两边遍历灰度均值，这里引入两个函数

$$O(u, x_s) = \frac{g(x_s + u) - g(x_s - u)}{2}, \quad -\frac{w}{2} \leqslant u \leqslant \frac{w}{2} \tag{2.10}$$

$$E(u, x_s) = \frac{g(x_s + u) + g(x_s - u)}{2}, \quad -\frac{w}{2} \leqslant u \leqslant \frac{w}{2} \tag{2.11}$$

可以看到，$O(u, x_s)$ 是奇函数，且其期望值等于0，而 $E(u, x_s)$ 是偶函数，其均值大于0。对偶函数分量进行归一化，保证其期望值等于0，才能将其与 $O(u, x_s)$ 比较，有

$$E^2(u,x_s) = E(u,x_s) - \frac{1}{w} \sum_{u=-\frac{w}{2}}^{\frac{w}{2}} E(u,x_s), \quad -\frac{w}{2} \leqslant u \leqslant \frac{w}{2} \tag{2.12}$$

定义目标矩形的对称性测度

$$S(x_s) = \frac{\sum_{u=-\frac{w}{2}}^{\frac{w}{2}} E^2(u, x_s) - \sum_{u=-\frac{w}{2}}^{\frac{w}{2}} O^2(u, x_s)}{\sum_{u=-\frac{w}{2}}^{\frac{w}{2}} E^2(u, x_s) + \sum_{u=-\frac{w}{2}}^{\frac{w}{2}} O^2(u, x_s)} \qquad (2.13)$$

然后对矩形框内的像素计算熵值，即熵对信源的不确定性进行描述的一个数学概念，是信源中所有数据的平均信息量，定义为

$$E(l) = \sum_{i=1}^{n} p(l_i) I(l_i) = -\sum_{i=1}^{n} p(l_i) [\lg p(l_i)] \qquad (2.14)$$

那么在图像中的应用即根据灰度直方图求得每个灰度级的概率来求得熵值，最后根据归一化熵值和对称性测度排除误检目标，定义为

$$\bar{s}_g = \frac{\left[\frac{S(x_s) + 1}{2} + \frac{E(l)}{E_m}\right]}{2} = \frac{S(x_s) E_m + 2E(l) + E_m}{4E_m} \qquad (2.15)$$

式中，E_m 是灰度图像的信息熵最大值，这里取 5.546。根据一定的阈值，当 $s_g > s_t$ 且 $E(l) > E_t$ 时，可以确定该矩形框内存在车辆。

3. 障碍物车辆定位

根据上面所述算法，可以将图像中的车辆检测出来，并能够初步定位车辆在图像中的坐标。但由于是通过边缘粗化的图像检测出来的，所以要最后定位车辆位置，需要对定位的车辆区域进一步细边缘化。这里，对上面提出取来的矩形框内的像素通过 Sobel 算子求取边缘，可以得到一个细化的水平边缘以及垂直边缘，从而实现精确定位，得到准确的车辆宽度和阴影高度。

车辆在图像中的特征不仅仅是水平边缘，其垂直边缘也可以为识别车辆宽度提供参考。这里，将矩形框中 y 方向上高亮像素总和视为 x 方向的一维函数

$$N(x) = \sum_{i=0}^{\text{height}} I(i, x) \qquad (2.16)$$

那么，$N(x)$ 存在两个明显的峰值，如图 2-13 所示。

图 2-13 矩形框边缘峰值

通过对这两个峰值进行检测，形成一个更为准确的矩形框，从而实现对车辆前脸的精确定位。

2.3　毫米波雷达感知技术

在智能汽车研发进程中，毫米波雷达与激光雷达相比，技术更成熟、应用更广泛、成本更低廉；与可见光摄像头相比，准确性和稳定性更好，且毫米波雷达具有波长短、频段宽、波束窄，可实现对被测目标距离、速度、角度等的高精度测量。因此，毫米波雷达是智能驾驶不可或缺的传感器，基于毫米波雷达的智能驾驶系统应用前景广阔。毫米波雷达作为车载的核心传感器，主要工作原理是射频前端通过向周围辐射连续波形式的调制信号，在信号遇到目标后产生各向散射，沿辐射路径后向散射的回波信号被天线接收，经过放大、滤波、去斜等模拟处理后，进行模数转换并送入雷达的信号和数据处理模块进行目标检测、参数测量和航迹处理，处理后获得的目标信息送车载计算机形成当前场景下的可行驾驶策略，并控制车辆的驾驶行为，以保证行车安全。车载毫米波雷达既拥有对多目标优良的感知特性，同时又能满足 ADAS 与驾驶人的实时交互需求，因此成为智能辅助驾驶领域的又一关键传感器。

2.3.1　毫米波雷达目标检测机理

智能汽车毫米波雷达通常按照图 2 - 14 所示的组成原理展开目标检测，其向交通场景连续发射特定调制波形的毫米波电磁信号，经空间传播和目标反射后，接收携带有场景信息的雷达回波信号，将回波信号变频至中频信号，并进行相关处理，即可获取场景中的目标信息，进而实时为智能汽车决策和控制算法提供环境感知数据。

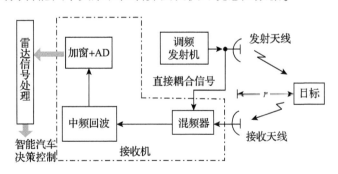

图 2 - 14　智能汽车毫米波雷达组成原理

智能汽车毫米波雷达从检测机理上划分，包含如下四个方面：
1）雷达电磁波发射机理，包括雷达发射波形和雷达发射天线等。
2）雷达电磁波传播机理，包括雷达内部衰减和雷达环境衰减。
3）雷达电磁波反射机理，包括雷达目标后向发射和雷达环境杂波等。
4）雷达电磁波接收与处理机理，包括雷达接收天线、雷达接收机特性、雷达信号处

理方法等。

2.3.2 毫米波雷达的测速、测距原理

智能汽车毫米波雷达通常发射连续高频等幅波，其频率在时间上按线性规律变化，鉴于智能汽车毫米波雷达需同时测量目标的距离和速度，发射波形一般选择三角形线性调频。假设发射的中心频率为 f_0，B 为频带宽度，T 为扫描周期，调制信号为三角波，c 为光速，R 和 V 分别为目标的相对距离和相对速度，在发射信号的上升段和下降段，中频输出信号可以表示为如图 2-15 所示的形状。

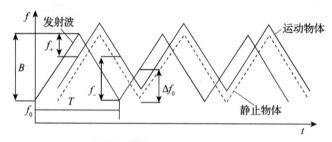

图 2-15　连续波雷达测距图

$$f_+ = \left| \frac{4B}{Tc}R - \frac{2f_0v}{c} \right| \tag{2.17}$$

$$f_- = \left| \frac{4B}{Tc}R + \frac{2f_0v}{c} \right| \tag{2.18}$$

$$R = \frac{|f_+ + f_-| \, Tc}{4B} \tag{2.19}$$

$$v = \frac{|f_+ - f_-| \, c}{4f_0} \tag{2.20}$$

从上面的公式可以看出，目标的速度和距离都和中频信号相关。为了获取目标的信息，必须对中频信号进行实时频谱分析，分析的方法主要采用快速傅里叶变换（Fast Fourier Transform，FFT）。对单目标来说，快速傅里叶变换能够直接得到 f_- 和 f_+，从而求得目标的距离和速度。

2.3.3 车载毫米波雷达优缺点

毫米波雷达的优势主要有以下四个方面：

1）探测性能稳定、作用距离较长、环境适用性好。

2）与超声波雷达相比，具有体积小、质量轻和空间分辨率高的特点。

3）与光学传感器相比，毫米波雷达穿透雾、烟、灰尘的能力强，具有全天候、全天时的特点。

4）与激光雷达相比，成本更低。

毫米波雷达的缺点包括：

1）在探测精确度方面，毫米波雷达的探测距离受到频段损耗的直接制约（要想探测得远，就必须使用高频段雷达）。

2）无法感知行人，并且对周围所有的障碍物无法进行精准的建模。

2.3.4 雷达目标反射特性分析

雷达散射截面积（Radar Cross Section，RCS）是目标在给定方向上返回入射雷达功率大小能力的一种量度，即定量表征目标反射电磁波强弱的物理量。RCS 是目标的一种假想的面积，其来源于雷达天线相关研究积累的等效假设，因接收天线通常被认为存在一个假想的"有效接收面积"，该"有效接收面积"可从空间中截获电磁波能量，而出现在雷达接收天线终端的接收功率等于入射波功率密度乘以暴露在这个功率密度中的天线"有效接收面积"。

雷达入射电磁波能量密度 ω_i 可表示为

$$\omega_i = \frac{1}{2}E^i H^i = \frac{1}{2Z_0}|E^i|^2 \tag{2.21}$$

式中，E^i 和 H^i 分别为入射电场和磁场的强度；Z_0 是交通场景中的介电常数和磁导率的比值，即空间波阻抗。

$$Z_0 = \sqrt{\frac{\mu_0}{\varepsilon_0}} \tag{2.22}$$

因此，雷达截面为 σ 的目标所获取的总功率可以表示为

$$P = \sigma\omega_i = \frac{1}{2Z_0}\sigma|E^i|^2 \tag{2.23}$$

如果目标将这些功率各向同性地散射出去，则在距离为 R 的位置，其散射功率密度为

$$\omega_s = \frac{P}{4\pi R^2} = \frac{\sigma|E^i|^2}{8\pi Z_0 R^2} \tag{2.24}$$

另一方面，散射功率密度又可以用散射场强度来表示

$$\omega_s = \frac{Z_0}{2}|E^s|^2 \tag{2.25}$$

由上面两个公式可以解出 RCS，表示为

$$\sigma = 4\pi R^2 \frac{|E^s|^2}{|E^i|^2} \tag{2.26}$$

假设目标由多个强点散射体组成，RCS 可等效表示为

$$\sigma = \lim_R 4\pi R^2 \frac{|E^s|^2}{|E^i|^2} = \lim_R 4\pi R^2 \frac{|H^s|^2}{|H^i|^2} \tag{2.27}$$

雷达截面的单位常用平方米（m^2）表示，可以用对数表示，即分贝平方米（dBm^2）表示为

$$\sigma_{dBm^2} = 10\log_{10}\sigma \tag{2.28}$$

上式中的参考面积为 $1m^2$。

当散射体长度远大于雷达波长时，一个散射体可作为若干独立散射中心的集合来处理，电磁散射将是局部现象，目标的总散射场可由若干强散射中心叠加而成。

假设每个强散射源由 N 个散射中心组合而成，雷达截面可由相对相位求和法给出其相关叠加结果

$$\sigma = \left| \sum_{n=1}^{N} \sqrt{\sigma_n} \exp\left(j2kR_n\right) \right|^2 \tag{2.29}$$

式中，$\sqrt{\sigma_n}$ 表示各散射中心的复数散射场；k 是玻尔兹曼常数；$2R_n$ 是从雷达到该散射中心的双程距离，构成目标体的各强散射分量相位的随机变化。因此，上式的目标 RCS 值将随一个空间入射角动态波动。对于任意一个实际的大尺寸目标，微小的视角变化将可能引起 RCS 多个数量级的改变。雷达目标 RCS 动态变化是雷达检测缺陷问题的来源之一。

2.3.5 雷达环境杂波分析

智能汽车行驶在复杂多变的交通环境中，环境产生的杂波和人为释放的有意噪声干扰等对雷达虚警、漏报和测量误差等检测缺陷问题均有较大的影响，雷达环境杂波干扰仿真方法研究是开展基于检测缺陷的雷达模型研究的必备基础支撑技术之一，也是雷达仿真模型研究中的难点问题之一。智能汽车毫米波雷达的环境杂波主要包括地物杂波和气象杂波等。

1. 地物杂波分析

地物交通场景如图 2 - 16 所示，地物交通场景将产生地物杂波。地物杂波是雷达入射电磁波的分布散射回波，它对智能汽车毫米波雷达的影响较大，一般情况下，地物杂波是极为不稳定的，例如由于风的作用，会引起树木、草丛等的微运动等，这些因素均会引起地物杂波随时间的幅度起伏和频谱展宽。

图 2 - 16　地物交通场景

在地物杂波机理研究中，我们需要重点关注地物杂波的幅度特性和频域特性。对于地物杂波，影响地物杂波幅度特性和频域特性的因素较多，包括入射电磁波波长、雷达照射的表面积、照射角、入射电磁波极化方式、地物复介电特性、地面粗糙度等。

在地物杂波幅度特性研究中，通常需要根据实际地物特点，求解幅度分布的概率分

布，对于地物杂波可采用的常用幅度分布包括对数正态分布、韦布尔分布等，具体选取何种杂波分布，需对实际场景的地物数据开展拟合后确定。

地物杂波幅度特性通常可用对数正态分布来描述，设 x 代表杂波回波的幅度包络，则 x 的对数正态分布的数学描述可以表述为

$$f(x) = \frac{1}{\sqrt{2\pi}\sigma x} \exp \left[-\frac{\ln^2 \left(\dfrac{x}{x_{\mathrm{m}}} \right)}{2\sigma^2} \right] \tag{2.30}$$

式中，σ 为分布的统计标准差；x_{m} 为分布的统计中值。

地物杂波幅度特性也可以用韦布尔分布描述，同样设 x 代表杂波回波的包络振幅，则 x 的韦布尔分布的数学描述可以表述为

$$f(x) = \frac{\alpha x^{\alpha-1}}{x_{\mathrm{m}}} \exp \left[-\left(\frac{x}{x_{\mathrm{m}}} \right)^{\alpha} \right] \tag{2.31}$$

式中，α 为分布的形状参数，可由地物回波数据曲率变化特性拟合后确定；x_{m} 是分布的统计均方值。

雷达杂波幅度的概率密度分布描述了杂波信号在时域的幅度特性，通常，为更好地描述杂波的分布特性，还需分析杂波的频谱分布特性，对于地物杂波可采用的常用频谱分布包括高斯分布、柯西分布、全极分布等，具体选取何种杂波频谱分布，同样需由实际场景地物数据开展拟合后确定。

地物杂波频谱特性可以用高斯分布描述，设 f 代表杂波回波的频率，则 f 的高斯分布数学描述可以表述为

$$S(f) = \exp \left(-\frac{f^2}{2\sigma_{\mathrm{f}}^2} \right) \tag{2.32}$$

式中，σ_{f}^2 为杂波谱的统计标准差。

地物杂波频谱特性也可以用柯西分布描述，同样设 f 代表杂波回波频率，则 f 的柯西分布数学描述可以表述为

$$S(f) = \frac{1}{1 + \left(\dfrac{f}{f_{\mathrm{c}}} \right)^2} \tag{2.33}$$

式中，f_{c} 为雷达载波频率中心值。

地物杂波频谱特性也可以用全极分布描述，同样设 f 代表杂波回波频率，则 f 的全极分布数学描述可以表述为

$$S(f) = \frac{1}{1 + \left(\dfrac{f}{f_{\mathrm{c}}} \right)^n} \tag{2.34}$$

式中，n 的典型值，可以通过实际场景地物数据的漂移振荡频率统计值拟合后确定。

地物杂波随空间场景随机动态变化，是影响雷达产生检测缺陷问题的原因之一。

2. 天气杂波分析

由于智能汽车毫米波雷达工作波长处于毫米量级，其波长与雨、雪等气象粒子的直径

尺寸较为近似，根据电磁理论，当入射电磁波波长和物体尺寸是同一数量级时，沿目标长度上的入射场相位变化是较为显著的，在散射区内，天气散射体的每一部分都会影响到其余部分。散射体上每一点的场强均是入射场和该物体上其余点引起的散射场场强的叠加，散射体各部分间相互影响的总效果决定了最终的电流密度分布，对于这种散射方式，必须求解精确的斯特拉顿 – 朱兰成积分方程才能求得感应电流，进而获得散射场解，求解该方程的方法通常为矩量解法。因此智能汽车毫米波雷达近距离探测时，气象杂波的电磁谐振散射特征较为明显和复杂，气象杂波对雷达检测的影响较为严重。

　　智能汽车较为常见的天气场景包括雨天交通场景、雪天交通场景和雾天交通场景等。对于雨、雪、雾等天气场景，当雷达探测时，每个雷达单元中均存在许多天气粒子，假设每个天气粒子的 RCS 为 σ_i，则雷达距离分辨单元中天气总的 RCS 为所有天气粒子的 RCS 之和，数学描述可以表述为

$$\sigma_c = V_c G_\eta = V_c \sum_i \sigma_i \tag{2.35}$$

式中，G_η 为单位体积内天气粒子的雷达截面积；V_c 为雷达空间分辨单元的总体积。对于 V_c，可以表示为

$$V_c = \frac{\pi}{4}(R\theta_B)(R\phi_B)\left(\frac{cT}{2}\right)\frac{1}{2\ln 2} \tag{2.36}$$

式中，R 为雷达空间分辨单元对应的径向距离；T 为雷达单次调频时间；θ_B 为雷达天线的水平功率波束宽度；ϕ_B 为垂直半功率波束宽度；c 为雷达波传播速度。设天气粒子直径为 D_i，则雨滴雷达横截面积可以表示为

$$\sigma_i = \frac{\pi^5 D_i^5}{\lambda^5}|K|^2 \tag{2.37}$$

式中，$|K|^2 = \frac{(\varepsilon-1)}{(\varepsilon+2)}$，其中 ε 为天气粒子的介电常数，由于 ε 与温度有关，所以 $|K|^2$ 会随着温度变化。

　　因此，单位体积的天气粒子的后向散射横截面积 η 的数学描述为

$$\eta = \sum \sigma_i = Tf^4 r^{1.6} \times 10^{-12} \frac{m^2}{m^3} \tag{2.38}$$

　　由于天气粒子中的雷达截面积与其直径 D_i 的次幂成正比，所以在雷达机理中将 $\sum D_i$ 表示为天气粒子的雷达反射率因子，用符号 Z 表示，对于雨、雾、雪天气，其数学描述各不相同。雨的雷达反射率因子可以表示为

$$Z_{\text{rain}} = 200r^{1.6} \tag{2.39}$$

　　对于干燥的降雪来说，雪颗粒主要由冰晶、单晶或合晶组成，雪的雷达反射率因子可表示为

$$Z_{\text{snow}} = 1780r^{2.21} \tag{2.40}$$

　　雾气为由贴近地面的细小水滴或者冰晶组成的漂浮组合，内陆雾气通常为辐射雾，辐射雾的平均雾滴直径一般小于 $20\mu m$。雾的雷达反射率因子可表示为

$$Z_{\text{frog}} = 4.62 \times 10^{-4.16} V^{-3.16} \tag{2.41}$$

式中，r 为降雨率或降雪率，单位为 mm/h；V 为雾能见度，单位为 m。

天气杂波同地物杂波类似，也随空间场景随机动态变化，同时也是影响雷达产生检测缺陷问题的原因之一。

2.4　激光雷达感知技术

2.4.1　激光雷达传感器概述

激光雷达是指以激光作为载波、以光电探测器作为接收器件、以光学望远镜作为天线的光雷达，在汽车智能化技术领域，车载激光雷达通常是指发射激光束以探测驾驶环境中物体的位置、速度等特征量的雷达传感器。与毫米波雷达传感器相比，激光雷达传感器可以在水平视场上提供更高的角分辨率，以及更高的测距精度。激光雷达的测距精度可达厘米级，并且由于激光本身的发散性较小，使得激光雷达可快速生成环境中物体的精确距离与轮廓信息，这些都是激光雷达相较于摄像头和毫米波雷达的巨大优势。

车载激光雷达已经在智能汽车技术领域取得了广泛的应用和关注。早在 2007 年美国举办的 DARPA 城市挑战赛中，就已出现了激光雷达传感器的身影。当年获得第一名和第二名的高校分别是卡耐基梅隆大学和斯坦福大学，它们均使用了激光雷达作为重要的环境传感器。

图 2-17　2007 年 DARPA 比赛中卡耐基梅隆大学和斯坦福大学使用激光雷达的赛车

现在常用的车载激光雷达的主要功能是，在短时间内，以雷达为中心，发射狭窄的激光束照射到物体表面上，通过激光发射位置的角度和激光的飞行时间来得到该激光束所照射到的物体表面相对于雷达中心的方向和距离，即该激光束照到的点的方位。由于激光雷达能在短时间内发射数量庞大的激光，故其产生的点最终可以通过"点云"的形式呈现。

根据激光雷达扫描垂直面上设置的激光雷达扫描面数，可以将激光雷达分为单线激光雷达和多线激光雷达。单线激光雷达的激光束配置在同一垂直扫描面上，而多线激光雷达则可以在多个垂直面上进行扫描，常见的多线激光雷达扫描面数有 4 线、8 线、16 线、32 线、64 线等。根据激光束发射方向在空间的配置方式，车载激光雷达主要分为二维激光雷达和三维激光雷达。二维激光雷达通过扫描空间可以得到扫描平面内的物体信息，而三维

激光雷达可以得到三维空间内立体的物体信息。如图 2 - 18 所示，在同一测试场景下，使用 SICK LMS511 单线激光雷达和 Velodyne HDL-64 64 线激光雷达进行扫描，分别得到二维点云和三维点云。

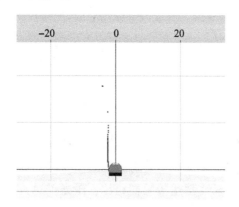

图 2 - 18 同一测试场景，雷达放置在相同位置的情况下，得到的二维点云和三维点云

二维激光雷达在一次完整扫描内产生的激光点数较少，其点云处理过程可以在较短的时间内完成，因此二维激光雷达大多应用于环境动态障碍物的快速检测。而三维激光雷达产生的密集点云中包含了场景中各种各样的物体的信息，如地面、行人、车辆、建筑、树木等，处理这样大量的信息复杂且耗时较长，因此三维激光雷达主要应用于环境中静态障碍物的检测和动态三维建模。表 2 - 1 列举了目前市面上主流激光雷达产品的参数。

表 2 - 1 三个不同厂商的典型商品对比

产品	SICK LMS511 – Lite	Velodyne HDL – 64E	IBEO LUX – 4
探测距离	80m	120m	200m
激光线数	1（2D）	64（3D）	4（3D）
波长	905nm	905nm	905nm
探测原理	飞行时间（TF）	飞行时间（TF）	飞行时间（TF）
水平视场	190°（0.25°/0.5°/1°）	360°（0.09°）	110°（0.125°）
扫描频率	25/35/50/75 Hz	5～20 Hz	12/25/50Hz
垂直视场	—	24.33°＋2°（0.33°/0.5°）	3.2°（0.8°）
距离分辨率	±24mm	<20mm	10cm
点数	1.9 万点/s	133 万点/s	>5 千点/s

2.4.2 激光雷达传感器检测机理

从车载雷达的基本功能来讲，激光雷达的主要功用是，探测环境中障碍物的位置信息和运动信息，提供环境感知和理解的数据支持，为决策提供依据。在距离探测方面，激光雷达传感器主要是利用飞行时间（Time-of-Flight，TOF）原理。

飞行时间指的是激光束从激光发射器发射出去直至被目标反射回接收器期间经历的时间差。使用飞行时间测距的基本原理示意图如图 2-19 所示，飞行时间的定义示意图如图 2-20 所示。在激光器驱动的作用下，脉冲式激光器发射一个很短的激光脉冲，触发激光接收器的时间测量机制。一旦激光器发出的激光从物体反射回来进入接收器，时间测量过程就停止了。该过程测量得到的时间即飞行时间，经过时间数字转换器（Time-to-Digital Converter，TDC）将时间信息量化，继而计算得到距离信息。

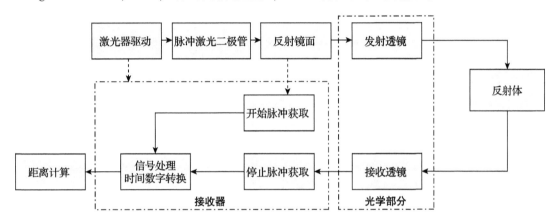

图 2-19　使用飞行时间测距的基本原理示意图

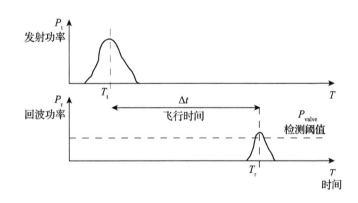

图 2-20　飞行时间的定义示意图

这样，时间差 Δt 与激光信号传输的距离成比例关系，被探测到的点与雷达之间的距离就可以表示为

$$R = \frac{c\Delta t}{2} \tag{2.42}$$

式中，c 指的是传输介质中的光速。传感器的距离分辨率取决于激光雷达传感器的激光发射器和接收器的带宽。

角度测量方面，由于激光传输过程中耗时很短，一般根据激光雷达传感器的设计和分

辨率设置即可确定每一个测量点在雷达坐标系下的角度位置。水平方位角测量方面，激光雷达可以通过设计机械旋转扫描结构使激光束覆盖雷达水平视野。垂直方位角测量方面，激光雷达中可以设计在垂向上具备多发射器、接收器的多线结构，使得雷达具备一定的垂向视野。速度测量方面，与毫米波雷达不同，受到硬件性能和体积约束的限制，目前主流的车载激光雷达传感器产品主要为非相干接收系统，不具备直接进行多普勒测速的功能，因此障碍物的速度信息一般要依靠目标级的运动跟踪得到。

激光雷达的探测能力可以通过激光雷达作用距离方程从能量的角度来描述。激光和微波统属电磁波，激光雷达作用距离方程的推导与微波雷达的推导是相似的。从微波雷达作用距离方程可以导出激光雷达方程，即

$$P_R = \frac{P_T G_T}{4\pi R^2} \times \frac{\sigma}{4\pi R^2} \times \frac{\pi D^2}{4} \times \eta_{Atm} \times \eta_{Sys} \tag{2.43}$$

式中，P_R 是接收激光功率（W）；P_T 是发射激光功率（W）；G_T 是发射天线增益；σ 是目标散射截面；D 是接收孔径（m）；R 是激光雷达到目标的距离（m）；η_{Atm} 是单程大气传输系数；η_{Sys} 是激光雷达的光学系统的传输系数。定义 $A_R = \pi D^2$ 是有效接收面积（m^2）。式中的发射天线增益可以拓展为

$$G_T = \frac{4\pi}{\theta_T^2} \tag{2.44}$$

式中，

$$\theta_T = \frac{K_a \lambda}{D} \tag{2.45}$$

两式中，θ_T 是发射激光的带宽；λ 是发射激光的波长；K_a 是孔径透光常数。

经过整理，激光雷达作用距离方程可写为

$$P_R = \frac{P_T \sigma D^4}{16\lambda^2 K_a^2 R^4} \eta_{Atm}\eta_{Sys} \tag{2.46}$$

目标的散射截面为

$$\sigma = \frac{4\pi}{\Omega}\rho_T dA \tag{2.47}$$

式中，Ω 是目标的散射立体角；dA 是目标的面积；ρ_T 是目标平面反光系数。

激光雷达作用距离可以看成发射一定功率激光后的激光大气传输、目标特性、光学系统传输特性和接收机四项因子的乘积形式。

2.4.3　基于三维激光雷达的道路环境感知

利用三维激光雷达进行道路感知时，激光雷达每秒可以检测到高达几十万的点云信息，检测距离可达100m。但由于激光雷达的检测特点，距离越远的点云数据越稀疏，难以体现障碍物的特征。同时，由于对时效性有较高的要求，对所有的点云信息都进行处理耗时过高。因此，对于检测到的点云信息需要进行预处理后选用基于连通域标记和SVM分类的点云分割算法和基于深度神经网络的点云体素分割算法并行处理点云信息。通过计算两

路算法分别确定障碍物位置后，计算两路算法对应障碍物的位置差，使其低于一定阈值以保证系统的稳定性。

利用激光雷达进行道路环境感知的流程如图 2-21 所示，首先使用激光雷达检测道路环境信息，之后划定感兴趣区域并对区域内的点云先进行体素化分割滤除干扰点并计算分割出地面点云。预处理后的点云信息分别使用基于深度神经网络模型的体素分割算法和基于连通域标记及 SVM 分类的算法对障碍物点云进行分割分类。之后对两种算法所分割出来的障碍物计算边界框，边界框的几何中心坐标作为障碍物等的位置。最终根据两种方法所对应障碍物位置的距离差，融合两种算法的结果，确定道路环境感知系统输出的障碍物位置。

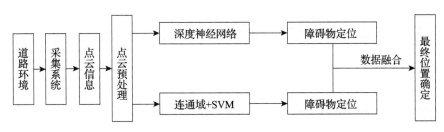

图 2-21　道路环境感知流程图

2.4.4　基于激光雷达点云图的联合感知与运动预测

可靠地感知环境状态，特别是物体的存在和运动行为的能力，是智能汽车的关键。利用激光雷达可以在对周围障碍物和行人进行感知的同时，预测他们的运动。MotionNet 以一系列激光雷达扫描作为输入并输出鸟瞰图（BEV），其中鸟瞰图把目标的种类和目标的运动信息编码输入每个栅格中，系统如图 2-22 所示。

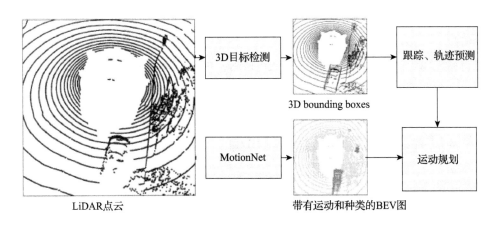

图 2-22　智能汽车追踪和预测系统

如图 2-22 所示，MotionNet 是一个基于鸟瞰图（BEV）的系统，该系统可以在不使用边界框的情况下实现感知和运动预测。它可以作为标准的基于边界框系统的备份，并为运

动规划提供补充信息。

MotionNet 框架如图 2-23 所示，该框架包括三部分：从原始 3D 点云到 BEV 图的数据表示、作为主体的空间-时序金字塔网络、用于元胞分类和运动预测的具体任务条目。

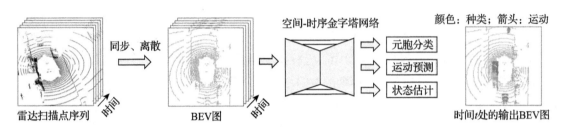

图 2-23 MotionNet 框架

MotionNet 的输入是一组 3D 点云序列，其中每个点云帧由其局部坐标系描述。需要将所有过去的帧同步到当前帧，并通过坐标变换在当前主车坐标系统内表示所有点云。与二维图像不同，三维点云是非常稀疏并且分散的不规则图像，因此不能直接使用卷积操作。为了解决这个问题，需要将点云转化为 BEV 图，从而使其能应用卷积操作。特别是需要首先将三维点云量化为规则的体素，然后将三维体素格表示为二维图像，其高度维数对应于一个图像通道，通过这样的表示，便可以在 BEV 图上使用二维卷积进行特征的学习。

与传统的视频分类任务对整个图像序列只预测一个类别标签不同，MotionNet 使用空间-时序金字塔网络在当前时间对每个 BEV 图像的元胞进行分类，并估计每个元胞的未来位置。为了生成最后的输出，MotionNet 在 STPN 网络后面添加了三个模块：①元胞分类模块，负责分割 BEV 图并获取每个元胞的类别信息；②运动预测模块，预测每个元胞未来的位置；③状态估计模块，估计每个元胞的运动状态（即静止的或运动的），同时为运动预测提供辅助信息。

通过将激光雷达的点云信息转化为二维鸟瞰图，可以利用 MotionNet 进行障碍物的检测与行为预测，为智能汽车提供了辅助信息。

2.5　智能汽车常用定位技术及其机理

目前常用的车辆定位技术按照所使用的传感器设备不同，包括卫星定位、基于信标阵列的定位技术、航迹推算（Dead Reckoning, DR）、惯性导航（Inertial Navigation）、全球卫星定位系统（Global Positioning System, GPS）定位、视觉定位、基于激光雷达的定位技术等，而在具体系统实现过程中，各种定位技术可以相互独立使用，也可以将多种技术相互组合使用。典型车辆定位系统的结构如图 2-24 所示。

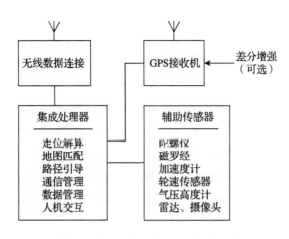

图 2 - 24　典型车辆定位系统的结构

定位按照结果可以简单分类为绝对定位和相对定位。相对定位依赖上一时刻的定位结果和采样间隔内的车辆位移来进行推算，往往存在误差累积的问题；绝对定位则没必要预先知道车辆初始位姿，每一时刻的定位结果都是在固定坐标系下绝对的位姿。由于这一时刻跟上一时刻没有必然的联系，所以绝对定位不存在累积误差。将多种技术用于组合定位的目的之一就是要尽可能减小甚至消除累积误差的影响，达到绝对定位的效果。

车辆定位从原理上主要基于以下三种方式：第一种是经过网络辅助或差分增强的 GPS 技术；另外 GPS 与其他传感器进行数据融合形成的定位系统也是当前车辆定位的主流做法，比如常见的卫星定位与惯性导航组合系统；还有通过信标或地图匹配的原理进行的定位等。

2.5.1　辅助增强的卫星定位

GPS 作为覆盖全球的自主地理空间定位的卫星系统，能够为车辆和其他运输系统提供全气候、全时段、全方位、大范围的导航服务，具有前所未有的准确性和可用性。全球卫星定位系统技术也有其局限性。首先，虽然它提供了一个在全球范围内的位置，且在全局尺度上估计精度良好，但通常仍不足以确定车辆厘米级的精确位置，难以满足智能汽车的更高定位要求；其次，位置的精度评估非常困难，也就是说位置的完整性常常限制了平均位置精度的有用性；此外，在城市峡谷、隧道和其他无线电阴影区域，该系统的性能大大降低或位置可能完全不可用。也正是由于 GPS 在定位准确性、连续性和实时性等方面的局限，独立式 GPS 的性能远远不能满足面向无人驾驶的车载定位需求。

为提高 GPS 接收机的灵敏度并缩短产生定位解算的时间，一些卫星接收机引入网络辅助，从网络获取解算信息或者直接将解算任务交给网络服务器。另外，诸如位置差分、伪距差分、实时动态差分（RTK）等差分增强系统也在 GPS 定位中被应用。差分系统从定位信息解算的不同层次消除相邻区域公共误差的影响，从而得到相对较高的定位精度，如图 2 -25所示。对于 GPS，根据不同的差分类型，差分定位精度可由几米到几厘米不等。

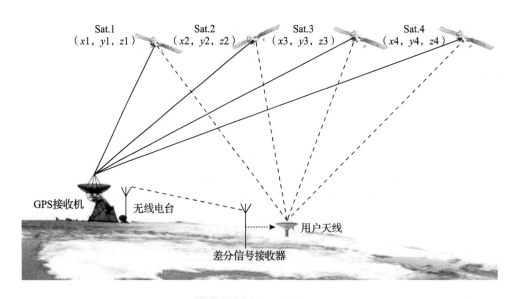

图2-25　差分定位原理

　　位置差分的基本方法是将 GPS 基准接收机放置在经过测绘过的位置上，计算 GPS 测量值与实际坐标差，并将该差值发送给附近区域的用户，用户以此作为位置修正量对 GPS 接收机测量结果进行修正。这种方法技术简单、成本低廉，并且很大程度上可以消除该时刻基准位置与用户接收机之间的共性误差。但也有其不足之处，如要求接收机求解过程的技术类型相同，以及可见或所选用的卫星要尽可能相同。多数运行的局域差分系统选择广播每颗可见卫星的伪距误差，用户接收机接收到广播伪距误差后用于修正对应卫星的伪距值，之后进行伪距方程组的求解，以获得最终的定位结果。在多数情况下，除多径以及接收机误差外，用户接收机与差分基站的伪距误差是相同的。另外，伪距误差是一个时变量，只有在计算校正值的瞬间才有效，为了避免通信延迟的影响，一般还会广播出相应伪距校正值时间戳和伪距误差变化率。另外还有基于载波原理的差分技术，在使用中将基准站采集的载波相位发给用户接收机，然后求差解算坐标。载波相位差分定位可使定位精度达到厘米级，大量应用于动态需要高精度位置的领域。

　　差分定位技术已经逐步成熟，拥有良好的定位增强效果，得到了广泛的应用。但即便是在 RTK 差分等增强系统的辅助下，卫星定位能够在环境良好的条件下提供较高的精度，可由于车辆通常高速运行在有频繁的干扰、多径、闪烁的环境中，所以仍然很难维持其稳定的定位效果。卫星定位覆盖率以及恶劣定位环境中的鲁棒性还远远不够，因此只能在增加备份辅助定位设备或者在车辆安全对定位结果依赖性不强以及环境良好的情况下使用。

　　虽然 GPS 能够实现长期高精度的定位，并且能够提供全局坐标下的位置信息，价格低廉，但其短时精度和数据刷新频率均较低，覆盖范围不完整，并且随时可能会因无意或恶意干扰而发生故障。其局限性主要体现在独立的 GPS 对于某些要求苛刻的应用环境，准确性、完整性、可用性、覆盖率和可靠性是无法满足要求的。因此，在涉及安全的关键应用领域，不能完全依赖 GPS。

2.5.2　航迹推算

航迹推算在 4000 年前的海上航行时就已经被使用，原理是以起航点或者观测船位为推算起始点，根据船舶最基本的航海仪器（罗经和计程仪）指示的航向、航程，以及船舶的操纵要素和环境因素等，在不借助外界导航物标的情况下，推算出具有一定精度的航迹和船位的方法和过程。由于其价格低廉，短时精度高，采样速率快，所以现在车辆导航中也得到非常普遍的应用。在车载系统中，通常在上一时刻的位置信息的基础上，根据驱动轮、转向盘编码器测量值以及采样周期等数据，对下一时刻的位置进行估计。

具体航迹推算一般通过获取车辆底盘 CAN 信息中的车速和转向盘转角进行车辆位置和航向角的估计，如图 2-26 所示的车辆运动学模型。记世界坐标系为 $X_wO_wY_w$，x、y 和 r，分别表示车辆的位置和姿态（朝向），合称位姿。用 ICR 表示瞬时旋转中心（Instant Center of Rotation），ds 和 dr 分别表示两相邻时刻间车辆行驶的距离和旋转角度，如图 2-26 所示。

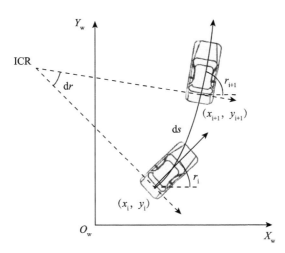

图 2-26　车辆运动学模型

由图 2-26 中所示的几何关系以及航迹推算原理，可列出航迹推算公式为

$$\begin{bmatrix} x_{i+1} \\ y_{i+1} \\ r_{i+1} \end{bmatrix} = \begin{bmatrix} x_i + ds \cdot \cos\left(r_i + \dfrac{\pi}{2} + \dfrac{dr}{2}\right) \\ y_i + ds \cdot \sin\left(r_i + \dfrac{\pi}{2} + \dfrac{dr}{2}\right) \\ r_i + dr \end{bmatrix} \tag{2.48}$$

通过该公式，后续位姿可根据前次位姿以及车辆状态获得。然而实际上，上述车载航迹推算通常很难实现精确测量，主要是由于车辆处于复杂动态环境下存在诸如车轮的滑移和滑转、路面不平、轮胎侧滑，因温度、气压、磨损和车速而导致的轮胎直径的变化，用

于推算的车辆模型精度以及编码器有限的分辨率和采样频率等的影响。航迹推算作为一种相对定位方法，误差会伴随车辆的运动距离成正比增长，因此长时间独立工作时精度不能够保持，通常会和 GPS 等全球定位系统组合作用，通过数据融合等手段互相增强和校准，如图 2-27 所示。

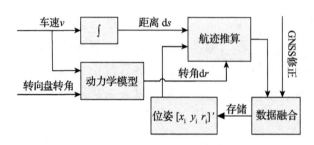

图 2-27　航迹推算原理

2.5.3　惯性导航

惯性导航系统（Inertial Navigation System，INS）即通过惯性传感器来测量角速度和加速度信息。惯性测量单元（Inertial Measurement Unit，IMU）是惯性导航的硬件基础，通常包含三个正交的陀螺仪和三个正交的加速度计，分别用于测量三轴角速度信息以及三轴加速度信息。根据精度要求以及用途的不同，陀螺仪通常采用微机械陀螺、光纤陀螺或者激光陀螺，加速度计采用机械加速度计、振动梁加速度计或者力平衡摆式加速度计。陀螺仪与加速度计分别以单体形式安装在六面体上。

如图 2-28 所示，惯性系统通过对角速度的积分得到车辆的航向（heading）、俯仰（pitch）和侧倾（roll），通过对加速度的积分和二次积分可以求取车辆的速度和位置。由于 INS 精度高，且不依赖其他设施，所以是一种完全自主的导航方式，在航空航天、航海及陆地等几乎所有需要精确导航的领域中都有应用。

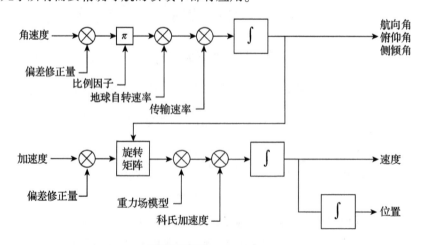

图 2-28　惯性导航原理

　　基于 IMU 惯性传感器的 INS 是一种相对定位技术，是不依赖于外部环境信息的自主导航系统，可以提供 200Hz 以上带宽的导航信息，具有短时高精度特征，并且除了位置姿态信息以外，还能输出速度、加速度等运动状态信息。其精度高于航迹推算，但成本也有相应的增加，特别是使用高精度的陀螺仪及惯性传感器的惯导系统。另外，惯性导航的精度受陀螺仪漂移、标定误差、敏感度等因素的影响，以及导航算法中固有的积分特性会致使误差随着时间累积，惯性导航系统的误差会逐渐无界发散。而且惯性导航系统会涉及初始状态确定问题，因此对绝对位置姿态信息存在一定的依赖。通常使用惯性传感器与 GPS 构成一种增效关系。这两种类型的定位方式通过绝对定位和相对定位方式的组合，不仅能够克服单一传感器的性能缺陷，而且达到了更好的定位表现。当惯性传感器的精度下降或者误差累计时，GPS 提供的有界精度不仅限制了导航误差，而且能够校准惯性传感器。

　　图 2 - 29 所示为高精度的惯导系统 RT3000 以及其拆解图。该型产品定位精度能够达到 2cm，速度精度为 0.05km/h，目前常被应用于为车辆提供近似的绝对位置信息，例如被应用于高精地图采集车或者为车辆试验提供精确位姿信息。

图 2 - 29　高精度的惯导系统 RT3000 以及其拆解图

2.5.4　视觉 SLAM

　　视觉同步定位与建图（Simultaneous Localization and Mapping，SLAM）是基于单、双目摄像头、深度摄像头等传感器进行视觉图像处理以达到即时定位与地图构建的目的。典型单目摄像头、双目摄像头和深度摄像头如图 2 - 30 所示。

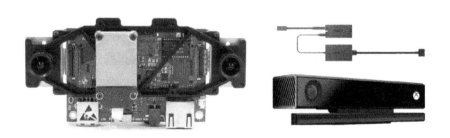

Vi_Sensor 双目 IMU 摄像头　　　　　　　　　　Kinect 2.0 深度摄像头

图 2 - 30　典型单双目摄像头和深度摄像头

经典视觉 SLAM 的工作原理如图 2-31 所示，简单来说就是对车辆周边的环境进行视觉感知，先用摄像头进行图像信息采集，将采集的信息进行预处理，然后视觉里程计来计算相邻图像间摄像头的运动。视觉里程计又称前端，后端接收一段时间内前端估计的摄像头位姿以及通过同一地点的回环检测信息，对其进行非线性优化来得到全局一致的轨迹和地图。

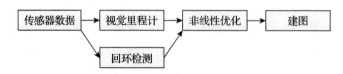

图 2-31　经典视觉 SLAM 的工作原理

根据视觉传感器的不同，处理方法以及系统特性也有差异。对基于单目摄像头的 SLAM，由于传感器结构简单，成本特别低，所以受到很多研究者的关注。由于单目摄像头成像为二维图像，现实生活中的物体为三维信息，因此需要通过三角化方法来估计图像的深度信息。由于单目摄像头缺乏尺度信息且不适合快速运动，因此，许多用于 SLAM 的摄像头开始集成 IMU 惯性设备，用于确定自身运动信息。双目摄像头和深度摄像头则克服了单目摄像头无法直接知道绝对深度信息的缺点。双目摄像头已知基线长度，从而结合两个视角图片视差解算真实环境深度信息。而深度摄像头（又称为 RGB-D 摄像头）则是通过主动红外结构光测距原理获取图像深度信息，相比于双目摄像头，物理测量手段削减了大量计算，时间开销很小，但是由于其抗干扰性差以及适用范围小等原因，所以目前主要应用场合还停留在室内场景。

摄像头价格低廉，图像获取容易且信息丰富，因此基于视觉的定位方法多种多样，比如有通过识别路面车道线，然后经图像处理得到车辆相对于车道线偏移的相对定位方法，或者如图 2-32 所示的基于结构化道路信息的 ORB-SLAM，通过使用图像特征点的匹配跟踪进行定位求解，并同时创建特征地图来减少累计误差。

图 2-32　结构化道路信息

视觉所能提供的感知信息不仅可以满足车辆自主定位的要求，还能为其他重要任务（如目标检测、识别、跟踪以及避障）提供信息。虽然视觉传感容易受到环境因素以及动态因素扰动，但随着机器视觉技术的发展，摄像头已经成为无人驾驶汽车上极具潜力的传感器。

2.5.5　激光雷达 SLAM

激光雷达（LiDAR）最显著的特点就是分辨率高，通过雷达返回极高精度的距离、角度、反射强度等信息，可以得到物理世界精确的二维或三维坐标。另外，激光雷达有较好的隐蔽性和抗有源干扰能力以及良好的低空探测性等优点。但是激光雷达也存在致命缺陷，如在大雨、浓烟、浓雾等天气里，由于衰减急剧加大，可视距离大受影响，并且当前激光雷达价格高昂这一问题亟待解决。图 2-33 所示为 Velodyne 三款经典的 LiDAR。

图 2-33　Velodyne 三款经典的 LiDAR

激光雷达 SLAM 与视觉 SLAM 都以即时定位与地图构建为目的，不同的是采用不同类型的传感器采集环境信息数据。虽然两种传感器的感知原理和数据形式存在巨大的差别，但是关于激光点云数据的处理与图像处理也有一些共通性，因此衍生出的定位技术也类似，LiDAR 可以检测环境中的人工路标或自然路标及特征作出局部的相对定位；也可以类比里程计，得到帧与帧之间的关联，从而获得两帧之间的车辆位姿变化关系，不断实现自身相对原始位置的定位估计；还可以预先生成全局环境地图并存储，用实时点云数据和环境地图的匹配计算出自身在全局坐标系下的绝对位姿。因此，包含大量的行车辅助信息等精准三维表征数据的高精地图是基于激光雷达 SLAM 高精定位的前提。图 2-34 所示为地图厂商 HERE 的高精地图数据采集车和 LiDAR 点云数据。

图 2-34　地图厂商 HERE 的高精地图数据采集车和 LiDAR 点云高精度地图

目前世界上许多地图厂商都在以多种传感器融合的方式采集数据，并采用线下处理的方式将多种数据进行融合产生高精地图。图2-35所示为常用的高精地图计算架构。

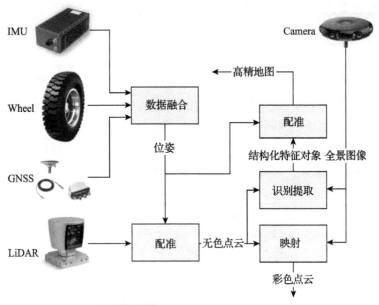

图2-35　常用的高精地图计算架构

基于高精度LiDAR点云地图，可以用实时传感数据和已经建好的地图进行匹配。3D点云匹配一般会用到迭代最近点（Iterative Closest Point，ICP）算法，这是一种点集对点集的配准方法，也经常被应用在视觉SLAM的匹配过程。ICP的目标是在给出两组点云的情况下，假设场景不变，算出这两组点云之间的位姿变化。最早的ICP原理，就是第一组点云的每个点在第二组点云里找到一个最近的匹配，之后通过所有的匹配来计算均方误差（Mean Squared Error，MSE），进而调整估计的位姿，这样进行多次迭代，最终算出两组点云的相对位姿。因此，在预先有地图的情况下，用实时的点云加上一个位姿估计就可以精准算出智能汽车的当前位姿，且时间相邻的两帧点云也可以算出一个相对位姿。图2-36（见彩插）所示为点云匹配示意图。

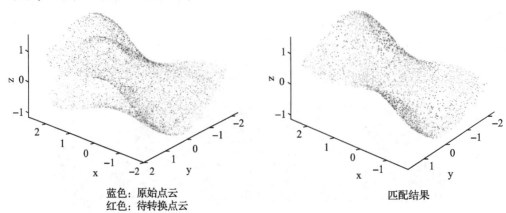

蓝色：原始点云
红色：待转换点云

匹配结果

图2-36　点云匹配示意图

2.5.6 基于信标导引的定位技术

基于信标导引的定位技术是通过传感器检测预先设置在固定位置的信标，从而获得自身位置信息的定位方式。根据所采用信标类型的不同，可分为电磁感应导引、光学导引、磁带磁钉导引、射频识别（Radio Frequency Identification，RFID）导引等。如图 2-37 所示，基于信标导引的定位技术广泛用于自动导引车（Automated Guided Vehicle，AGV）、巡检车、扫雪车，或者在一些特定环境，比如机场、园区以及港口码头，应用于货物运送，甚至在小区域范围内用来运送乘客。

图 2-37 EGEMIN 货物叉运 AGV 和 Park Shuttle

电磁感应导引是应用最多、最成熟的一种方式，属于固定路线方式。它是在车辆行驶路径上埋设专门的电缆线，并加载低频、低压导引电流，从而在电缆周围产生磁场，车载的电磁感应传感器检测磁场特征，并计算出车辆沿线路行走时感应到的磁场强度差动信号，车载控制系统根据该信号进行纠偏控制，实现车辆的侧向定位和控制。

光学导引通常又称为光条纹导引，是指在车辆行驶路面上绘制或铺设特定颜色和形状的条纹，车辆通过光电探头检测图案条纹的存在和偏移位置，从而进行自主定位与整体控制。

另外，通过预先在地面上铺设磁带、磁钉或射频识别设备，使车辆经过时感应路径上的磁信号从而获取自身相对于预定轨迹的偏差，实现本车定位和导航的磁引导定位技术也非常普遍。

基于信标导引的定位十分稳定，一旦信标铺设完成，不受气候变化等的影响，且基本不需要做过多维护。不过缺点也很明显，复杂场景路线繁多，而这种方式缺乏变化，不够灵活，变更线路需要重新铺设设备。因此，低成本、小型化和高可靠性的基于信标导引定位也是车辆在特定场合下的发展方向和研究内容。

2.6　多传感器数据融合

为了克服单个传感器数据可靠性低、有效探测范围小等局限性，同时保证在任何时刻都能为车辆运行提供完全可靠的环境信息，在智能汽车的设计过程中使用多个传感器进行数据采集，并利用融合技术对采集到的数据进行分析、综合、平衡，通过各个传感器进行信息互补，从而进行容错处理，扩大系统的时频覆盖范围，增加信息维数，避免单个传感器的工作盲区，从而得到所需要的环境信息。

在多传感器融合定位系统的处理过程中，数据融合作为手段，车辆状态估计作为目的。其本质上是通过对多传感器结果权值的分配，使得融合结果置信度优于任意一种独立的传感器。

常用于数据融合的方法按照基本原理可以分为：①随机类方法，如加权平均、卡尔曼滤波、多贝叶斯估计、DS（Dempster Shafer）证据推理方法、产生式规则法；②人工智能方法，如模糊逻辑推理、人工神经网络法。

按照贝叶斯模型参数化特征可以分为：①参数化滤波器，如卡尔曼滤波器（Kalman Filter，KF）、扩展卡尔曼滤波器（Extended Kalman Filter，EKF）、无迹卡尔曼滤波器（Unscented Kalman Filter，UKF）；②非参数化滤波器，有离散贝叶斯滤波、直方图滤波、粒子滤波器等。

车辆的状态估计中，非线性系统状态估计是一个关键性问题。KF 的本质是参数化的贝叶斯模型，只适用于线性系统并且满足服从高斯分布的假设。EKF 利用泰勒展开将非线性系统线性化，但是由于对高阶展开式的忽略，当系统状态方程为强非线性时，会存在滤波发散的风险。UKF 是无损变换和 KF 的结合，相较于 EKF，提高了精度并省略了雅可比矩阵的求解过程。

下面对车辆定位系统中应用较多的几种滤波器进行详细介绍。

2.6.1　经典卡尔曼滤波

卡尔曼滤波器本质上是通过对下一时刻状态的先验估计与测量反馈相结合，得到该时刻相对准确的后验估计的过程。对于线性离散系统，要求满足过程模型为叠加过程激励噪声的线性系统、测量模型为叠加测量噪声的线性系统，并且噪声都服从正态分布，即系统可以用如下两个方程表示，其中离散时间状态差分方程为

$$x_k = Ax_{k-1} + Bu_{k-1} + \omega_{k-1} \tag{2.49}$$

测量方程可以表述为

$$z_k = Hx_k + v_k \tag{2.50}$$

式中，状态变量 $x \in R^n$，观测变量 $z \in R^m$，其中随机变量 ω_{k-1} 和 v_k 分别表示过程激励噪声和观测噪声，并且噪声满足 $P(\omega) \sim N(0, Q)$、$P(v) \sim N(0, R)$ 的正态分布。

这意味着对于任意一个状态变量 x_k，可以通过线性状态差分方程进行估算。x_k 等于其前一时刻状态变量 x_{k-1} 与控制信号 u_{k-1} 以及过程激励噪声 ω_{k-1} 的线性叠加，通常情况下，$u_{k-1} = 0$，另外从方程中可以知道任意时刻观测量为状态量与测量噪声 v_k 的线性组合，并且 A、B、H 通常为时不变常值矩阵形式，则剩余的问题就是随机变量 ω_{k-1} 和 v_k 的估算问题，对于噪声参数的估计越准确，状态估计的结果也就越精准。

建立模型后确定系统的初始状态，通过如图 2-38 所示的两组方程进行时间更新（预测）以及测量更新（校正）。

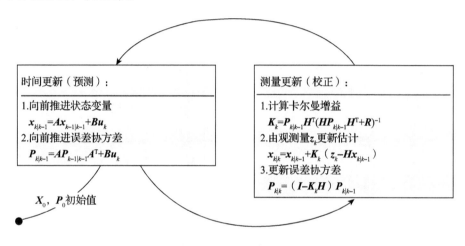

图 2-38　卡尔曼滤波算法图

2.6.2　扩展卡尔曼滤波

扩展卡尔曼滤波器是一种卡尔曼滤波器的非线性系统版本，EKF 用非线性状态方程获取更加精准的状态预测值以及对应的测量值，通过非线性变换使得变换后的系统仍旧满足理想高斯分布的假设。在 EKF 中，状态方程和观测模型可以是非线性的，但需要是可微分函数。下面基于 KF 分别讨论非线性系统线性化、EKF 的基本原理及其应用。

对于非线性系统，假设当前状态为上一时刻状态和将要执行的控制量的二元函数叠加上一个高斯噪声，测量值为当前状态的函数叠加上另外一个高斯噪声，即系统可表达为

$$x_k = f(x_{k-1}, u_k) + \omega_k \tag{2.51}$$

$$z_k = h(x_k) + v_k \tag{2.52}$$

式中，$f(x_{k-1}, u_k)$ 以及函数 $h(x_k)$ 可以是非线性一阶可微分函数。

为了采用经典卡尔曼思想解决非线性系统中的状态估计问题，需要将非线性系统线性化，EKF 采用泰勒展开的方式对非线性系统线性化，通过省略高阶项，并保留一阶项。以

$f(\boldsymbol{x}_{k-1}, \boldsymbol{u}_k)$ 为例，进行一阶泰勒展开后可以表示为

$$f(\boldsymbol{x}_{k-1}, \boldsymbol{u}_k) \approx f(\boldsymbol{x}_k, \boldsymbol{u}_k) + f'(\boldsymbol{x}_{k-1}, \boldsymbol{u}_k)(\boldsymbol{x}_{k-1} - \boldsymbol{x}_k) = f(\boldsymbol{x}_k, \boldsymbol{u}_k) + F_k(\boldsymbol{x}_{k-1} - \boldsymbol{x}_k)$$

$$(2.53)$$

式中，用 $\boldsymbol{F}_k$ 表示函数 $f(\boldsymbol{x}_{k-1}, \boldsymbol{u}_k)$ 的雅可比矩阵，另外对于函数 $h(\boldsymbol{x}_k)$ 用 $\boldsymbol{H}_k$ 表示其雅可比矩阵，则 $\boldsymbol{F}_k$ 为状态转换矩阵，$\boldsymbol{H}_k$ 为观测矩阵，它们可分别表示成

$$\boldsymbol{F}_k = \frac{\partial f}{\partial \boldsymbol{x}} \Big|_{\boldsymbol{x}_{k-1|k-1}}, \ \boldsymbol{u}_k \tag{2.54}$$

$$\boldsymbol{H}_k = \frac{\partial h}{\partial \boldsymbol{x}} \Big|_{\boldsymbol{x}_{k|k-1}} \tag{2.55}$$

上面线性化步骤中引入的非线性函数一阶偏导数所构成的雅可比矩阵（Jacobian Matrix）为非线性系统函数的所有分量对向量 $\boldsymbol{X}$ 的所有分量的一阶导数所组成，如对于 $\boldsymbol{F}_k$，可表示成：

$$\boldsymbol{JF} = \frac{\partial f}{\partial \boldsymbol{x}} = \left[\frac{\partial f}{\partial \boldsymbol{x}_1} \ \cdots \ \frac{\partial f}{\partial \boldsymbol{x}_2} \right] = \begin{bmatrix} \dfrac{\partial f_1}{\partial \boldsymbol{x}_1} & \cdots & \dfrac{\partial f_1}{\partial \boldsymbol{x}_n} \\ \cdots & \cdots & \cdots \\ \dfrac{\partial f_m}{\partial \boldsymbol{x}_1} & \cdots & \dfrac{\partial f_m}{\partial \boldsymbol{x}_n} \end{bmatrix} \tag{2.56}$$

函数 f 有 $f_1 \cdots f_m$ 共 m 个分量，状态向量 $\boldsymbol{x}$ 有 $\boldsymbol{x}_1 \cdots \boldsymbol{x}_n$ 共 n 个分量，因此雅可比矩阵有 m 行 n 列。

线性化后的系统根据经典 KF 思想，可以获取预测方程与更新方程，步骤可表示为如图 2-39 所示的形式。

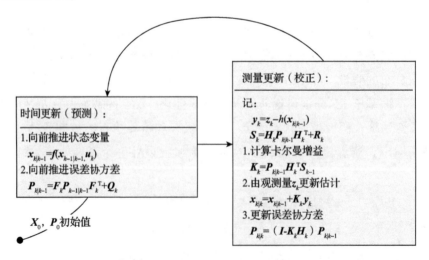

图 2-39 扩展卡尔曼滤波算法图

2.6.3　无迹卡尔曼滤波

无迹卡尔曼滤波（Unscented Kalman Filter，UKF）是指非线性系统状态估计时采用无损变换（Unscented Transform，UT）的方法将非线性系统线性化，通过非线性函数概率密度分布进行近似，即使系统模型的复杂度提升也不会增加算法的实现难度。同样是基于 KF 基本思想，但相对于 EKF 由于省略了雅可比矩阵的求解过程，因此处理效率更高。对于强非线性系统，相比于 EKF 对泰勒高阶项的省略，UKF 在精度方面以及滤波效果上都有所提升，所得到的非线性函数统计量的准确性可以达到三阶。图 2-40 所示为 UKF 相对于经典 KF 以及 EKF 的对比情况。

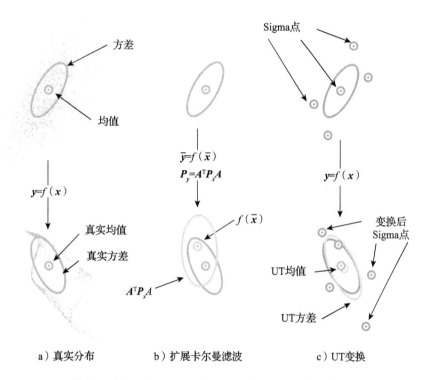

a）真实分布　　　b）扩展卡尔曼滤波　　　c）UT变换

图 2-40　UKF 相对于经典 KF 以及 EKF 的对比情况

1. UT 算法

UT 变换的过程为通过一种采样策略选取可以表征系统状态的一组 Sigma 点（关键点）集，该点集与原系统具有相同的均值和协方差 $\bar{x}$ 和 P_x，将非线性函数的映射通过关键点的映射实现，以此完成新的状态的计算。

设系统状态方程为 $y = f(x)$，状态向量 x 为 n 维随机变量，则变换步骤如下：

1）构造 Sigma 点，根据状态向量 x 的统计量均值 $\bar{x}$ 和协方差 P_x，构造 Sigma 点集

$$\boldsymbol{\chi}_i = \begin{cases} \bar{x}, & i=0 \\ \bar{x} + \left[\sqrt{(n+\kappa)\boldsymbol{P}_x}\right]_i, & i=1,\cdots,n \\ \bar{x} - \left[\sqrt{(n+\kappa)\boldsymbol{P}_x}\right]_{i-n-1}, & i=n+1,\cdots,2n \end{cases} \tag{2.57}$$

式中，n 表示状态的维度；$\kappa = \alpha^2(n+\lambda) - n$，是一个尺度参数，调整它可以提高总的逼近精度，$\alpha$ 的选取控制了采样点的分布状态，通常设为一个较小的正数（$1 > \alpha > e^{-4}$），λ 为第二个尺度参数，其具体取值没有界限，通常设置为 0 或者 $3-n$，以确保矩阵 $(n+\kappa)\boldsymbol{P}_x$ 为半正定矩阵。$\left[\sqrt{(n+\kappa)\boldsymbol{P}_x}\right]_i$ 表示矩阵开平方根的第 i 列。当前采样点集 $\boldsymbol{\chi}_i$ 可以近似表示状态 $\boldsymbol{x}$ 的高斯分布状态。

2）对 Sigma 点集进行非线性变换

$$\boldsymbol{Y}_i = f(\boldsymbol{\chi}_i),\ i=0,\cdots,2n \tag{2.58}$$

对上一步骤构造的所有点集进行关于 $f(\cdot)$ 的变换，可以得到变换后的 Sigma 点集 $\{\boldsymbol{Y}_i\}$，即可近似地表示 $\boldsymbol{y}=f(\boldsymbol{x})$ 的分布。

3）计算 y 的均值和方差，对变换后的 Sigma 点集 $\{\boldsymbol{Y}_i\}$ 进行加权处理，从而可以得到 y 的均值和方差

$$\bar{y} \approx \sum_{i=0}^{2n} \boldsymbol{W}_i^{(m)} \boldsymbol{Y}_i \tag{2.59}$$

$$\boldsymbol{P}_y \approx \sum_{i=0}^{2n} \boldsymbol{W}_i^{(c)} (\boldsymbol{Y}_i - \bar{y})(\boldsymbol{Y}_i - \bar{y})^{\mathrm{T}} \tag{2.60}$$

式中，$\boldsymbol{W}_i^{(m)}$ 和 $\boldsymbol{W}_i^{(c)}$ 分别为计算 y 均值和方差的加权。

$$\boldsymbol{W}_0^{(m)} = \frac{\kappa}{(n+\kappa)} \tag{2.61}$$

$$\boldsymbol{W}_0^{(c)} = \frac{\kappa}{(n+\kappa)} + (1-\alpha^2+\beta) \tag{2.62}$$

$$\boldsymbol{W}_i^{(m)} = \boldsymbol{W}_i^{(c)} = \frac{\kappa}{[2(n+\kappa)]},\ i=1,\cdots,2n \tag{2.63}$$

式中，α 的定义同式（2.57）；β 为状态分布参数，对于高斯分布 $\beta=2$ 是最优的，如果状态变量是单变量，则最佳选择是 $\beta=0$。通过适当调节 α 和 λ 可以提高估计均值的精度，调节 β 可以提高方差的精度。

2. UKF 算法流程

UKF 算法可以看作是经典 KF 算法与 UT 变换的组合，即将 KF 算法中的预测方程用 UT 变换来处理均值和协方差的非线性传递，就变成了 UKF 算法。

对于显性噪声非线性系统，假定状态为高斯随机矢量，已知过程激励噪声和测量噪声统计特性为 $\boldsymbol{\omega}_k \sim N(0, \boldsymbol{Q}_k)$，$\boldsymbol{v}_k \sim N(0, \boldsymbol{R}_k)$

初始化如下：

$$\hat{\boldsymbol{x}}_0 = \boldsymbol{E}[\boldsymbol{x}_0] \tag{2.64}$$

$$P_0 = E \left[(\boldsymbol{x}_0 - \hat{\boldsymbol{x}}_0)(\boldsymbol{x}_0 - \hat{\boldsymbol{x}}_0)^{\mathrm{T}} \right] \tag{2.65}$$

状态估计如下：

计算 Sigma 点为

$$\boldsymbol{\chi}_{k-1}^0 = \hat{\boldsymbol{x}}_{k-1}, \quad i = 0 \tag{2.66}$$

$$\boldsymbol{\chi}_{k-1}^i = \hat{\boldsymbol{x}}_{k-1} + \left[\sqrt{(n+\kappa)\boldsymbol{P}_{k-1}} \right]_i, \quad i = 1, \cdots, n \tag{2.67}$$

$$\boldsymbol{\chi}_{k-1}^i = \hat{\boldsymbol{x}}_{k-1} + \left[\sqrt{(n+\kappa)\boldsymbol{P}_{k-1}} \right]_i, \quad i = n+1, \cdots, 2n \tag{2.68}$$

时间传播方程为

$$\boldsymbol{\chi}_{k|k-1}^i = f(\boldsymbol{\chi}_{k-1}^i) \tag{2.69}$$

$$\hat{\boldsymbol{x}}_k^- = \sum_{i=0}^{2n} \boldsymbol{W}_i^{(m)} \boldsymbol{\chi}_{k|k-1}^i \tag{2.70}$$

$$\boldsymbol{P}_{x,k}^- = \sum_{i=0}^{2n} \boldsymbol{W}_i^{(c)} \left[\boldsymbol{\chi}_{k|k-1}^i - \hat{\boldsymbol{x}}_k^- \right] \left[\boldsymbol{\chi}_{k|k-1}^i - \hat{\boldsymbol{x}}_k^- \right]^{\mathrm{T}} + Q_k \tag{2.71}$$

$$\boldsymbol{\gamma}_{k|k-1}^i = h(\boldsymbol{\chi}_{k|k-1}^i) \tag{2.72}$$

$$\hat{\boldsymbol{y}}_k^- = \sum_{i=0}^{2n} \boldsymbol{W}_i^{(m)} \boldsymbol{\gamma}_{k|k-1}^i \tag{2.73}$$

测量更新方程为

$$\boldsymbol{P}_{y,k} = \sum_{i=0}^{2n} \boldsymbol{W}_i^{(c)} \left[\boldsymbol{\gamma}_{k|k-1}^i - \hat{\boldsymbol{y}}_k^- \right] \left[\boldsymbol{\gamma}_{k|k-1}^i - \hat{\boldsymbol{y}}_k^- \right]^{\mathrm{T}} + \boldsymbol{R}_k \tag{2.74}$$

$$\boldsymbol{P}_{xy,k} = \sum_{i=0}^{2n} \boldsymbol{W}_i^{(c)} \left[\boldsymbol{\chi}_{k|k-1}^i - \hat{\boldsymbol{x}}_k^- \right] \left[\boldsymbol{\gamma}_{k|k-1}^i - \hat{\boldsymbol{y}}_k^- \right]^{\mathrm{T}} \tag{2.75}$$

$$\boldsymbol{K} = \boldsymbol{P}_{xy,k} \boldsymbol{P}_{y,k}^{-1} \tag{2.76}$$

$$\hat{\boldsymbol{x}}_k = \hat{\boldsymbol{x}}_k^- + \boldsymbol{K}(\boldsymbol{y}_k - \hat{\boldsymbol{y}}_k^-) \tag{2.77}$$

$$\boldsymbol{P}_{x,k} = \boldsymbol{P}_{x,k}^- - \boldsymbol{K}\boldsymbol{P}_{y,k}\boldsymbol{K}^{\mathrm{T}} \tag{2.78}$$

2.7　智能汽车环境感知与定位仿真实例

2.7.1　实验设置

相比于激光 SLAM，视觉 SLAM（visual SLAM，vSLAM）具有感知能力强、重定位能力更强，以及价格较低，安装方式多元化，能充分利用图像丰富的颜色、纹理信息等多方面的优点。目前，主流的基于视觉定位的 SLAM 系统主要分为基于滤波器的方法和基于优化的方法，基于滤波方法最先开始发展，相对来说更加成熟，但存在着更新效率低的问题，这限制了其在较大场景下的使用。基于图优化的方法广泛应用于单目 SLAM，在相同计算量的前提下，基于优化的 SLAM 方法的准确性要优于基于滤波方法的 SLAM。图 2-41 所示为 vSLAM 的经典框架，从传感器的数据读取开始，主要包括视觉里程计、后端优化、闭环检测以及创建地图四个主要部分。

视觉里程计的作用是进行摄像头的位姿估计和路标点的确定，而后端则负责对前端所提取的信息进行优化。为了解决位姿估计的漂移问题，该方案使用一个回环检测模块来通过场景的相似性来判断摄像头是否到达过同样的地方，并进行状态的调整与更新。

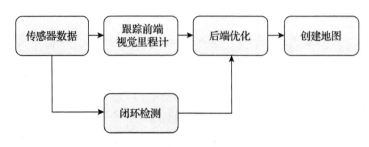

图 2-41　vSLAM 的经典框架

基于优化方法的 vSLAM 可以根据前端的不同，进一步分为基于特征点的 SLAM 和基于直接法的 SLAM。其中，基于特征点的 SLAM 对图像质量要求较高，需要图像具有较为明显的纹理特征，否则将无法检测出特征点，影响后续的特征匹配、摄像头位姿的估计和路标点的估计，并且特征点法需要花费大量时间来计算关键点与描述子；基于直接法的 SLAM 对图像质量要求不高，不需要明显的纹理特征，也不需要对关键点和描述子进行提取计算，取而代之的是进行光束平差法来计算两帧之间的关系。

滤波的方法存在着效率低、无法在大场景下应用的缺点，同时特征点法对特征点的计算量较大、对图像的纹理特征要求较高，以上两种方法均无法应用于低光照泊车环境，而直接法能够适应大场景并且对图像的纹理特征没有要求，因此本节着重于基于直接法的 vSLAM 框架来展开研究。

2014 年，Jakob Engel 等提出了 LSD_SLAM。相比于 DTAM，LSD_SLAM 不会对图像中的所有像素点都进行深度探测，取而代之的是对图像中具有明显梯度变化的像素点进行跟踪，并且进行了图像金字塔的处理，相比于 DTAM 大大简化了计算量的问题，并且也大幅度地提高了精度，它能做到在不借助 GPU 加速的情况下，效果不错地实现实时。

如图 2-42 所示，LSD_SLAM 算法由三个主要部分组成：追踪、深度图估计以及地图优化。追踪模块连续地追踪新的视觉图像，即它使用前一帧图像作为初始条件来估计每个新图像相对于当前帧的刚体位姿。深度图估计模块使用上一步跟踪的帧细化或更换当前帧。通过对多个像素进行过滤、小基线立体比较加上交错空间正则化来细化深度。如果摄像头移动得太远，则可以通过映射现有的，与当前帧邻近的关键中的点来初始化一个新的关键帧。一旦一个关键帧被替换为追踪参考，其深度图就不再细化了，同时通过地图优化模块将其加入全局地图。为了检测闭环和尺度漂移，使用感知尺度的、直接的 Sim(3) 图像对齐来估计与邻近现存关键帧的相似性转换。

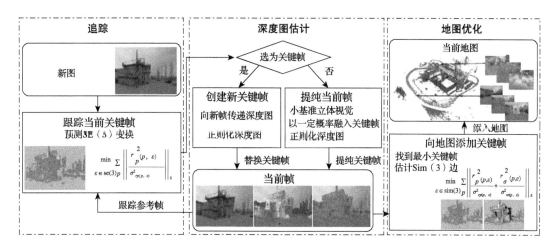

图 2-42 完整的 LSD-SLAM 算法概述

2.7.2 实验验证及结果分析

软硬件试验平台如图 2-43 所示，试验车型号为大众速腾。由于单目摄像头的视角较大，为防止拍摄到汽车车身，将摄像头置于汽车靠后一侧部分，并且通过铝型材将摄像头固定。由于开发测试的便捷性，运行的系统是 Ubuntu16.04，ROS 操作系统。

由于只采用单目摄像头作为传感器，所以选用视角较大的广角摄像头作为实验传感器。摄像头采用的是深圳锐尔威视科技有限公司所研发的型号为 RER_USB108-0P01-LS43 的摄像头。这款摄像头支持三种不同的分辨率和帧率，最高分辨率可达 1080p，最高帧率可达 60 帧/s，满足自动泊车场景下的应用需求；输出格式包括 YUV 和 MJPEG 两种格式，支持在 ROS 操作系统下处理；镜头的焦距为 1.95mm，镜头视角为 130°。

图 2-43 软硬件试验平台

摄像头标定的目的是得到摄像头的内参数矩阵和畸变参数，本书采用的标定方法为张正友标定法，标定板是 400mm × 300mm 的氧化铝材料制成的 12 × 9 黑白棋盘格标定板。

如图 2-44 所示，是实验采集了 30 张摄像头拍摄黑白棋盘格标定板的照片后，通过筛选采取的 15 张图片，根据张正友标定法可以获得标定结果。

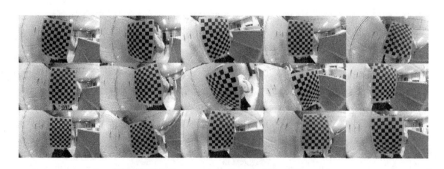

图2-44 摄像头标定拍摄棋盘格标定图片

根据所计算出的畸变参数，可以对广角摄像头产生的畸变进行畸变校正处理，最终效果如图2-45所示，原始的筒形畸变校正处理后消除了畸变。

图2-45 畸变校正试验最终效果

结合低照度图像增强算法（Low-light Image Enhancemeat，LIME）图像优化算法，基于SLD_SLAM得到图2-46（见彩插）所示的算法跟踪效果图和图2-47所示的建模效果图。

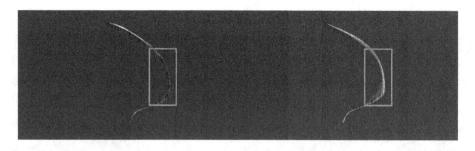

图2-46 算法跟踪效果图

注：左边为传统的算法，右边为改进的算法。其中，蓝色是摄像头的位姿，绿色的线条为各摄像头位姿之间的约束关系。

从图2-46可以看出左、右两图中红色框内蓝色摄像头位姿的差异，左图摄像头位姿之间的距离明显大于右图摄像头位姿之间的距离，这是由于传统跟踪算法没有先验，所以当前帧的准确性一直无法保证，直到多帧之后或者距离过大才会真正建立关键帧，而右图由于每一帧都会有较好的先验，所以能做到较为快速且准确。

图 2-47　低光照停车环境下的建模效果图

注：左图为本书算法的建模效果，右图为实际拍摄的低光照停车场图像。

从图 2-47 中可以看出，排除由于最初运动过快导致最近的车辆没有更多的信息输入，从而没有较好的效果外，本书算法的整体效果还是比较不错的。

思考题

1. 智能汽车上的常见传感器有哪些？各自有什么优缺点？
2. 简述车道线检测的步骤。
3. 为什么要进行图像的预处理？常用的图像预处理方法有哪些？
4. 边缘检测算子有哪些？不同的检测算子应用场合有何不同？
5. 简述毫米波雷达的感知机理。
6. 简述激光雷达传感器的检测机理。
7. 智能汽车常用的定位技术有哪些？请简述视觉 SLAM 和激光 SLAM 的原理。
8. 什么是多源传感器融合？常见的传感器融合方法有哪些？

第3章
智能汽车决策规划技术

在智能汽车技术体系中，决策规划是系统的中枢，其主要任务是依据当前的交通环境信息，在满足交通法规、动力学特性等汽车行驶诸多约束的前提下，生成最优的车辆运动轨迹或可执行动作序列，是提高车辆智能性、安全性、经济性、舒适性以及用户信任度、接受度和交通协调度的关键。

3.1　智能汽车决策规划架构

智能汽车通过驾驶决策与轨迹规划技术实现在交通环境中的智能驾驶。在交通环境中行驶时，车辆主要需要解决四个方面的挑战：安全性、可行性、最优性以及效率性。安全性需要在环境感知的基础上实现对障碍物的碰撞规避；可行性是评价车辆输入与对应的期望轨迹输出之间的映射品质；最优性是对规划轨迹的品质的度量，通过全局最优解来评价；效率性则反映求解轨迹的计算开销，考虑到有限的计算能力以及决策规划系统持续响应不断变化环境的需求，效率性对于智能汽车来讲也是至关重要的。因此，智能汽车决策规划所面临的问题具有复杂、多变的特点，需要合理的体系架构对问题进行分解、细化，从而更加有效地解决问题。

体系架构是智能汽车的基本骨架，它描述了系统各个组成部分的分解、组织以及输入和输出关系，确定了系统的信息流和控制流，同时定义了系统软硬件的组织原则、协调机制、集成方法和支持程序。一个合理的体系架构能够实现系统各模块之间的恰当协调，具有开放性和可扩展性。

典型的智能汽车体系架构分为分层递阶式、反应式、混合式三类。

3.1.1　分层递阶式架构

分层递阶式架构是一种串联系统结构，又称为"感知 - 规划 - 行动"结构，如图 3 - 1 所示。在这种体系架构中，各个模块之间功能次序分明，上层模块的输出为下层模块的输入，随着层级的不断递进，每一个工作模块的范围逐渐变小，问题的求解精度和求解效率得到相应的提高。分层递阶式架构因其在处理问题时采用了逐层分解的求解方法，具备了良好的规划推理能力，容易实现高层次的智能控制。

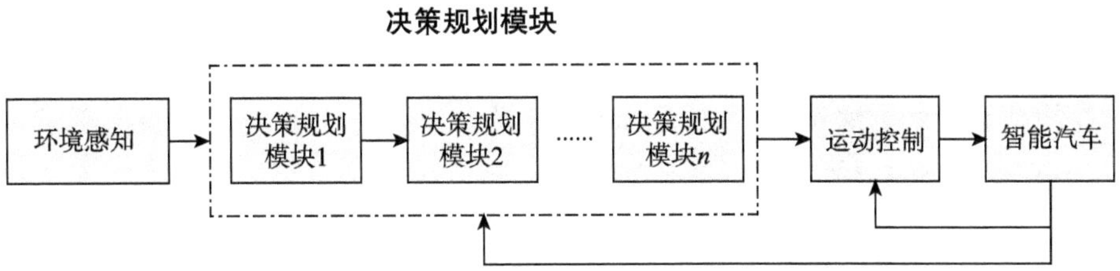

决策规划模块
环境感知
决策规划模块1
决策规划模块2
……
决策规划模块n
运动控制
智能汽车

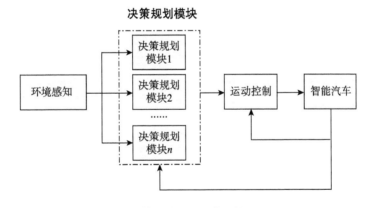

图 3－1　分层递阶式架构

分层递阶式架构的缺点也很明显：

1）对全局环境模型的要求比较理想化，对传感器性能和系统的计算能力要求都较高，在控制的过程中具有一定的时延，其实时性和灵活性表现较差。

2）架构的可靠性不高，一旦其中某个模块出现软件或者硬件故障，信息流和控制流的传递通道就会受到影响，整个系统很有可能发生崩溃。

3.1.2　反应式架构

与分层递阶式架构的串行结构相对，反应式架构为并联式，如图 3－2 所示。

决策规划模块
环境感知
决策规划模块1
决策规划模块2
……
决策规划模块n
运动控制
智能汽车

图 3－2　反应式架构

反应式架构中，每个模块均可以独立接收感知信息，并根据感知信息独立做出相应的动作。这样的架构具有鲜明的“感知－动作”特点，即每个模块针对不同的需求设计不同的功能，并均可产生相应的动作。一方面，多个模块之间可以协调工作，通过多个模块的累加可以适应复杂、陌生的环境；另一方面，各个模块的功能相互独立，虽然模块之间相互影响但又不存在必然的依赖关系。

反应式架构的各个模块均设计成针对简单、特殊任务的功能模块，因此具有响应快速、实时性好的优点；同时，如果其中一个模块出现了问题，虽然会对整个体系架构的工作性能带来一定的影响，但是剩余模块依然可以正常工作，并做出有意义的规划动作，因此系统的鲁棒性相比分层递阶式架构得到了很大的提升。

但反应式架构也存在一定的问题：

1）多个模块平行工作可能带来相悖的规划结果，具体到车辆上会形成对相同控制执行机构的冲突，因此需要设计额外的仲裁模块来解决冲突。

2）通过模块累加的方法可以提高系统的适应性，但随着任务复杂度的提高以及不同模块之间产生交互影响作用的增加，系统的设计、测试难度都会增加，缺乏实现较高智能决策工作的能力。

3.1.3 混合式架构

分层递阶式架构与反应式架构各有鲜明的优缺点，这些优缺点使得单独使用一种体系结构难以满足智能汽车在面临复杂、多变、差异性大的行驶环境时对决策规划系统提出的要求。因此，研究人员综合两者的优点提出了混合式架构，如图3-3所示。

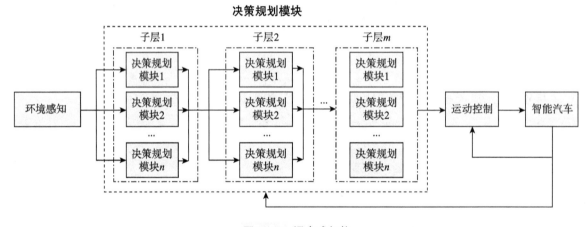

图3-3 混合式架构

混合式架构综合两者优点：

1）在整体设计上，为了确保架构能够达到较高的智能水平，依然以分层递阶的方式逐步分解问题。

2）在每个层次上，为了保障该层次的鲁棒性、灵活性，采用反应式架构对其进行分解。

3.2 智能汽车行为决策方法

正确的决策方法是智能汽车行驶安全性及合理性的重要保障，其目的是接收最新的本车状态信息以及环境感知信息，结合交通规则，决策产生一个能够完成驾驶任务的行驶行为，作为下层轨迹规划的目标。典型的行驶行为包括与道路相关的交叉口行驶、换道，以及和交通车相关的跟车、超车、避让等。显然，行为决策一方面取决于当前客观环境信息以及相应交通规则的潜在影响；另一方面，如果想要在动态交通环境中安全、高效地行驶，其他交通参与物对智能汽车的影响也是必须考虑的。同时，因为需要根据实时获得的传感信息决策出合理的行驶行为, 智能汽车行为决策模块需要具备较高的实时性。

常用的智能汽车行为决策方法包括有限状态机法、层次状态机法、博弈论法和概率图模型法等。

3.2.1　有限状态机法

有限状态机 (Finite State Machine, FSM) 是一种描述特定对象的数学模型, 它是由有限状态组成, 决策过程根据当前状态以及接收事件产生相应的动作从而引起状态的变换, 适用于具有复杂控制逻辑系统 (即事件响应系统) 的建模。有限状态机的基本组成元素包括事件、状态、转换和动作: 事件是引起状态机状态变更的输入条件, 通常由系统的定性或定量数据输入转换而来; 状态是对象的一种形态, 可以由其属性值、执行特定的动作或等待特定的事件来确定; 转换表示状态之间可能存在的路径, 在某个特定事件发生或者完成既定动作后, 转移至对象的其他状态; 动作表示有限状态机中的一些基本原子操作, 即在操作过程中不能被中断的操作。按照结构可将有限状态机分为串联式、并联式和混联式三种。

有限状态机通常可表述为一个五元组模型, 即

$$F = (Q, \varepsilon, \delta, q_0, q_f) \tag{3.1}$$

式中, Q 为状态机 F 中所有状态的集合, $Q = \{q_1, q_2, \cdots, q_n\}$; ε 为引发状态转移的事件的集合, $\varepsilon = \{e_1, e_2, \cdots, e_n\}$; δ 为状态转移函数, $\delta: Q \cdot \varepsilon \to Q$; q_0 为初始状态, $q_0 \in Q$; q_f 为终止状态, $q_f \in Q$。

应用有限状态机解决智能汽车的行为决策问题时, 可将自动驾驶过程分解为几种基本的驾驶行为模式, 例如可以分为:

1) 车道保持行为 (A), 自动驾驶系统的默认模式, 是指智能汽车始终沿所在车道行驶的行为, 按照所在的车道可分为主车道车道保持行为 A (主) 和超车道车道保持行为 A (超)。

2) 车辆跟随行为 (B), 是指智能汽车按照自车道前车行驶状态自适应调节自身行驶状态, 使其以安全车距跟踪前方车辆。

3) 车道变换行为 (C), 是指智能汽车当前车道不具备通行条件或相邻车道具有更高的通行效率时, 从当前车道切换至相邻车道行驶的过程, 按照目标车道的不同, 可分为从主车道切换至超车道行为 C (主) 和从超车道切换至主车道行为 C (超)。

4) 制动避障行为 (D), 当智能汽车前方出现紧急情况或意外危险且不具备换道条件时, 智能汽车只能通过紧急制动降低车速或停车, 以避免与前方车辆或障碍物发生碰撞。

智能汽车的上述驾驶行为之间是相互关联的, 通过设置合理的驾驶行为触发和转化条件, 能够在简单的结构化道路上实现自动驾驶功能。根据智能汽车所在车道和相邻车道的交通参与者和障碍物信息, 能够为上述驾驶行为建立基本的触发条件, 见表 3-1。

表 3 − 1 驾驶行为基本触发条件

触发条件类型	触发条件描述
当前车道情况	a_1：前方区域无车辆和障碍物
	a_2：前方车辆或障碍物处于跟随范围
	a_3：前方车辆或障碍物处于制动避障范围
车辆速度关系	b_1：前车速度高于跟随速度
	b_2：前车速度低于跟随速度
相邻车道情况	c_1：相邻车道有车辆行驶
	c_2：相邻车道无车辆行驶
变道时间判断	d_1：满足变道时间阈值
	d_2：不满足变道时间阈值

对于应用有限状态机的驾驶行为决策过程如图 3 − 4 所示。对于有限状态机的五元组模型 $F = (Q, \varepsilon, \delta, q_0, q_f)$，有以下情况：

① 状态集合 Q = {A(主)，A(超)，B，C(主)，C(超)，D}，即六种驾驶行为决策。

② 引发状态转移的事件集合 ε = {a_1, a_2, a_3, b_1, b_2, c_1, c_2, d_1, d_2}，即表 3 − 1 中所列的触发驾驶行为的九种条件。

③ 状态转移函数 δ 表示智能汽车在接收到不同状态即驾驶行为的触发信息时，从一个驾驶行为转移到另一个驾驶行为的规则，可通过分析本车和交通参与者的运动状态计算得到一系列驾驶行为切换阈值。

④ 初始状态 q_0 为在主车道的车道保持行为，即 A(主)。

⑤ 终止状态 q_f 为退出自动驾驶模式由驾驶人接管。

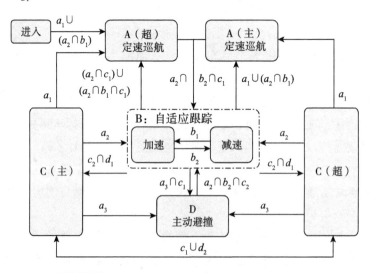

图 3 − 4 基于应用有限状态机的驾驶行为决策过程

现阶段，基于有限状态机的智能汽车行为决策已经在实车应用当中得到了验证，是基于机理和规则的代表性方法。但是该方法在实现功能复杂度和应用场景复杂度上的上限较低，功能越复杂，意味着对应的驾驶行为即状态集合越庞大，且对于城市道路这种具有复杂、随机、不确定性约束的场景，建立应对所有工况的驾驶行为集合以及与其对应的完备的触发条件和状态转移函数是十分困难的，极易引起"状态机爆炸"问题，给设计者带来很大的不便。此外，基于有限状态机的决策方法在划分驾驶行为即状态时需要有明显的划分边界，但实际驾驶过程中，驾驶行为之间存在某些"灰色地带"，即同一场景下可能有一个以上合理的行为选择，使驾驶状态存在冲突。对于决策系统而言，一方面要避免冲突状态强行划分而造成智能汽车行为不连贯，另一方面也要能够判断处于"灰色地带"的智能汽车不同行为的最优性。通过在决策系统中引入其他决策理论，如决策仲裁机制、博弈论法、状态机与学习算法结合等方法可帮助解决该问题。

3.2.2　层次状态机法

层次状态机的思路是首先根据道路环境对上层状态进行分类，如图 3-5 所示，然后根据具体的行驶行为特征来设计下层状态。这样行为决策模块每次进行决策时就可以将问题投射至状态空间的子空间内，在整体上简化系统的复杂程度。这种方法虽然能够解决车辆状态建模的问题，但对于道路环境以及周围交通的动态变化依然采用枚举的思路。

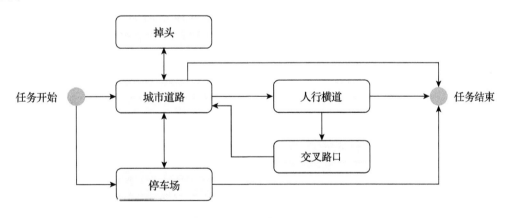

图 3-5　层次状态机上层架构

3.2.3　博弈论法

博弈论（Game Theory）是一种能够表征博弈对象之间合作与冲突的数学模型。在智能汽车决策问题中，可将交通参与者建模为博弈对象并建立其交互模型，通过逻辑推理或收益计算寻求博弈均衡点（Equilibrium），从而得到车辆决策。

按照博弈对象之间是否存在通信，可将博弈论分为合作博弈（Cooperative Games）和非合作博弈（Non-cooperative Games）。考虑到当前车联网技术尚未成熟及当前智能

汽车和非智能汽车共存的混杂交通流，智能汽车的决策问题通常应建模为非合作博弈模型，即将各个交通参与者作为独立的个体来研究，以最大化自身收益来选择策略。交通参与者都有各自的策略组合，但交通参与者通常无法清楚地知道其在当前情况下做出的决策能够获得的收益情况，因此通常可将期望效用理论（Expected Unity Theory）引入博弈论模型中。

3.2.4 概率图模型法

概率图模型是贝叶斯体系下的重要模型，按照图结构可将概率图模型分为链图（Chain Graph）和高斯图（Gaussian Graph），链图又可进一步分为贝叶斯网络（Bayes Network）和马尔可夫随机场（Markov Random Field）。常用的贝叶斯网络包括高斯混合模型（Gaussian Mixture Model）等静态贝叶斯网络（Static Bayes Network）以及隐式马尔可夫模型（Hidden Markov Model）、卡尔曼滤波（Kalman Filter）、粒子滤波（Particle Filter）等动态贝叶斯网络（Dynamic Bayes Network）；马尔可夫随机场则包括吉布斯 – 玻尔兹曼机（Gibbs-Boltzman Machine）、条件随机场（Conditional Random Field）等模型。

如图 3 – 6 所示，在利用隐式马尔可夫模型解决智能汽车决策问题时通常将智能汽车的决策值作为模型中的隐状态 q_t，将表征交通环境、车辆动力学状态等的参数作为观测变量 O_t。基于概率图模型，通过求解已知观测变量 $O_{1:T}$ 和模型参数 λ 下的后验概率 $p(q_T|O_{1:T}, \lambda)$ 可得到智能汽车在当前工况下的决策值。其中 $p(q_T|O_{1:T}, \lambda)$ 可通过维特比算法（Viterbi Algorithm）求解，而模型参数 λ 需根据训练数据利用期望最大算法（Expectation Maximization Algorithm）或 Baum-Welch 算法求得。

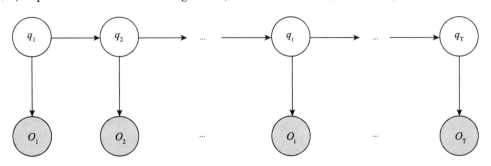

图 3 – 6   隐式马尔可夫模型结构

马尔可夫决策过程（Markov Decision Process，MDP）也是一种常用的智能汽车决策方法。MDP 是一种描述决策者与外部环境之间相互作用的模型，这是一种基于反应式的决策方法，以外部环境的状态作为输入，以其对决策者的执行动作产生的影响作为输出，同时动作又会反过来影响环境所处的状态，如图 3 – 7 所示。由于每一次的决策后都会获得一定的报酬，所以马尔可夫决策过程的核心问题就是确定在各时刻如何选择行动，以使系统运行的整个过程达到某种目标下的最优值。

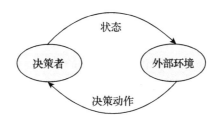

图 3-7　决策者与环境之间的反馈机制

根据上述对马尔可夫决策过程的描述可知，一个 MDP 模型可以通过五项要素(S，A，P，r，γ)完整描述：

1）S 是系统中所有可能发生的状态的非空有限集合，称为系统的状态空间，$S = \{s_1, s_2, \cdots, s_n\}$。

2）A 是系统在某时刻下处于状态 $i \in S$ 时可以执行的非空有限行为集合，称为系统的动作空间，$A = \{a_1, a_2, \cdots, a_n\}$。

3）P 是系统的状态转移概率，表示在当前状态 s 下执行动作 a 后转移到另一个状态 s' 的概率分布，记作 $P(s'|s, a)$，若带有获得的奖励 r，则可写作 $P(s', r|s, a)$。

4）r 是奖励函数，在当前状态 s 下执行动作 a 后转移到状态 s' 获得奖励 r。

γ 是折扣因子，控制着即时奖励和未来奖励的重要程度，$\gamma \in (0, 1)$。

基于上述马尔可夫决策过程，智能汽车行为决策可以等效为一个寻优过程，在寻优的过程中，合理地设置奖励函数是关键。智能汽车决策过程的奖励函数设置应综合考虑车辆的安全性、经济性、舒适性等性能指标。

3.3　智能汽车全局轨迹规划

全局轨迹规划在全局地图指导下，根据驾驶任务等先验信息，基于车辆起点、终点及其他全局约束条件，在全局地图上规划出从起点到终点的路径，无关时间序列，无关车辆动力学。全局轨迹规划主要是对局部路径规划起到导向和约束作用，使车辆沿着导航系统提供的一系列期望局部目标点行驶。全局轨迹规划在规划时没有考虑环境的现场约束，例如障碍物的形状位置、道路的宽度、道路的曲率半径等。根据算法原理的不同，全局轨迹规划方法大致包括图搜索算法、图形学法、随机采样类算法、智能仿生算法等。

3.3.1　图搜索算法

基于图搜索的路径规划需要依赖精确的感知信息，其主要任务在于根据感知信息构建路网，因此随着障碍物的增多，其运算量将急剧增加。图搜索算法大多用于二维空间的全局轨迹规划，主要包括 Dijkstra 算法、A* 算法、D* 算法等。

1. Dijkstra 算法

Dijkstra 算法由荷兰数学家 E. W. Dijkstra 于 1959 年提出，适用于非负权值网络的单源最短路径搜索，是目前求解最短路径问题理论上最完备的方法。Dijkstra 算法以起始点为中心向外层层扩展，直至扩展到终点为止，其本质上属于贪心算法，即在选出最优量度标准的情况下，根据最优量度标准做出在当前看来最好的选择，但不是从整体角度得出最优解，因此其产生的结果不一定达到全局最优。

Dijkstra 算法的核心思想是，设置两个点的集合 S 和 U。集合 S 中存放已找到最短路径的节点，U 集合中存放当前还未找到最短路径的节点。初始状态时，集合 S 中只包含起始点，然后不断从集合中选择到起始点路径长度最短的节点加入集合 S 中。集合 S 中每加入一个新的节点，都要修改从起始点到集合 U 中剩余节点的当前最短路径长度值，集合 S 中各节点新的当前最短路径长度值为原来最短路径长度值与从起始点过新加入节点到该节点的路径长度中的较小值。不断重复上述过程，直至集合 U 中所有节点全部加入集合 S 为止。

如图 3-8 所示，以一个简单的例子来说明 Dijkstra 算法原理，以 A 点为起点，目标点为 F 点，将 Dijkstra 算法的搜索过程写入表 3-2。

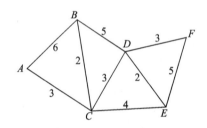

图 3-8　Dijkstra 算法示例

表 3-2　Dijkstra 算法的搜索过程示例

步骤	S 集合	U 集合
1	选入 A，此时 $S = \{A\}$ 此时最短路径 $A \to A = 0$ 以 A 为中间点，从 A 点开始寻找	$U = \{B, C, D, E, F\}$ $A \to B = 6$ $A \to C = 3$ $A \to$ 其他 U 中节点 $= \infty$
2	选入 C，此时 $S = \{A, C\}$ 此时最短路径 $A \to A = 0$，$A \to C = 3$ 以 C 为中间点，从 $A \to C = 3$ 这条最短路径开始寻找	$U = \{B, D, E, F\}$ $A \to C \to B = 5$（比步骤 1 中的 $A \to B = 6$ 要短） 此时到 B 权值改为 $A \to C \to B = 5$ $A \to C \to D = 6$ $A \to C \to E = 7$ $A \to C \to$ 其他 U 中节点 $= \infty$ 发现 $A \to C \to B = 5$ 权值为最短
3	选入 B，此时 $S = \{A, C, B\}$ 此时最短路径 $A \to A = 0$，$A \to C = 3$， $A \to C \to B = 5$ 以 B 为中间点，从 $A \to C \to B = 5$ 这条最短路径开始寻找	$U = \{D, E, F\}$ $A \to C \to B \to D = 10$（比步骤 2 中的 $A \to C \to D = 6$ 要长） 此时到 D 权值改为 $A \to C \to D = 6$ $A \to C \to D \to$ 其他 U 中节点 $= \infty$ 发现 $A \to C \to D = 6$ 权值为最短

（续）

步骤	S 集合	U 集合
4	选入 D，此时 $S=\{A,\ C,\ B,\ D\}$ 此时最短路径 $A{\to}A=0$，$A{\to}C=3$， $A{\to}C{\to}B=5$，$A{\to}C{\to}D=6$ 以 D 为中间点，从 $A{\to}C{\to}D=6$ 这条最短路径开始寻找	$U=\{E,\ F\}$ $A{\to}C{\to}B{\to}E=8$（比步骤 2 中的 $A{\to}C{\to}E=7$ 要长） 此时到 E 权值改为 $A{\to}C{\to}E=7$ $A{\to}C{\to}D{\to}F=9$ 发现 $A{\to}C{\to}E=7$ 权值为最短
5	选入 E，此时 $S=\{A,\ C,\ B,\ D,\ E\}$ 此时最短路径 $A{\to}A=0$，$A{\to}C=3$， $A{\to}C{\to}B=5$，$A{\to}C{\to}D=6$， $A{\to}C{\to}E=7$ 以 E 为中间点，从 $A{\to}C{\to}E=7$ 这条最短路径开始寻找	$U=\{F\}$ $A{\to}C{\to}E{\to}F=12$（比步骤 4 中的 $A{\to}C{\to}D{\to}F=9$ 要长） 此时到 F 权值改为 $A{\to}C{\to}D{\to}F=9$ 发现 $A{\to}C{\to}D{\to}F=9$ 权值为最短
6	选入 F，此时 $S=\{A,\ C,\ B,\ D,\ E,\ F\}$ 此时最短路径 $A{\to}A=0$，$A{\to}C=3$， $A{\to}C{\to}B=5$，$A{\to}C{\to}D=6$， $A{\to}C{\to}E=7$，$A{\to}C{\to}D{\to}F=9$	U 集合已空，结束寻找过程

Dijkstra 算法的时间复杂度为 $O(n^2)$，其时间复杂度与节点数目相关，当节点数目较大时，Dijkstra 算法的时间复杂度将急剧增加，因此在较大、较复杂的城市交通路网直接应用 Dijkstra 算法进行最短路径规划并不是十分合理的选择，其计算效率、实时性、准确性都很难得到保证。

2. A* 算法

与 Dijkstra 算法相比，A^* 算法增加了启发式估计，是一种建立在 Dijkstra 算法基础上的启发式搜索算法，在实际静态道路网的最佳优先搜索问题上应用较多。

A^* 算法通过引入与目标点有关的启发式信息，指引算法沿着最有可能到达目标点的方向搜索，选择带有合理、准确的启发式信息的代价评估函数，有助于减小搜索空间、提高搜索效率，使算法在搜索过程中优先选择具有较小代价值的节点。

A^* 算法的评估函数为

$$F(n)=G(n)+H(n) \tag{3.2}$$

式中，$F(n)$ 为起始节点经由候选节点 n 到目标节点的代价评估函数；$G(n)$ 为起始节点到候选节点 n 的实际代价值（为已经确定的值）；$H(n)$ 为候选节点到目标节点的估计代价。估计代价计算使用 Manhattan 预估方法，即计算通过水平和垂直方向的平移到达目的所经过的距离。

A^* 算法设有开放列表（Open List）和封闭列表（Close List）。A^* 算法的搜索过程如图 3 - 9 所示。

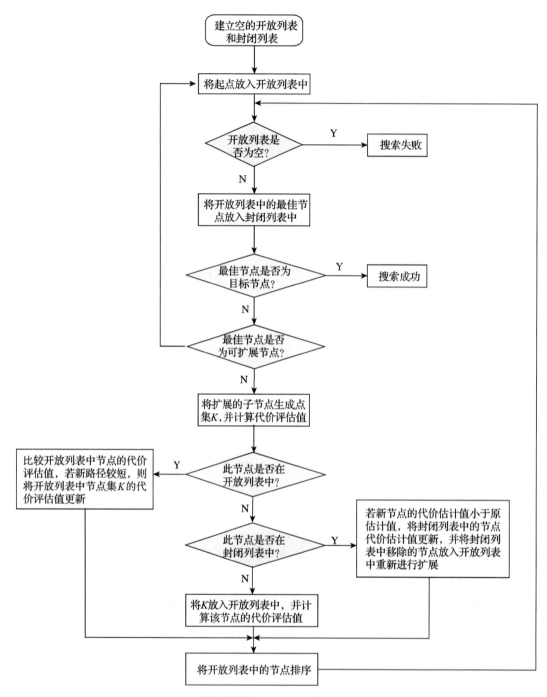

图3-9 A*算法的搜索过程

设初始节点为A，目标节点为B，则搜索由A到B的最优路径的具体步骤为：

1）建立空的开放列表和封闭列表。把节点S放入开放列表中，封闭列表为空，此时其他节点与节点A的距离为∞。

2）如果开放列表为空，则搜索失败，算法结束。否则扩展A节点，选取开放列表中

$F(n)$ 值最小的节点，并将该节点从开放列表移至封闭列表中，同时判断该节点是否为目标节点。若是目标节点，则从该节点的后向指针一直到初始节点遍历节点获得最优路径，算法结束；若该节点不是目标节点，则继续扩展下一节点。

3）依次扩展 S 节点后，扩展 S 节点的所有后继节点组成集合 K，遍历 K 中的节点。如果存在某一节点既不在开放表中，也不在封闭列表中，则将该节点放入开放列表中，同时计算该节点的代价评估值，并对该节点的代价值与已经存在于开放列表或封闭列表中的节点代价值进行比较。若该节点的代价值小于其他两个估计值，则更新开放列表中的代价值及其父节点。

4）根据所选取的代价评估函数计算各点的估计值，并按照估计值递增的顺序，对封闭表中的所有节点进行排序，这些节点的扩展过程就是通过算法计算得到最优路径。

3. D* 算法

D* 算法包含以下三种相关增量搜索算法：

1）最初的 D* 算法是一种知情的增量搜索算法。

2）Focussed D 算法是 Anthony Stentz 设计的一种增量启发式搜索算法，它结合了 A* 算法和原始 D* 算法的思想，Focussed D 算法源于对原始 D* 的进一步开发。

3）D* Lite 是 Sven Koenig 和 Maxim Likhachev 基于 LPA_star 的增量启发式搜索算法，是结合 A* 思想和动态 SWSF-FP 的增量启发式搜索算法。

这三种搜索算法都解决了相同的基于假设的路径规划问题，利用空闲空间假设进行规划。它对地形的未知部分（例如它不包含障碍物）进行假设，并在这些假设下找到从当前坐标到目标坐标的最短路径，然后智能汽车沿着这条路走。当它观察到新的地图信息（如以前未知的障碍）时，它将这些信息添加到地图中，并在必要时重新规划从当前坐标到给定目标坐标的新的最短路径。它重复这个过程，直至达到目标坐标或确定无法达到目标坐标。当穿越未知地形时，可能会经常发现新的障碍物，所以这种重新规划要求快速。增量式（启发式）搜索算法利用以往问题的经验加快对当前问题的搜索，从而加快对相似搜索问题序列的搜索。假设目标坐标不变，三种搜索算法都比重复的 A* 搜索更有效，计算速度更快。

D* 算法及其变体已广泛应用于移动机器人和自主车辆导航。当前的系统通常基于 D* Lite，而不是最初的 D* 算法或 Focussed D 算法。D* 算法在搜索时只关注当前节点的下一节点或临近节点变化，在处理环境动态变化或地图中存在未知地形的路径规划问题具有较大优势，但 D* 算法的可靠性往往随着规划路径长度增加而降低，并不适用长距离路径规划。

3.3.2　图形学法

图形学法是基于环境模型的基础上进行路径规划的方法，目前主要的图形学法有栅格法、可视图空间法、Voronoi 图法等。

1. 栅格法

栅格法将环境划分为一系列网格，并对网格进行编码，从而将环境信息用有序列的号码来表示。存在障碍物的单元格标记为 1 的状态，无障碍物的单元格标记为 0 的状态。如此栅格法可对环境进行建模，并结合其他的搜索算法在无障碍区域内规划出一条避障的路径，如图 3 - 10 所示。在路径存在的情况下该方法能够确保找到一条路径，但随着栅格规模的扩大，搜索的复杂度也将随之增大，此时路径规划的效率较低。提高搜索算法的启发性是该类算法的关键。

栅格法使用简单、普适性高且易于实现；其缺点在于栅格分辨率越高，环境表示越精确，然而其运算量成指数上升。

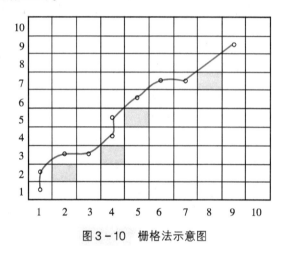

图 3 - 10　栅格法示意图

2. 可视图空间法

可视图空间法是空间中将障碍物描述为规则的多边形，描述起始点、目标点以及所有多边形顶点的特征，从起始点到目标点之间画出经过多边形顶点的可行连线（不穿过障碍物），最后筛选出最优的连线即完成路径的规划，如图 3 - 11 所示。可视图空间法的优点是简单直观，容易求得最短路径。但一旦起始点与目标点发生改变，就要重新构造视图，缺乏灵活性，即局部轨迹规划能力差，适用于静态环境下简单障碍物几何特征的表达。

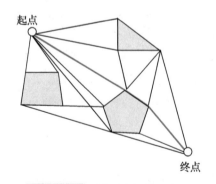

图 3 - 11　可视图空间法示意图

3. Voronoi 图法

Voronoi 图法是计算几何里的一种基于距离的平面划分方法，将全局地图平面划分为一系列连续多边形，每个多边形由一组连接两邻点直线的垂直平分线围成，算法的最优路径搜索范围即为上述连续多边形构成的路径网。而后运用算法对多边形的边所构成的路径网进行最优搜索。Voronoi 图法的基本思想是首先产生与障碍物多边形所有的边等距离的 Voronoi 边，并将所有 Voronoi 边的交点组成顶点集，再通过与可视图类似的搜索最短路径边的方法来规划路径。Voronoi 图法能够保证智能汽车以最大的安全度到达目标，但也导致智能汽车到目标位置的路径增长，因而得不到最优的路径。其优点是把障碍物包围在元素中，能实现有效避障；缺点是图的重绘比较费时，因而不适用于大规模环境下的路径规划。

3.3.3　随机采样类算法

基于随机采样的路径规划算法通过均匀随机采样的方法来探索高维状态空间的连通性，此类算法有两个主要特点：①不需要对状态空间的自由区域进行建模；②由于其随机采样的特点，搜索速度快，规划效率高，缺陷在于不能处理非完整约束动力学问题。

随机采样类算法主要包含概率路标算法、快速随机树算法等。

快速随机树算法（Rapid-exploration Random Tree，RRT）是一种采用树形数据存储结构、基于均匀随机采样的增量式路径规划算法。算法在每一个计算循环中随机生成节点，并使随机树按照一定规则向该节点延伸，从而实现扩张。随着计算次数的增加，随机树会逐步覆盖所有可行区域，因此是一种具有完备性的算法，其主要特点如下：

1）具有概率完备性，只要搜索时间足够长，RRT 生成的随机树最终将覆盖全部可行空间。

2）不需要事先对环境建立栅格地图，只需要将全局环境划分为可行的自由空间和不可行的障碍空间，并给定起始和目标状态即可。

3）可应用于高维空间，并且搜索速度优势更加明显。

4）可以在搜索过程几中加入动力学约束条件，可扩展性好，特别适用于包含障碍物和非完整（Non-Holonomic）系统或反向动力学（Kino-dynamic）微分约束条件下的动作规划。

RRT 算法搜索的基本原理示意图如图 3 – 12 所示。RRT 算法的搜索过程为，以给定起始位置 P_{start} 作为随机树 T 的根节点，随后执行如下循环直至新增加的随机树节点 P_{new} 与目标位置 P_{goal} 足够接近或者迭代次数达到设定的上限 k：在状态空间中随机生成点 P_{rand}，利用度量函数选取当前随机树 T 上与 P_{rand} 连接代价值最小的节点 $P_{nearest}$ 作为父节点，并以设定的步长 D 向 P_{rand} 方向延伸，得到新节点 P_{new}；利用 CollisionFree 函数检测 $P_{nearest}$ 与 P_{new} 的连接是否与障碍物发生碰撞：如果该连接无碰撞，则将节点 P_{new} 添加到随机树 T 上，并更新相应的状态值；反之则放弃节点 P_{new}，进入下一次节点搜索。

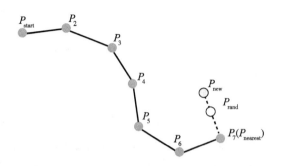

图3-12　RRT算法搜索的基本原理示意图

如图3-13所示，在相同的环境条件下采用不同的随机种子进行路径搜索，得到的 RRT 搜索结果各有不同，其中圆点表示路径起点，五角星表示路径搜索的目标点。从图中可以看出，RRT 方法得到的路径并非最优路径，抖动较大，并且由于引导树增长的点 X_{rand} 是随机产生的，不同周期规划出的路径之间存在很大差异。此外，随机引导节点增长的方式有助于随机树向未探索的区域扩张，但在终点状态这一启发条件已知并且环境并不过分复杂的情况下盲目进行扩张会浪费计算资源，因此算法收敛的速度仍有提升空间。

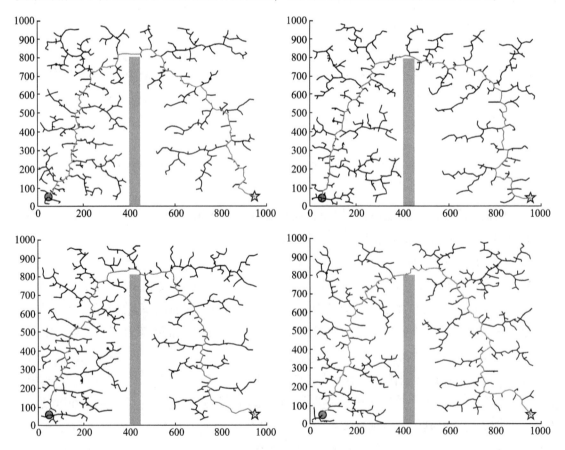

图3-13　采用不同随机种子得到的 RRT 搜索结果

3.3.4　智能仿生算法

各种模拟自然界生物行为规律的智能仿生算法也可以用于智能汽车路径规划。智能仿生算法具有自学习、自决定功能,典型的智能仿生算法包括蚁群算法(Ant Clong Optimization,ACO)等。

蚁群算法是由 Dorig 等在 1992 年提出的,其灵感来自对蚂蚁觅食行为的探索,每个蚂蚁觅食时都会在走过的道路上留下一定浓度的信息素,相同时间内最短的路径上由于蚂蚁遍历的次数多而信息素浓度高,后来的蚂蚁在选择路径时会以信息素浓度为依据,信息素浓度越高的路径,被选择的概率也就越大,起到正反馈作用。蚁群算法是通过迭代来模拟蚂蚁的觅食行为,从而实现最优路径的选择。该算法具有良好的全局优化能力、较强的鲁棒性、易于用计算机实现等优点,在智能汽车路径规划领域具有较好的应用价值,但存在计算量大、易陷入局部最优解等缺陷。蚁群算法流程如图 3-14 所示。

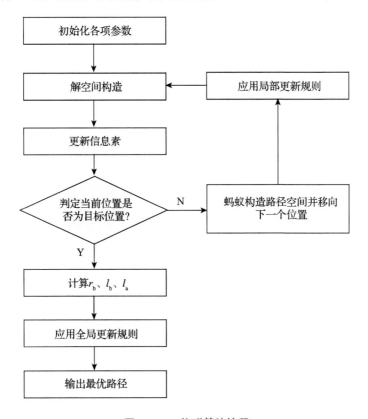

图 3-14　蚁群算法流程

图 3-14 中 r_b、l_b、l_a 分别表示各次循环所得的最短路径、最短路径长度及所有路径的平均长度。蚁群算法不仅能加快收敛速度,而且能有效提高优化解的质量,在复杂动态环境下有较好的实用性。

3.4 智能汽车局部轨迹规划

局部轨迹规划是在全局路径的基础之上，结合环境感知系统获取的信息（道路及障碍物信息）计算出在换道、转弯、躲避障碍物等情况下，局部范围内安全、平顺、精确的行驶轨迹。局部轨迹规划不仅要考虑空间，还要考虑时间序列。局部轨迹规划要求算法具有较高的实时性，以应对实时变化的环境信息，这对传感器、算法的效率和处理器的运算能力都是极大的挑战。

局部轨迹规划方法可分为基于机理与规则的方法和基于数据驱动的方法等。

3.4.1 基于机理与规则的方法

基于机理与规则的轨迹规划算法原理简单，参数少，易实现，具有较强的鲁棒性，并已得到广泛应用，主要包括曲线插值法、人工势场法等。

1. 曲线插值法

曲线插值法通过事先给定一系列先验路点，拟合出一条满足可行性、舒适性、车辆动力学及其他约束条件的路径，常用的方法包括圆弧直线拟合、类曲线、多项式曲线、样条曲线等。

（1）多项式曲线

多项式曲线主要通过起点与终点的位置、速度和加速度信息以及最小转弯半径、障碍物尺寸等约束，来确定拟合曲线的参数。在上述约束条件下，构建一个 n 阶多项式，在拟合曲线的各个节点上满足对车辆位姿的要求，同时在指定时间间隔内保证状态信息连续。

多项式曲线构建流程一般根据已知信息求解 n 阶多项式方程中的未知量。通过联立方程组的形式得到未知量，也就是说，如果汽车想要依次通过起点、终点以及某个中间点，那么每一段末端求解出的边界位姿信息都可以作为下一阶段行驶的初始条件。多项式拟合的阶数一般在三阶到六阶，拟合阶数越高，算法复杂度越高，收敛速度越慢，并且容易出现过拟合的情况。

通常认为，光滑的轨迹更符合车辆实际运动状态，为了确保轨迹的光滑程度，需要轨迹至少具有连续的速度和加速度，因此轨迹通常至少由时间的三次多项式函数定义。然而，在实际中经常使用高阶多项式，尤其是五次多项式来获得平滑的轨迹，主要是因为五次多项式能够解决三次多项式的速度变化不平滑和加速度跳变的情况，而且可以指定轨迹两端位置、速度和加速度，提高车辆的机动性与行车安全性。

五次多项式轨迹规划示意图如图 3-15 所示。将车辆起始点作为坐标原点，其纵向前进方向作为 X 轴正向，建立直角坐标系 XOY，Y 轴表示车辆的横向运动。

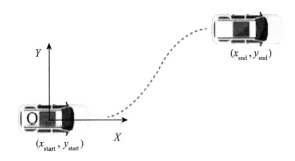

图 3-15　五次多项式轨迹规划示意图

车辆从起始点 (x_{start}, y_{start}) 行驶到目标点 (x_{end}, y_{end})，其整个轨迹可划分为 X 轴和 Y 轴方向上的两部分，分别用五次多项式来表达

$$x(t) = \alpha_0 + \alpha_1 t + \alpha_2 t^2 + \alpha_3 t^3 + \alpha_4 t^4 + \alpha_5 t^5$$

$$y(t) = \beta_0 + \beta_1 t + \beta_2 t^2 + \beta_3 t^3 + \beta_4 t^4 + \beta_5 t^5 \tag{3.3}$$

式中，α_i 和 β_i 分别表示 X 和 Y 方向上的多项式系数；$t \in [t_s, t_e]$，t_s 为轨迹起始时刻，t_e 为到达目标点的时刻。

通过对式（3.3）求导，可分别得到横向、纵向的速度和加速度 $\dot{x}$，$\ddot{x}$，$\dot{y}$，$\ddot{y}$。

设初始状态为 $(x_s, \dot{x}_s, \ddot{x}_s, y_s, \dot{y}_s, \ddot{y}_s)$，目标状态为 $(x_e, \dot{x}_e, \ddot{x}_e, y_e, \dot{y}_e, \ddot{y}_e)$，通过配置初始和目标状态量求解多项式系数，定义矩阵 $\boldsymbol{K}_t$ 为

$$\boldsymbol{K}_t = \begin{bmatrix} 1 & t_s & t_s^2 & t_s^3 & t_s^4 & t_s^5 \\ 0 & 1 & 2t_s & 3t_s^2 & 4t_s^3 & 5t_s^4 \\ 0 & 0 & 2 & 6 & 12 & 20 \\ 1 & t_e & t_e^2 & t_e^3 & t_e^4 & t_e^5 \\ 0 & 1 & 2t_e & 3t_e^2 & 4t_e^3 & 5t_e^4 \\ 0 & 0 & 2 & 6t_e & 12t_e^2 & 20t_e^3 \end{bmatrix} \tag{3.4}$$

同时定义式（3.3）中的系数矩阵 $\boldsymbol{A} = [\alpha_0 \ \alpha_1 \ \alpha_2 \ \alpha_3 \ \alpha_4 \ \alpha_5]$，$\boldsymbol{B} = [\beta_0 \ \beta_1 \ \beta_2 \ \beta_3 \ \beta_4 \ \beta_5]$。结合式（3.4），可得出以下关系

$$[x_s \ \dot{x}_s \ \ddot{x}_s \ x_e \ \dot{x}_e \ \ddot{x}_e]^{\mathrm{T}} = \boldsymbol{K}_t \boldsymbol{A}^{\mathrm{T}}$$

$$[y_s \ \dot{y}_s \ \ddot{y}_s \ y_e \ \dot{y}_e \ \ddot{y}_e]^{\mathrm{T}} = \boldsymbol{K}_t \boldsymbol{B}^{\mathrm{T}} \tag{3.5}$$

通过求解式（3.5）可以得到多项式待定系数 α_i 和 β_i，从而得到相应的轨迹曲线。

（2）基于 B 样条曲线的换道轨迹规划

B 样条曲线是一种广泛应用于建模和设计等领域的曲线。高次 B 样条曲线在满足曲率连续要求的同时还具备局部性，即单个控制点的变化仅影响局部曲线的形状，因此非常适合用作轨迹曲线。可利用五次 B 样条曲线进行换道轨迹规划，其表达式为

$$P_{i,5}(t) = \sum_{k=0}^{5} P_{i+k} F_{k,5}(t), t \in [0,1] \tag{3.6}$$

式中，$P_{i,5}(t)$ 表示第 i 条曲线的节点坐标；P_{i+k} 表示第 $i+k$ 个控制点的坐标，$F_{k,5}(t)$ 为五次 B 样条曲线的基函数，其表达式为

$$F_{k,5}(t) = \frac{1}{5!} \sum_{j=0}^{5-k} (-1)^j C_6^j (t-k-j+5)^5, k \in \{0,1,2,\cdots,n\} \tag{3.7}$$

对于 n 次 B 样条曲线，当连续 n 个控制点共线时，曲线与该直线相切。为了使曲线经过起始点和目标点并满足航向角约束，分别以两点为中心，沿各自航向角在其前后方向均匀添加共四个控制点，若将约束条件加强为端点曲率等于 0，则可以在端点两侧均匀添加共六个控制点。

如图 3-16 所示，通过改变控制点的间距可以得到不同 B 样条换道轨迹曲线。利用这一性质可根据曲率以及侧向位移约束筛选出符合要求的轨迹，进而使其适用于目标位置航向角较大的情况，如图 3-17 所示。

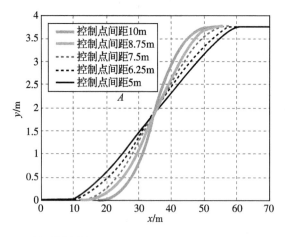

图 3-16　不同控制点间距下的 B 样条轨迹

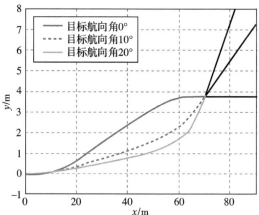

图 3-17　不同目标航向角下的 B 样条轨迹

（3）基于回旋曲线的换道轨迹规划

车辆换道过程可以划分为扭角、靠拢、收角和调整四个阶段。其中，在扭角和收角阶段内，驾驶人通过转动转向盘调整车辆航向角，而在靠拢阶段内，车辆前轮转角几乎为 0。这种航向角变化模式与圆弧换道轨迹模型非常相似，考虑到后者在圆弧与直线过渡的位置存在曲率突变，本节通过加入回旋曲线段进行圆弧与直线的平顺过渡，从而得到满足曲率连续条件的换道轨迹。

回旋曲线是一种曲率半径与曲线长度成反比的缓和曲线，通常表达为

$$rl = A^2 \tag{3.8}$$

式中，r 为曲线上任意一点的曲率半径；l 为该点到回旋曲线原点的曲线长度；A 为回旋曲线的特征参数。对于回旋曲线原点，有 $r = \infty$，$l = 0$。

在图 3-18 所示的回旋曲线换道轨迹规划示意图中，设换道起始点 A 和目标点 H 的航向角和曲率都为 0，以 A 点作为原点建立相对坐标系，并将换道轨迹划分为回旋曲线段 AB、圆弧段 BC、回旋曲线段 CD、直线段 DE、回旋曲线段 EF、圆弧段 FG 以及回旋曲线段 GH 七部分。四条回旋曲线段用于对直线段和圆弧段进行曲率衔接。M 点为直线段 DE 的中点，整条换道轨迹关于该点中心对称。

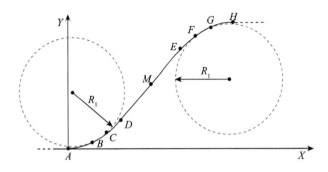

图 3-18　回旋曲线换道轨迹规划示意图

对于回旋曲线段 AB，由于 A 点处的曲率为 0，所以 A 点即回旋曲线的原点。利用坐标计算公式可以得到该段曲线的表达式

$$\begin{cases} x = l - \dfrac{l^5}{40A^4} - \dfrac{l^9}{3456A^8} \\ y = \dfrac{l^3}{6A^2} - \dfrac{l^7}{336A^6} + \dfrac{l^{11}}{42240A^{10}} \end{cases} \tag{3.9}$$

$$l = vt, \ t \in [0, \ t_1] \tag{3.10}$$

式中，v 为车辆行驶速度；t_1 为车辆在 AB 段的行驶时间。

将 $t = t_1$ 代入式 (3.9) 可以得到回旋曲线段 AB 与圆弧段 BC 的交点 B 的坐标 (x_B, y_B)，利用式 (3.8) 和回旋曲线切线角公式可以得到 B 点的曲率半径 R_1 和航向角 θ_1，即

$$\begin{cases} R_1 = \dfrac{A^2}{L_1} \\ \theta_1 = \dfrac{L_1^2}{2A^2} \end{cases} \tag{3.11}$$

式中，$L_1 = vt_1$，表示 AB 段曲线的长度。

当车辆处于圆弧段 BC 时，其轨迹曲率不再发生变化，转向半径仍然为 R_1，此时对应固定转向盘转角下的稳态转向工况。记车辆驶过 BC 段所用时间为 t_2，则可推导出 BC 段轨迹的表达式为

$$\begin{cases} x = x_B - R_1 [\sin\theta_1 - \sin(\theta_1 + \theta)] \\ y = y_B + R_1 [\cos\theta_1 - \cos(\theta_1 + \theta)] \end{cases} \tag{3.12}$$

式中，θ 为车辆在 BC 段行驶过程中航向角的变化量，其计算公式为

$$\theta = \frac{v}{R_1}(t - t_1), \quad t \in [t_1, t_2] \tag{3.13}$$

将 $t = t_2$ 代入式 (3.12) 和式 (3.13) 中,可以得出 C 点的坐标 (x_C, y_C) 和 B 点到 C 点对应的航向角变化量 θ_2。在确定 CD 段曲线时,考虑到对这段回旋曲线的要求是将曲率从 R_1^{-1} 过渡到 0,因此本节采用以弦 BC 的中垂线为对称轴,将回旋曲线段 AB 作对称变换的方式得到 CD。D 点坐标 (x_D, y_D) 和航向角 α_D 的计算公式为

$$\begin{cases} x_D = \dfrac{-2ab}{a^2 + 1} \\[2mm] y_D = -\dfrac{1}{a} x_D \\[2mm] \alpha_D = 2\theta_1 + \theta_2 \\[2mm] a = -\dfrac{\cos\theta_1 + \cos(\theta_1 + \theta_2)}{\sin\theta_1 + \sin(\theta_1 + \theta_2)}, \\[2mm] b = y_B - a x_B + R_1(\sin\theta_1 + \cos\theta_1) \end{cases} \tag{3.14}$$

由于换道轨迹关于直线段 DE 的中点 M 中心对称,所以在获得 D 点的坐标和航向角之后需要根据距离约束确定点 M 的位置。记目标点的侧向位移为 y_d,则点 M 的坐标 (x_M, y_M) 以及轨迹的纵向长度 x_{total} 分别为

$$\begin{cases} x_M = x_D + \dfrac{(y_M - y_D)}{\tan\alpha_D} \\[2mm] y_M = \dfrac{y_d}{2} \end{cases} \tag{3.15}$$

$$x_{\text{total}} = 2x_M \tag{3.16}$$

对于某一 t_1,当换道的纵向位移 x_d 给定时,可以通过数值方法近似求出同时满足横向、纵向距离约束的 t_2 值;在此基础上,通过调整曲线 t_1 可以得到如图 3-19 所示的换道轨迹簇。由于参数 R_1^{-1} 表示整个换道过程中的最大曲率,所以通过选取较大的 R_1 值可以获取跟随舒适性更好的换道轨迹。

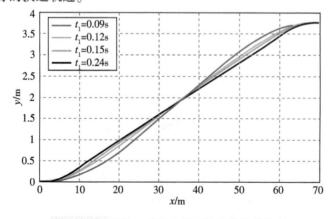

图 3-19 不同 t_1 参数下的回旋曲线换道轨迹

2. 人工势场法

人工势场法（Artificial Potential Field，APF）是一种虚拟力法，通过模仿引力斥力下的物体运动来规划路径。在算法中目标地点与运动物体之间的作用假设为引力，障碍物与运动物体之间的作用假设为斥力，那么物体被力场作用向目标地点运动，并通过建立引力场和斥力场的势场函数来进行路径的寻优。该算法的优点是所规划的路径简单平滑，较容易满足汽车稳定行驶的需要，但是容易出现局部最优的问题。

其基本思想是将智能汽车所处的工作环境抽象为一个虚拟力场空间，构造目标引力场和障碍物斥力场共同作用的人工势场，智能汽车在此势场力的作用下规划运动路径。将吸引力定义为吸引势场负梯度，即

引力势场
$$U_{\mathrm{att}}(X) = \frac{1}{2}k(X - X_{\mathrm{d}})^2 \tag{3.17}$$

引力
$$F_{\mathrm{att}}^* = -\mathrm{grad}[U_{\mathrm{att}}(X)] = -k(X - X_{\mathrm{d}}) \tag{3.18}$$

式中，k 为引力增益系数；$X = [xy]^{\mathrm{T}}$ 为机器人所在位置向量；X_{d} 为目标点位置量。

将排斥力定义为排斥势场负梯度，即

斥力势场

$$U_0(X) = \begin{cases} \frac{1}{2}\eta\left(\frac{1}{\rho} - \frac{1}{\rho_0}\right)^2, & \text{if } \rho \leqslant \rho_0 \\ 0, & \text{if } \rho > \rho_0 \end{cases} \tag{3.19}$$

斥力

$$F_0^* = -\mathrm{grad}[U_0(X)] = \begin{cases} \eta\left(\frac{1}{\rho} - \frac{1}{\rho_0}\right)\frac{1}{\rho^2}\frac{\partial\rho}{\partial x}, & \text{if } \rho \leqslant \rho_0 \\ 0, & \text{if } \rho > \rho_0 \end{cases} \tag{3.20}$$

式中，η 为斥力增益系数；ρ_0 为常数，表示障碍物斥力的影响范围；ρ 为智能汽车与障碍物的最短距离。

智能汽车受到的合力为 $F^* = F_{x\mathrm{d}}^* + F_0^*$，智能汽车在合力作用下向目标点运动。

3.4.2 基于数据驱动的方法

随着人工智能技术的不断发展，机器学习算法越来越多地应用到智能汽车研究领域中，监督学习、强化学习、深度学习等技术在解决智能汽车决策规划的某些问题上展现出了比基于机理和规则的传统方法更优异的性能。该类方法普遍采用端到端（end to end）架构，基于训练数据建立从状态到动作的映射模型，极大地简化了智能车决策规划架构，且在驾驶场景深度遍历上具有良好的性能，在处理复杂场景和高级别自动驾驶任务上颇具潜力。从数据驱动方法原理角度，可大体将该类方法分为基于强化学习的方法和基于监督学习的方法。

1. 基于强化学习的方法

智能汽车的局部路径规划本质上是一种复杂、随机、不确定性约束下的动态多目标协同优化问题，强化学习（Reinforcement Learning，RL）作为一种自学习算法在处理该类问题上具有原理性优势。强化学习方法建立在 MDP 的基础之上，其框架如图 3-20 所示，算法从真实驾驶环境或者模拟驾驶环境中获得状态观测量，输出一个决策量或控制量。根据算法输出的结果，可以从环境中获得一个奖励或者惩罚值。在训练的过程中，可以根据奖惩函数值调整强化学习网络的参数，从而不断收敛得到最优策略。

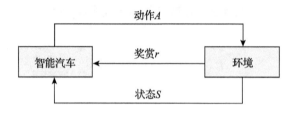

图 3-20　强化学习框架

对于此 MDP (S, A, P, r, γ)，S 为由环境信息和车辆状态参数组成的相关状态；A 为自车轨迹规划策略产生的动作输出；P 为由环境不确定性产生的状态转移概率；r 为奖励函数；γ 为奖励折扣因子，且 $\gamma \in (0, 1)$。记基于强化学习的策略为 π，策略 π 的累计奖励为 $J(\pi)$，则强化学习算法目标就是在多目标约束下求解使折扣累积奖励期望最大化的最优确定性行为策略 π^*

$$\pi^* = \arg \max_{\pi} J(\pi) \tag{3.21}$$

$$J(\pi) = E_{\pi} \left[\sum_{t=1}^{+\infty} \gamma^{t-1} r_t \right] \tag{3.22}$$

式中，γ 为奖励折扣因子，$\gamma \in (0, 1)$；r_t 为 t 时刻奖励函数，$r_t = J_1 + J_2 + \cdots + J_n$，$J_1$，$J_2$，$\cdots$，$J_n$ 为与智能汽车规划性能有关的各个目标函数。

强化学习作为一种端到端的车辆控制方法，可以同时对感知、决策、规划、控制部分进行优化，即可以完成综合驾驶场景的特征表征、良好的时机判断和决策输出、精确的轨迹规划和稳定的控制。

强化学习算法按照其求解最优策略的方式可分为值函数近似法、策略优化法、策略梯度法等，在智能汽车决策规划中，常用的值函数近似强化学习算法包括 Sarsa 算法、Q 学习（Q-Learning）、深度 Q 学习网络（Deep Q-Learning Network，DQN）算法等，常用的策略优化强化学习算法包括置信域策略优化（Trust Region Policy Optimization，TRPO）算法等，常用的策略梯度强化学习方法包括深度确定性策略梯度（Deep Deterministic Policy Gradient，DDPG）、近端策略优化（Proximal Policy Optimization，PPO）算法等。

2. 基于监督学习的方法

监督学习需要通过大量带有标签（Label）的训练数据训练监督学习模型，从而建立从指定输入到输出的黑箱映射模型。在智能汽车决策规划领域，常用的监督学习方法包括模仿学习（Imitation Learning，IL）和深度神经网络（Deep Neural Network，DNN）等。

（1）模仿学习

模仿学习又称为示教学习（Learning From Demonstrations），可以分为直接模仿学习和间接模仿学习。

1）直接模仿学习相比于间接模仿学习逻辑较为简单，本质上是采用监督学习的方式学习人类驾驶人或其他传统机理规则算法的专家示教轨迹，从而得到状态 – 动作映射模型。设此专家示教轨迹集合为

$$\{\tau_1, \tau_2, \tau_3, \cdots, \tau_m\} \tag{3.23}$$

集合中的任意一条轨迹 τ_i 均包含一系列的状态 – 动作对

$$\tau_i = \{s_1^i, a_1^i, s_2^i, a_2^i, \cdots, s_n^i, a_n^i, s_{n+1}^i\} \tag{3.24}$$

将所有轨迹中的所有状态 – 动作对进行抽取组合为一个训练数据集合 D，即

$$D = \{(s_1^i, a_1^i), (s_2^i, a_2^i), \cdots, (s_N^i, a_N^i)\} \tag{3.25}$$

式中，$N = \sum_{i=1}^{m} n_i, \ldots n_i$ 为每条轨迹 τ_i 中所包含的状态 – 动作对数目。在数据集合 D 上使用监督学习方法进行训练，即可得到与示教数据相匹配的策略，也可以与强化学习相结合作为强化学习的初始化策略。典型的示教学习算法包括行为克隆（Behavior Cloning）、ALVINN系统、数据聚集算法（Dagger）等。在智能汽车的规划问题中，状态 – 动作对中的状态可为交通态势、车辆状态等信息，动作可为车辆的轨迹坐标点或其他控制参数。

2）间接模仿学习通常定义为逆向优化控制问题（Inverse Optimal Control），通常与强化学习结合转化为逆强化学习（Inverse Reinforcement Learning，IRL）问题。如图 3 – 21 所示，逆强化学习的思路与强化学习相反，它与环境交互，从专家示教数据中反推奖励函数 r。

图 3 – 21　强化学习与逆强化学习思路对比

在逆向强化学习中，状态空间 S 和动作空间 A 与直接模仿学习类似，已知一组示教轨迹 $\{\tau_1, \tau_2, \tau_3, \cdots, \tau_m\}$，若想使机器在相同状态下做出和专家示教一致或接近的行为，等价于在某个奖励函数体系求解一个能够产生和专家示教轨迹一致或接近的最优策略 π^*，也就是说设计的奖励函数应使已知的专家示教轨迹是最优的，才能够使策略向该方向收敛。下面假定奖励函数能够表达为关于状态特征的线性函数，即 $R(s) = \omega^T s$，则与强化学习类似，策略 π 的累计奖励函数为

$$J(\pi) = E_\pi\left[\sum_{t=1}^{+\infty}\gamma^{t-1}R(s_t)\right] = E_\pi\left[\sum_{t=1}^{+\infty}\gamma^{t-1}\omega^T s_t\right] = \omega^T E_\pi\left[\sum_{t=1}^{+\infty}\gamma^{t-1}s_t\right] \tag{3.26}$$

将 $E_\pi\left[\sum_{t=1}^{+\infty}\gamma^{t-1}s_t\right]$ 记作 $s^-{}^\pi$，$s^-{}^\pi$ 可利用蒙特卡洛方法通过采样近似求解，且专家示教轨迹可看作是最优策略的一个采样，于是可将每条轨迹上的状态加权求和再取平均值得到 $s^-{}^*$。设使专家示教轨迹最优的奖励函数系数矩阵为 ω^*，则最优奖励函数为

$$R(s) = \omega^{*T} s \tag{3.27}$$

则对于任意其他策略 π 产生的状态向量期望 $s^-{}^\pi$，一定有

$$\omega^{*T}s^-{}^* - \omega^{*T}s^-{}^\pi = \omega^{*T}(s^-{}^* - s^-{}^\pi) \geqslant 0 \tag{3.28}$$

若能对所有策略求得 $(s^-{}^* - s^-{}^\pi)$，即可求解最优奖励函数和基于示教数据的最优策略 π^*，即

$$\omega^* = \underset{\omega}{\text{argmax}}\,\underset{\pi}{\text{min}}\,\omega^T(s^-{}^* - s^-{}^\pi) \tag{3.29}$$

（2）深度神经网络

神经网络（Neural Network，NN）模型是监督学习（Supervised Learning）中的重要内容，通过建立一定结构的神经网络模型，基于人类驾驶人数据或传统规划算法产生的数据通过误差反向传播（Back Propagation，BP）和梯度下降（Gradient Descent）等方法训练神经网络参数，从而实现根据当前交通态势和车辆状态进行车辆轨迹规划与预测，且基于人类驾驶人数据训练得到的神经网络模型具有较好的拟人性，便于在决策规划架构中嵌入驾驶人个性化风格，提升智能汽车的驾驶习性适应度。智能汽车轨迹规划中常用的神经网络模型包括 BP 神经网络模型、循环神经网络（Recurrent Neural Network，RNN）模型等。

其中，长短期记忆网络（Long Short Term Memory，LSTM）作为循环神经网络的一种，较好地解决了传统 RNN 模型中的梯度离散问题，同时在面向序列数据建模问题上具有较好性能，能够记忆和处理序列中数据的长期依赖关系，通常人类驾驶人在驾驶过程中会对一定时间内交通环境变化以及自车运动状态变化进行分析处理，因此 LSTM 能够较好地揭示时间序列数据中隐藏的驾驶人操作规律，实现较为准确的轨迹规划与预测。

LSTM 的网络结构如图 3-22 所示，通过在传统 RNN 的基础上引入遗忘门（Forget

Gate）、输入门（Input Gate）、输出门（Output Gate）三个门控单元，以控制 LSTM 网络对历史时间序列信息的依赖程度以及给定新输入信息后何时进行状态更新。

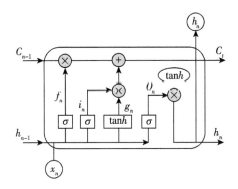

图 3 - 22　LSTM 网络结构

对于智能汽车的轨迹规划问题，LSTM 的特征值 x_n 即网络输入可作为车辆历史轨迹坐标及其他运动学参数，网络的输出 p_n 可作为下一步长的轨迹坐标。LSTM 网络中的前向传播计算流程如下：

1）计算遗忘门

$$f_n = \sigma(W_f[h_{n-1}, x_n] + b_f) = \sigma(W_{fh}h_{n-1} + W_{fx}x_n + b_f) \tag{3.30}$$

2）计算输入门

$$i_n = \sigma(W_i[h_{n-1}, x_n] + b_i) = \sigma(W_{ih}h_{n-1} + W_{ix}x_n + b_i) \tag{3.31}$$

3）计算描述当前输入的状态单元

$$g_n = \tanh(W_g[h_{n-1}, x_n] + b_g) = \tanh(W_{gh}h_{n-1} + W_{gx}x_n + b_g) \tag{3.32}$$

4）更新状态单元

$$C_n = f_n \circ C_{n-1} + i_n \circ g_n \tag{3.33}$$

5）计算输出门

$$o_n = \sigma(W_o[h_{n-1}, x_n] + b_o) = \sigma(W_{oh}h_{n-1} + W_{ox}x_n + b_o) \tag{3.34}$$

6）计算 LSTM 网络的输出

$$h_n = o_n \circ \tanh(C_n) \tag{3.35}$$

其中，$\sigma(\cdot)$ 和 $\tanh(\cdot)$ 为 sigmoid 激活函数和双正切激活函数：

$$\sigma(x) = \frac{1}{1 + e^{-x}} \tag{3.36}$$

$$\tanh(x) = \frac{e^x - e^{-x}}{e^x + e^{-x}} \tag{3.37}$$

经过 LSTM 网络的计算后，LSTM 网络的最终加速度预测值输出为

$$\boldsymbol{p}_n = \boldsymbol{W}_{ph}\boldsymbol{h}_n + \boldsymbol{b}_p \tag{3.38}$$

通常可使用平方损失函数作为 LSTM 网络训练的优化函数：

$$\mathrm{MSE} = \frac{1}{N}\sum_{n=1}^{N}(\boldsymbol{y}_n - \boldsymbol{p}_n)^2 \tag{3.39}$$

式中，N 为训练样本长度；$\boldsymbol{y}_n$ 为训练样本的真实标签值；$\boldsymbol{p}_n$ 为 LSTM 网络的预测值。以上公式中，$\circ$ 表示哈达玛积（Hadamard product），权重矩阵 $\boldsymbol{W}_{fh}$、$\boldsymbol{W}_{fx}$、$\boldsymbol{W}_{ih}$、$\boldsymbol{W}_{ix}$、$\boldsymbol{W}_{oh}$、$\boldsymbol{W}_{ox}$、$\boldsymbol{W}_{ph}$ 以及偏置 $\boldsymbol{b}_f$、$\boldsymbol{b}_i$、$\boldsymbol{b}_o$、$\boldsymbol{b}_p$ 为 LSTM 网络需要训练优化的参数。

基于数据驱动的方法虽简化了算法架构和规模，但仍存在一些问题：①由于学习算法本身的黑盒特性，输出结果可解释性差，模型修正难度大。②需要大量数据作为训练样本，数据质量差、数量少或者网络结构和训练过程设计不合理极易导致模型过拟合或欠拟合。③学习算法泛化性较差，不具备场景遍历的广度优势，处理不同场景可能需要不同种类或结构的网络。④给定场景图像或其他特征，直接输出决策量或规划量的端到端架构较为依赖网络的特征提取能力，对于场景隐式特征提取不充分等问题将严重影响算法准确度。⑤当前基于强化学习的交互式训练只能在虚拟游戏引擎或仿真平台中进行，强化学习网络进行特征提取的信息来源往往是虚拟场景中的图像、点云等，这就意味着虚拟与现实图像、点云数据等的差距将极大影响和阻碍强化学习策略从训练环境向真实应用的迁移和泛化。

3.5 智能汽车决策规划仿真实例

传统 RRT 方法的扩张是通过采样状态量进而逆向计算出输入量完成。但是对于汽车而言，其状态空间的维数 n_x 通常较高，且额外的逆向计算也会增加系统开销。针对汽车轨迹规划问题的特性，Kuwata 等提出 CL-RRT 方法，其架构如图 3-23 所示。

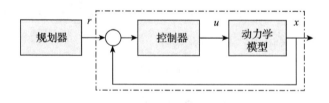

图 3-23　CL-RRT 架构

CL-RRT 不直接对输入 u 进行采样，取而代之的是对工作空间进行采样。随之利用包含控制器和车辆模型的闭环控制系统产生出轨迹。由于工作空间的维数 $n_r < n_x$，且规划器的一个采样 r 输入给闭环控制系统之后，便可由控制器产生一个序列对车辆的输入，所以 CL-RRT 具有更高的求解效率。另外，CL-RRT 中的闭环控制系统也建立了规划算法与轨迹

跟踪控制及车辆自身特性之间的关联，从而保证生成轨迹的可行性。CL-RRT 方法效果示意图如图 3 – 24（见彩插）所示。

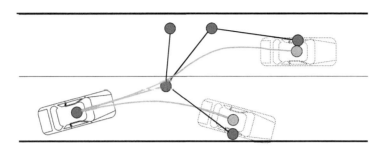

图 3 – 24 CL-RRT 方法效果示意图

图 3 – 24 中红色折线表示采样路径，绿色光滑曲线表示产生轨迹。可以看出，规划器的作用是用来产生一个"较大"的信号作为控制系统的输入，而控制系统的任务则是跟踪这个信号，产生对应的轨迹。对于闭环系统的输出轨迹还需要进一步验证安全性。最后，根据优化目标计算安全轨迹的代价值并据此决策出最优轨迹。

对在 Yaw 平面上行驶的汽车而言，在一个确定时刻其规划器的采样输入 r 为一个三维向量，即 $r = [x_r, y_r, v_r]^T$。在采用相同控制器的情况下，对于相同的 r，规划阶段闭环控制系统的输出轨迹与跟踪阶段的汽车的实际行驶轨迹理论上是完全相同的。因此，可直接使用规划器的输出 r 作为轨迹跟踪的输入。

CL-RRT 轨迹规划方法伪代码见表 3 – 3。

表 3 – 3 CL-RRT 轨迹规划方法伪代码

	CL-RRT 轨迹规划算法
1	$E = \text{LoadEnvironmentInfo}(.)$;
2	$T = \text{LoadHeuristicTree}(.)$;
3	$p_0 = \text{LoadVehileInfo}(.)$;
4	$[T, n] = \text{UpdateHeuristicTree}(T, E, p_0)$;
5	for $k = 1 : K_{\max}$
6	$p_s = \text{swSample}(X_{\text{goal}}, E)$;
7	$p_{\text{best}} = \text{SortNode}(p_s, T)$;
8	$[T, \text{extendbool}] = \text{Extend}(p_s, p_{\text{best}}, E, T)$;
9	$T = \text{InsertGoal}(X_{\text{goal}}, T, E)$;
10	**end for**
11	$\text{Trajectory} = \text{AcquireBestTraj}(T)$;
12	$T_H = \text{AcquireHeuristicTree}(T)$;

在虚拟仿真软件 PanoSim 环境下进行 CL-RRT 仿真验证。车辆及控制参数见表 3 – 4。

表 3 - 4 仿真实验参数

项目	数值
期望速度 v_{des}	15m/s（54km/h）
初始速度 v_{start}	15m/s（54km/h）
主车初始位置坐标 X	913 m
主车初始位置坐标 Y	609.125 m
交通车横向位置均值	609.125 m
交通车横向位置标准差	0.5
车道宽度	3.75 m
道路航向	0°
两车间距 S	70 m
规划周期 δ_p	0.2 s
前视时间 δ_{safe}	2 s
规划轨迹时间长度 δ_{traj}	3.5 s

为了便于分析动态环境下所述算法的工作原理，令车辆以恒定车速行驶，仅对横向运动进行规划。动态环境避障工况示意图如图 3 - 25 所示。

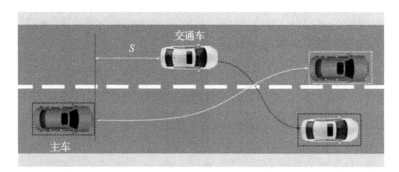

图 3 - 25 动态环境避障工况示意图

动态避障工况相关实验参数见表 3 - 5，其他项目与表 3 - 4 相同。

表 3 - 5 动态避障工况实验参数

项目	数值
两车间距 S	25 m
交通车初始位置坐标 X	935 m
交通车初始位置坐标 Y	612.875 m
交通车行驶车速 v_{tra}	36km/h（10m/s）

实验工况运动轨迹仿真结果如图 3 - 26 所示，图中实线、虚线矩形分别代表了主车、交通车在不同时刻下运动的位置，且自左至右依次与上方 t 时刻对应。可以看出，规划方法能够有效地实现动态避障。

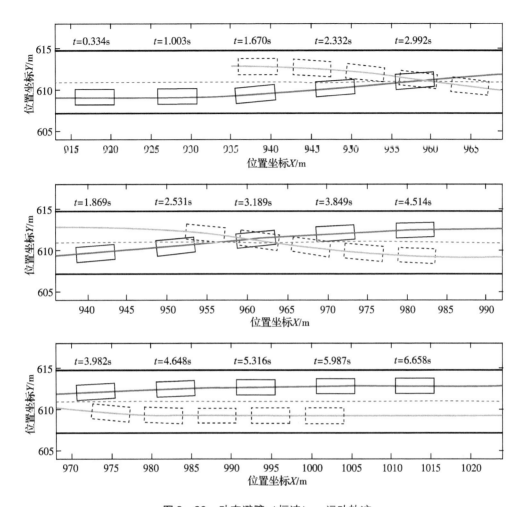

图 3-26　动态避障（恒速）-运动轨迹

　　图 3-27～图 3-30 集中反映了实验工况中主车在规划方法的作用下其主要运动、状态量的变化。可以看出，虽然障碍交通车在仿真开始时刻就逐渐换入主车所在车道，但直到仿真进行至约 1s 时，主车才开始进行避障。

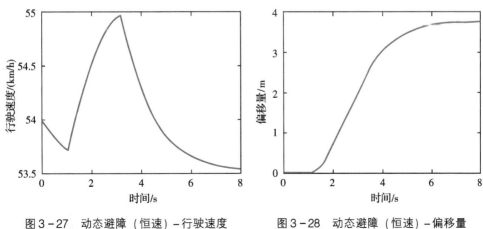

图 3-27　动态避障（恒速）-行驶速度　　图 3-28　动态避障（恒速）-偏移量

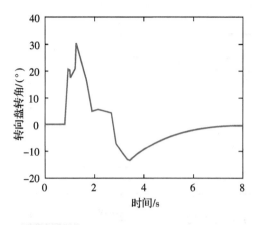

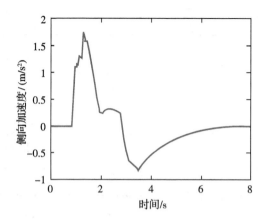

图 3-29 动态避障（恒速）-转向盘转角   图 3-30 动态避障（恒速）-侧向加速度

思考题

1. 智能汽车决策规划架构有哪些？各自有什么特点？

2. 智能汽车的行为决策算法有哪些？

3. 基于有限状态机的智能汽车行为决策方法的原理是什么？具有哪些优缺点？对于其缺点和局限，应怎样解决？

4. 智能汽车路径规划分为哪几类？分别适用哪些场景？

5. A^* 算法和 Dijkstra 算法的基本原理是什么？两者之间的区别和联系是什么？

6. 基于机理和规则的规划方法和基于数据驱动的规划方法各自具有什么样的优缺点？对两类算法进行何种改进才能提升两者在解决智能汽车规划问题上的性能？

7. 图搜索路径规划方法有哪些？分别简述其原理。

8. 绘制 RRT 算法流程图并简述其原理。

第4章
智能汽车轨迹跟随控制技术

前面两章已经对智能汽车分层系统中的感知、决策做了主要介绍，而智能汽车技术最终要落实到车辆的运动控制之中，本章将对智能汽车的运动控制进行阐述。智能汽车的运动控制主要分为纵向控制和横向控制，纵向控制主要表现为车辆的速度跟随，横向控制主要表现为车辆的路径跟随。关于智能汽车运动控制中所涉及的控制理论与方法，例如基于最优预瞄理论的轨迹跟随控制方法、基于模型预测控制（Model Predictive Control，MPC）理论的轨迹跟随控制方法和考虑稳定性的轨迹跟随控制方法，将在本章进行重点讲解。

4.1　智能汽车轨迹跟随控制概述

智能汽车的轨迹跟随问题实际上分为速度跟随和路径跟随。速度跟随控制主要是将期望车速和实际车速之间的误差经过计算得到期望加/减速度，利用所建立的车辆纵向动力学逆模型将加/减速度转换成执行机构的控制期望，经过执行机构对车辆进行纵向控制，使得车辆实际车速准确快速地跟随期望车速，同时保证驾驶操纵过程合理且平顺，乘员舒适性体验较好。路径跟随控制主要是根据期望路径和当前位置或航向角之间的偏差，通过直接或间接方法得到该偏差与转向盘转角之间的函数关系，进而通过控制车辆转向盘转角，使得车辆行驶路径能够准确跟随期望路径，同时考虑行车过程的舒适性和稳定性。

轨迹跟随控制系统最终应该能够满足以下的要求和性能：

1）跟踪精度。在进行轨迹跟随的控制过程中，要尽可能减少路径跟随和速度跟随的误差，这是智能汽车轨迹跟随控制的最基本的要求。

2）平稳性。在实现轨迹跟随控制的过程中，在假设给出的期望轨迹合理的情况下，车辆的速度控制要尽量平稳；转向盘转角的控制要适度，避免大角度转向。

3）适应性。由于车辆的行驶工况复杂，轨迹跟随控制算法对不同的工况要具有较好的适应性。

对于速度跟随控制来说，目前广泛应用的算法主要有 PID 控制、模糊控制、非线性控制、滑模变结构控制等方法。2005 年，斯坦福大学研制的智能汽车应用 PI 控制算法，实现了纵向车速的跟随控制。

关于车辆的路径跟随控制问题，早期研究者采用仿真领域的驾驶人模型来进行路径跟随问题的研究，如双移线工况中的驾驶人模型，就是典型的路径跟随控制问题。从 20 世纪 80 年代早期到 21 世纪初，关于路径跟随以及速度跟随的控制，主要是采用 MacAdam 和郭

孔辉等人提出的最优预瞄控制理论。郭孔辉院士提出的理论开始是用在驾驶人预瞄模型上的，分为单点预瞄系统和多点预瞄系统。单点预瞄系统针对的是小曲率工况的路径，驾驶人基于预瞄的路径和期望的路径的差值，进行反馈控制。反馈系统会考虑人的一些特性参数，通常用一个 PID 环节代表，比例环节代表驾驶人的转向盘输入大小，微分环节代表人的预瞄过程，而积分环节代表人的一个延迟环节，这些共同构成一个单点预瞄系统。多点预瞄系统则是针对大曲率工况的路径，驾驶人会结合近点期望路径的曲率，以及远点的曲率，从而纠正转向盘转角，使车辆回到期望路径上。它与单点预瞄的区别是，单点预瞄的反馈输入是预瞄路径与期望路径之差，而多点预瞄的输入则是航向角的偏差。由于驾驶人最优预瞄理论比较准确地反映了驾驶人对车辆的控制过程。因此，在研究智能汽车的轨迹跟随控制的过程中，该理论与方法也显得越来越重要。

基于预瞄理论的控制方法从本质上来说是一种无约束的优化控制方法，往往忽略或者简化了车辆动力学及状态约束，因为这种优化控制方法较少考虑到车辆本身与环境的特性，比如执行机构的特性、轮胎与地面的附着特性等，从而使得它无法保证车辆在任何工况下都具有很好的适应性。比如在低附着路面上，如果不对轮胎侧偏角进行约束，那么车辆很可能就会出现侧向轮胎力饱和，此时如果有外界的干扰，就会出现车辆失稳的可能。相比而言 MPC 能够通过车辆的运动学和动力学模型预测未来的轨迹，从而在考虑约束的情况下，求解最优的控制率。此外，MPC 的滚动优化和反馈校正特性，能够有效降低甚至消除闭环系统时滞问题所带来的影响。

从方法上来看，基于模型预测控制理论的智能汽车轨迹跟随控制方法具有在处理约束问题上的优势，还具有利用模型进行预测的优点。但是 MPC 方法由于依靠车辆数学模型对车辆的运动状态进行估计，从而进行滚动优化以及反馈校正，所以对车辆模型的精度要求很高。其次，模型预测控制本质上是一种基于目标函数的优化求解方法，优化目标中各个部分的权重对计算结果影响很大，而且车辆的行驶工况极为复杂，因此，MPC 控制器中权重系数的调整与选择对轨迹跟随的效果影响很大。

4.2　基于最优预瞄理论的轨迹跟随控制方法

4.2.1　最优预瞄控制算法概述

预瞄控制算法大多基于这样一个假设：在短时间内，车辆的纵向速度被认为是一个常数或者是一个缓慢变化的参数，于是对车辆进行纵向和横向解耦，从而分别进行纵向速度跟随控制与侧向的路径跟随控制。总的来看，基于最优预瞄控制理论的控制算法可以分为两类：

1）基于预瞄假设以及最优曲率的控制，即驾驶人根据前方轨迹一点的信息和当前汽车的运动状态估计得到的到达该预期点的误差，计算出一个最优的圆弧轨迹，并由轨迹圆弧曲率与转向盘转角的对应关系来确定转向盘的转角输入。

　　轨迹跟随控制器就是基于这种思路建立的：通过建立车辆当前位置与预瞄处期望位置的预瞄误差与转向盘转角之间的传递函数关系，从而得到转向盘转角输入。由于该传递函数关系的建立过程是基于车辆运动学模型，而车辆运动学模型仅在车辆速度较低的情况下才能比较真实地代表实际的车辆响应，所以该方法只适用于低速工况下的路径跟随控制。

　　由于仅仅考虑到车辆运动学模型，无法满足车辆的动力学特性，人们开始逐渐研究采用车辆动力学模型来建立预瞄误差与转向盘转角的关系，从而实现转向盘的前馈控制。同时，基于航向角误差与当前车辆位置误差建立反馈控制，从而实现了前馈加反馈结构的控制器。这种控制器由于考虑了前方道路信息的同时，还考虑到了当前车辆的状态信息，所以具有更好的鲁棒性与对速度的适应性。

　　2）以车辆的动力学模型为基础，通过建立最优的圆弧轨迹与车辆期望的运动学或动力学关系，例如车辆的侧向加速度之间的关系，然后对其进行反馈跟踪控制，从而间接实现最优的轨迹跟随控制。其中，线性二次型最优控制器（Linear Quadratic Regulator, LQR）是一种常见的线性控制算法，它的基本原理是，在每一个控制周期内，通过对采用跟踪误差描述的系统进行线性化得到线性化模型，并基于该模型优化求解一个线性二次优化目标获得最优状态反馈控制率来实现最优的轨迹跟随控制输入。

　　车辆动力学的选择一般采用二自由度模型，虽然车辆的纵向运动对侧向运动的影响较大，且车辆的纵向与侧向动力学之间存在耦合，但是考虑到除了一些极限的工况。大部分情况下驾驶人很少在控制车辆转向的同时还控制车辆的车速，所以为了简化控制系统的复杂度，往往在设计控制器时对纵向和侧向进行了解耦控制。即假设车速不变或变化很小，从而可以采用车辆二自由度模型来代替车辆的侧向动力学特性。

4.2.2　基于最优预瞄理论的路径跟随控制

　　最优预瞄理论的路径跟随理论依据是模拟驾驶人的开车过程，通过对道路前方信息的预估，为了使得车辆实际轨迹与期望轨迹的偏差最小从而得到一个最优的转向盘转角输入。因此，基于最优预瞄理论的路径跟随控制问题一般包括两个部分：第一部分是根据当前的车辆状态，选择一个合理的预瞄距离，并计算出预瞄距离和期望路径的误差与转向盘转角之间的传递函数关系，这部分叫基于最优预瞄理论的前馈控制；第二部分是在路径跟随的过程中，计算车辆的航向角和期望航向角的误差，并基于车辆航向角的误差进行反馈控制，这部分叫基于最优预瞄理论的反馈控制。

　　在智能汽车轨迹跟随的过程中，车辆的期望行驶路径和速度通常由上层的轨迹规划层给出。根据控制的需要，轨迹规划层给出的轨迹形式为一系列的点集，点集的定义为 $(x_i, y_i, s_i, v_{x,i})$，分别代表轨迹上第 i 个点的横、纵坐标，曲线弧长以及车辆的纵向车速，如图 4-1 所示。

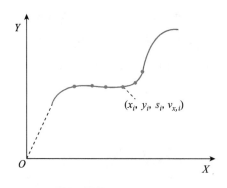

图 4-1 期望轨迹描述

最优预瞄理论前馈控制的原理如下：驾驶人沿着当前车辆行驶的方向进行预瞄，根据当前的车辆状态，选择一个合理的预瞄距离；然后计算参考轨迹中离预瞄点最近的点与预瞄点的距离，该距离就称之为预瞄误差，为了使得车辆实际行驶的轨迹与期望的轨迹的误差最小，根据车辆的模型，确定预瞄误差与转向盘转角之间的传递函数关系；最后根据该传递函数，就可以得到最优的转向盘转角。

预瞄误差与转向盘转角之间的关系，一般可以采用二自由度模型描述。图 4-2 所示为车辆沿着一个期望的曲率半径为 R 的圆弧行驶的情况，图中 d 为预瞄距离；o 为预瞄误差；预瞄点到曲线中心的距离为 h；u 为车辆质心处的沿车辆行驶方向的速度，v 是车辆行驶方向垂直速度，V 是合速度，r 为横摆角速度。假设车辆沿着该曲线稳态行驶，跟随误差为零，根据车辆二自由度方程，可以得到稳态下车辆模型方程为

$$
\begin{bmatrix}
-\dfrac{C_{af}+C_{ar}}{m_{CG}u} & -u+\dfrac{bC_{ar}-aC_{af}}{m_{CG}u} \\
\dfrac{bC_{ar}-aC_{af}}{I_Z u} & -\dfrac{a^2 C_{af}+b^2 C_{ar}}{I_Z u}
\end{bmatrix}
\begin{bmatrix} v_{ss} \\ r_{ss} \end{bmatrix}
=
\begin{bmatrix} \dfrac{C_{af}}{m_{CG}} \\ \dfrac{aC_{af}}{I_Z} \end{bmatrix}
\delta_{ss}
\tag{4.1}
$$

式中，m_{CG} 为车的质量；I_Z 为质心处的转动惯量；a、b 分别为前后轴到质心的距离；δ 为前轮转角；C_{af}，C_{ar} 分别为前后轮的等效侧偏刚度；下标 ss 表示的是稳态情况下车辆的状态量。

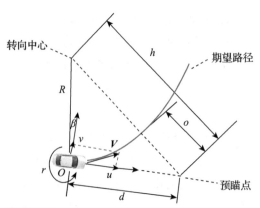

图 4-2 车辆做半径为 R 的稳态圆周运动示意图

根据上面的方程，稳态情况下的侧向速度 v_{ss} 可以表示成如下的以稳态横摆角速度 r_{ss} 表示的函数

$$v_{ss} = Tr_{ss} \tag{4.2}$$

其中

$$T = b - \frac{am_{CG}u^2}{C_{ar}(a+b)} \tag{4.3}$$

根据稳态圆周运动的规律，可以得到下面的关系式

$$V_{ss} = \sqrt{u^2 + v_{ss}^2} \tag{4.4}$$

$$V_{ss} = Rr_{ss} \tag{4.5}$$

根据式（4.1）~式（4.5），可以将 r_{ss} 和 δ_{ss} 表示成仅含有车辆纵向速度、曲率半径和车辆参数的函数

$$r_{ss} = \frac{u}{\sqrt{R^2 - T^2}} \tag{4.6}$$

$$\delta_{ss} = \frac{u}{\sqrt{R^2 - T^2}} \left[a + b - \frac{m_{CG}u^2(aC_{af} - bC_{ar})}{(a+b)C_{af}C_{ar}} \right] \tag{4.7}$$

由于 $o_{ss} = h_{ss} - R$，为了计算稳态情况下预瞄误差 o_{ss} 的表达式，首先需要计算 h_{ss} 的值，根据几何关系

$$h_{ss} = \sqrt{d^2 + R^2 - 2Rd\cos\left(\frac{\pi}{2} + \beta\right)} = \sqrt{d^2 + R^2 - 2Rd\frac{v_{ss}}{V_{ss}}} \tag{4.8}$$

最终可以得到 h_{ss} 和 o_{ss} 的表达式如下

$$h_{ss} = \sqrt{d^2 + R^2 + 2dT} \tag{4.9}$$

$$o_{ss} = \sqrt{d^2 + R^2 + 2dT} - R \tag{4.10}$$

期望的转向盘转角与预瞄误差之间的传递函数可以表示为

$$\frac{\delta_{ss}}{o_{ss}} = \frac{\dfrac{u}{\sqrt{R^2 - T^2}} \left[a + b - \dfrac{m_{CG}u^2(aC_{af} - bC_{ar})}{(a+b)C_{af}C_{ar}} \right]}{\sqrt{d^2 + R^2 + 2dT} - R} \tag{4.11}$$

为了简化上面的方程，做了如下两个重要的假设：

1）根据泰勒公式有

$$\forall x, \ \varepsilon \in R, \ x > 0 : \text{if } \frac{|\varepsilon|}{x} \ll 1 \Rightarrow \sqrt{x + \varepsilon} = \sqrt{x} + \frac{\varepsilon}{2\sqrt{x}}$$

现假设：$\dfrac{|d(d+2T)|}{R^2} \ll 1$，式（4.11）可以写成如下形式

$$\frac{\delta_{ss}}{o_{ss}} = \frac{2\left[a + b - \dfrac{m_{CG}(aC_{af} - bC_{ar})}{(a+b)C_{af}C_{ar}} \right]}{\sqrt{1 - \dfrac{T^2}{R^2}}d(d+2T)} \tag{4.12}$$

2）假设 $\dfrac{|T|}{R} \ll 1$，可得 $\sqrt{1-\dfrac{T^2}{R^2}} \approx 1$，式（4.12）可以进一步地简化成如下的表达式

$$\delta_{ss} \approx \frac{2\left[a+b-\dfrac{m_{CG}(aC_{af}-bC_{ar})}{(a+b)C_{af}C_{ar}}\right]}{d(d+2T)} o_{ss} \tag{4.13}$$

式（4.13）表明，为了使车辆以最小的误差沿着期望的路径行驶，期望的转向盘转角是预瞄误差及车速、预瞄距离以及车辆的参数的函数。由于最优的转向盘转角与道路的曲率半径无关，所以理论上道路的曲率对控制器的影响很小。此外，由于方程中包含车辆的速度，所以对于车速的变化具有一定的自适应性。

考虑到车辆行驶道路的复杂性，预瞄距离的选取对预瞄跟随效果的影响很大，在车速较低的情况下，如果预瞄的距离过大，就会导致车辆前方的信息无法很好地利用；当车速较高的情况下，如果预瞄距离过短，则会丢失部分未来道路的信息，从而使控制效果变差。因此需要综合车速和预瞄时间来选取预瞄距离为

$$d_{preview} = t_{preview}\,\mu_x + d_0 \tag{4.14}$$

式中，$t_{preview}$ 表示预瞄时间；μ_x 表示车辆当前的纵向车速；d_0 表示固定的预瞄距离。

虽然单点预瞄可以进行路径跟随的控制，然而采用单点预瞄模型可能导致前方道路的情况与车辆当前状态不一致的情况，从而使得跟随效果变差。而且实际驾驶人在开车的过程中，也不可能只关注前方道路一点的信息，因此，很多研究者认为采用单点预瞄模型（图4-3a）很难取得比较令人满意的结果。而多点预瞄模型可以充分利用前方道路的信息，多点预瞄模型示意图如图4-3b所示。预瞄点上的坐标可以根据下面的公式确定

$$x_{pp,i}(t) = x_{CG}(t) + K_i d_{look-head}(t)\cos[\psi(t)] \tag{4.15}$$

$$y_{pp,i}(t) = y_{CG}(t) + K_i d_{look-head}(t)\sin[\psi(t)] \tag{4.16}$$

式中，$x_{pp,i}(t)$ 和 $y_{pp,i}(t)$ 为第 i 个预瞄点的坐标；$x_{CG}(t)$ 和 $y_{CG}(t)$ 为 t 时刻车辆质心在全局坐标系下的坐标；K_i 为第 i 个预瞄点到车辆质心距离与预瞄距离的比值；$d_{look-head}$ 为式（4.14）中定义的预瞄距离；$\psi(t)$ 为车辆的航向角。

对于每一个预瞄点对应的侧向误差 e_i（图4-3），定义为每个预瞄点与预瞄方向垂直的直线与参考轨迹的交点与对应的预瞄点的距离。

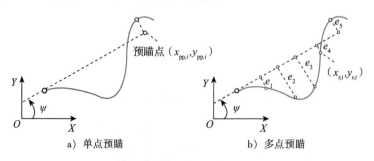

a）单点预瞄   b）多点预瞄

图4-3 预瞄模型示意图

总的预瞄误差定义为各个预瞄点的偏差的权重和

$$e_i = [y_{r,i}(t) - y_{pp,i}(t)]\cos[\psi(t)] - [x_{r,i}(t) - x_{pp,i}(t)]\sin[\psi(t)] \qquad (4.17)$$

$$o(t) = \sum_{i=1}^{n} [G_i e_i(t)] \qquad (4.18)$$

式中，e_i 为每个点对应的预瞄误差；$y_{r,i}(t)$ 和 $x_{r,i}(t)$ 为每个预瞄点与预瞄方向垂直的直线与参考轨迹的交点的坐标；G_i 为每个预瞄误差的权重。以图 4-3 中采用的 5 个预瞄点为例，将式（4.14）和式（4.18）代入式（4.13），可得最终的转向盘转角为

$$\delta_{ss} = \frac{2\left[a + b - \dfrac{m_{CG}(aC_{af} - bC_{ar})}{(a+b)C_{af}C_{ar}}\right]}{d_{look-head}(t)\left[d_{look-head}(t) + 2b - \dfrac{am_{CG}u^2}{C_{CG}(a+b)}\right]} \sum_{i=1}^{5} [G_i e_i(t)] \qquad (4.19)$$

式（4.19）反映了基于预瞄误差的前馈控制，只要给定了 G_i 的值就可以得到期望的转向盘转角的控制量。

前馈控制基于车辆二自由度模型建立了预瞄误差与转向盘转角的传递函数。从控制的角度来看，由于模型误差和干扰的存在，仅仅依靠前馈控制很难保证较好的控制效果以及稳定性。由于在路径跟随的过程中，车辆的航向角反映了跟踪路径的切线方向的跟踪效果，对跟踪的影响较大，所以需要基于车辆航向角的误差进行反馈控制。

航向角的误差如图 4-4 所示，图中 ψ 为车辆在当前位置的航向角，ψ_r 为参考轨迹上离当前车辆位置最近点的切线方向角。航向角误差 e_ψ 定义为

$$e_\psi = \psi_r - \psi \qquad (4.20)$$

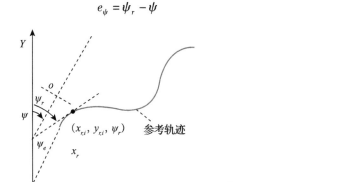

图 4-4　车辆航向角误差计算

一般情况，可以采用经典的 PD 控制律来实现航向角误差的反馈控制。PD 控制的好处在于，微分项提供了预测的作用，从而提高了系统的稳定性。但是，由于微分项扩大了信号噪声的影响，为了消除这种影响，需要对微分项进行饱和处理。最终的转向盘反馈控制增量可以采用如下所示的 PD 控制

$$\Delta\delta_\psi = K_{\psi,P}e_\psi + K_{\psi,D}\frac{de_\psi}{dt} \qquad (4.21)$$

式（4.21）中，$K_{\psi,P}$ 和 $K_{\psi,D}$ 表示比例和微分环节系数。结合上节的前馈控制，最终的

转向盘转角输入为

$$\delta = \delta_{ss} + \Delta\delta_\psi \qquad (4.22)$$

基于最优预瞄的路径跟随控制架构如图 4-5 所示。

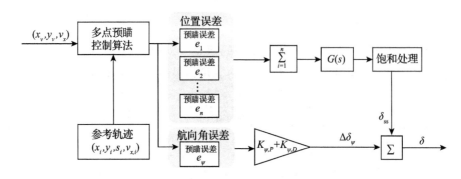

图 4-5　路径跟随控制架构

根据车辆目前的坐标和纵向速度，通过多点预瞄得到一系列的预瞄误差，然后得到前馈的控制量 δ_{ss}，再根据航向角的误差，通过 PD 控制得到反馈控制增量 $\Delta\delta_\psi$，最终通过前馈和反馈得到总的控制量 δ。

4.2.3　基于最优预瞄理论的速度跟随控制

在上节中提到，智能汽车系统中轨迹规划层给出的轨迹形式为一系列的点集（x_i，y_i，s_i，$v_{x,i}$），参考的车速可以表示成构成理想轨迹的点集的函数。实际驾驶人在控制车辆的过程中，为了保证车辆的平稳性，一般是按照定加速度的方式去控制车辆的速度。根据预瞄理论，假设车辆由当前点匀加速运动到预瞄点，参考轨迹上离车辆最近点的坐标为（x_1，y_1，s_1，$v_{x,1}$），预瞄点处的期望状态为（x_2，y_2，s_2，$v_{x,2}$），根据匀加速运动定律，有

$$a_{\mathrm{ref}} = \frac{v_{x,2}^2 - v_{x,1}^2}{2(s_2 - s_1)} \qquad (4.23)$$

式中，a_{ref} 为期望的加速度。

在车辆的纵向运动控制过程中，加速度过大会降低车辆运行的安全性和乘坐的舒适性，因此有必要根据需要对期望的加速度进行饱和处理，以限制最大加速度的大小。根据驾驶经验，一般加速度都比较小，而制动时考虑到安全性，制动减速度会比较大。因此，期望加速度的限制在 $-4 \sim 2\mathrm{m/s^2}$ 之间。

通过式（4.23）中计算出来的期望加速度，就可以根据车辆纵向动力学模型得到期望的纵向合力。然后就可以通过驱动系统与制动系统的逆模型，得到对应的节气门开度和制动主缸压力，通过对制动踏板开度与主缸压力的标定，最终可以得到制动踏板开度。整个纵向速度控制系统的架构如图 4-6 所示。

由于实际道路中，道路坡度以及车辆质量的变化以及建模误差会对控制产生影响，因此，在控制过程中需要对加速度误差进行反馈控制，通常可以设计一个 PI 反馈控制器解决

上述问题

$$\Delta F = \left(K_{\mathrm{p}} + K_{\mathrm{I}} \right)\left(a_{\mathrm{ref}} - a_x \right) \tag{4.24}$$

式中，a_x 是实际的纵向加速度；K_{p}、K_{I} 为控制器的比例系数、积分系数，输出 ΔF 作为纵向力的控制补偿。

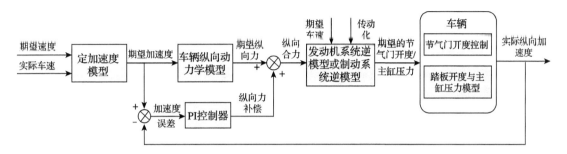

图 4-6 智能汽车速度跟随控制架构图

4.3 基于模型预测控制理论的轨迹跟随控制方法

4.3.1 模型预测控制算法概述

近年来，模型预测控制（Model Predictive Control，MPC）理论被广泛应用到智能汽车轨迹跟随控制中来，原因是它在处理约束和求解最优控制序列方面有着很明显的优势。MPC 控制器也称作滚动时域控制器，该控制器根据控制系统的动力学模型预测未来一段时间内系统的输出行为，同时考虑系统中各执行器的动态特性约束以及状态约束，通过求解带约束的最优控制问题，使得系统在未来一段时间内的跟踪误差最小，从而得到最优的控制输入。MPC 控制器的原理如图 4-7 所示。由于模型预测控制算法具有模型预测、滚动优化和反馈校正等优良特性，所以 MPC 控制器具有很好的自适应性以及鲁棒性。

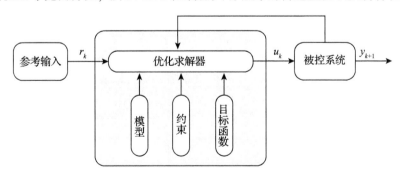

图 4-7 模型预测控制器原理图

MPC 的基本原理可概括为：在每个采样时刻，根据当前获得的当前测量信息，在线求解一个有限时域的开环优化问题，并将得到的控制序列的第一个元素作用于被控对象，在下一个采样时刻，重复上述过程，再用新的测量值刷新优化问题并重新求解。在线求解开环优化问题获得开环优化序列是模型预测控制与传统控制方法的主要区别。

求解以下优化问题

$$\min_{U_k} J\left[\boldsymbol{y}(k),\ \boldsymbol{U}_k\right] \tag{4.25}$$

需要满足以下约束

控制约束 $\boldsymbol{u}_{\min} \leqslant \boldsymbol{u}(k+i \mid k) \leqslant \boldsymbol{u}_{\max}$, $i = 0,\ 1,\ \cdots,\ p-1$

输出约束 $\boldsymbol{y}_{\min} \leqslant \boldsymbol{y}(k+i \mid k) \leqslant \boldsymbol{y}_{\max}$, $i = 1,\ 2,\ \cdots,\ p$

系统动力学约束 $\boldsymbol{x}(k+1) = f\left[\boldsymbol{x}(k),\ \boldsymbol{u}(k)\right]$, $\boldsymbol{x}(0) = \boldsymbol{x}_0$

$$\boldsymbol{y}(k) = h\left[\boldsymbol{x}(k),\ \boldsymbol{u}(k)\right] \tag{4.26}$$

式中，$\boldsymbol{J}$ 为优化目标；$\boldsymbol{U}_k$ 表示控制率；$\boldsymbol{y}(k)$ 为输出；p 为预测时域。

预测控制算法主要包括三个步骤：

1）预测系统未来动态。

2）数值求解优化问题。

3）将优化解的第一个元素（或第一部分）作用于系统。

由于约束的存在，我们难以得到优化问题的解析解，即得不到反馈律，故采用数值求解算法。

MPC 问题的求解跟最终建立的优化问题的目标函数的形式有很大的关系，对于线性约束优化问题，通常将其转换为二次规划法（QP）问题形式

$$\min_{U_k} \boldsymbol{U}(k)^{\mathrm{T}} - \boldsymbol{H}\boldsymbol{U}(k) + \boldsymbol{G}(k+1 \mid k)^{\mathrm{T}} - \boldsymbol{U}(k)$$

$$\text{s. t. } \boldsymbol{C}_u\boldsymbol{U}(k) \geqslant b(k+1 \mid k) \tag{4.27}$$

对于 QP 问题有多种成型的方法求解，常用的方法包括积极集法（active-set method）和内点法（interior – point method）等。而对于有非线性因素存在的，非线性预测控制器的求解最终可归结于非线性规划问题的求解，难以转换为 QP 问题，需采用数值方法求解。常用的数值方法是序列最小二次规划法（Sequential Quadratic Programming，SQP），这是一个基于梯度的迭代算法，有良好的收敛性。除此之外，还有诸如广义最小残差法和随机算法，如遗传算法（Genetic Algorithm，GA）、粒子群算法（Particle Swarm Optimization，PSO）等，这些算法都有其适用范围和局限性。

4.3.2 基于 MPC 的轨迹跟随控制

智能汽车的轨迹跟随问题，包括路径和速度跟随，都可以通过 MPC 控制实现。本节通过一种简单的 MPC 控制器设计，来阐述基于 MPC 的轨迹跟随控制器的设计方法。首先，为了建立 MPC 控制器，需要建立车辆纵横向耦合的车辆动力学模型

$$\begin{cases} \dot{X} = u\cos\phi - v\sin\phi \\ \dot{Y} = u\sin\phi - v\cos\phi \\ \dot{\varphi} = r \\ \dot{u} = a_x \\ \dot{v} = A_{11}v + A_{12}r + B_{11}\delta \\ \dot{r} = A_{21}v + A_{22}r + B_{21}\delta \end{cases} \tag{4.28}$$

其中

$$A_{11} = -\frac{C_{af} + C_{ar}}{M_{CG}u}, \quad A_{12} = -u + \frac{bC_{ar} - aC_{af}}{m_{CG}u}$$

$$A_{21} = \frac{bC_{ar} - aC_{af}}{I_Z u}, \quad A_{22} = -\frac{a^2 C_{af} + b^2 C_{ar}}{I_Z u}$$

$$B_{11} = \frac{C_{af}}{m_{CG}}, \quad B_{21} = \frac{aC_{af}}{I_Z}$$

对式（4.28）中的连续车辆模型进行离散化，通过离散化可以得到下面的离散化后的系统模型

$$\begin{cases} \boldsymbol{x}(t+1) = f[\boldsymbol{x}(t), \boldsymbol{u}(t)] \\ \boldsymbol{u}(t) = \boldsymbol{u}(t-1) + \Delta\boldsymbol{u}(t) \\ \boldsymbol{y} = \boldsymbol{C}\boldsymbol{x}(t) \end{cases} \quad (4.29)$$

其中

$$\boldsymbol{y} = \begin{bmatrix} X \\ Y \\ \psi \\ v_x \end{bmatrix} \quad \boldsymbol{C} = \begin{bmatrix} 1 & 0 & 0 & 0 & 0 & 0 \\ 0 & 1 & 0 & 0 & 0 & 0 \\ 0 & 0 & 1 & 0 & 0 & 0 \\ 0 & 0 & 0 & 1 & 0 & 0 \end{bmatrix} \quad (4.30)$$

为了使得在智能汽车的路径和速度的跟随过程中的路径误差和速度误差最小，可以选取下面的目标函数：

$$J(x, \Delta\boldsymbol{u}_t) = \sum_{i=1}^{H_p} (\boldsymbol{Q} \|\boldsymbol{y}_{t+i,t} - \boldsymbol{y}_{reft+i,i}\|^2) + \sum_{i=1}^{H_c-1} (\boldsymbol{R} \|\Delta\boldsymbol{u}_{t+i,t}\|^2 + S\|\boldsymbol{u}_{t+i,t}\|^2) \quad (4.31)$$

其中，在标准的 MPC 描述里，$\Delta\boldsymbol{u}_t = [\Delta\boldsymbol{u}_{t,t}, \cdots, \Delta\boldsymbol{u}_{t+H_c-1,t}]$ 表示 t 时刻下的优化控制输入，$\boldsymbol{y}_{t+i,t}$ 表示 $t+i$ 时刻下基于式（4.29）以及控制输入 $\Delta\boldsymbol{u}_{t,t}, \cdots, \Delta\boldsymbol{u}_{t+H_c-1,t}$ 的预测输出。H_p 和 H_c 分别代表了预测步长和控制步长。在 MPC 控制器设计中，$H_p > H_c$，而且当预测步长 i 满足 $H_c < i < H_p$，控制输入为一个定值，也就是 $\Delta\boldsymbol{u}_{t+i} = 0$，$\forall i > H_c$。参考输出 $\boldsymbol{y}_{ref} = [X \quad Y \quad \psi \quad v_{xref}]^T$ 代表了期望的轨迹输出。Q、R、S 分别代表了各部分的权重系数矩阵。目标函数中第一项反映了目标追踪的性能，第二项和第三项分别代表了控制输入和控制输入增量的效能。

在每一个时间步长内，就是求解下面的优化问题

$$\min_{\Delta\boldsymbol{u}_t} J(x, \Delta\boldsymbol{u}_t) \quad (4.32)$$

同时满足下面的约束

$$x_{k+1,t} = f(x_{k,t}, u_{k,t}), \quad k = t, \cdots, t + H_p - 1 \quad (4.32a)$$

$$u_{k,t} = u_{k-1,t} + \Delta u_{k,t}, \quad k = t, \cdots, t + H_c - 1 \quad (4.32b)$$

$$y_{k,t} = Cx_{k,t}, \quad k = t, \cdots, t + H_p - 1 \quad (4.32c)$$

$$u_{t-1,t} = u(t-1) \quad (4.32d)$$

$$u_{f,min} \leq u_{k,t} \leq u_{f,max}, \quad k = t, \cdots, t + H_p - 1 \quad (4.32e)$$

$$\Delta u_{\mathrm{f,min}} \leqslant \Delta u_{k,t} \leqslant \Delta u_{\mathrm{f,max}}, \quad k = t, \cdots, t + H_{\mathrm{c}} - 1 \tag{4.32f}$$

其中，式（4.32a）表示车辆的动力学模型约束，式（4.32e）限制了转向盘转角和车辆纵向加速度的幅值；式（4.32f）限制了转向盘转角的变化率和纵向加速度的变化率。我们用 $\Delta u_t^* = \left[\Delta u_{t,t}^*, \cdots, \Delta u_{t+H_{\mathrm{c}}-1,t}^*\right]^{\mathrm{T}}$ 来表示在 t 时刻下，根据当前状态 $x(t)$ 和前一时刻控制输入 $u(t-1)$ 求解以上优化问题所得到的最优的转向盘转角和加速度的控制增量。因此，下一时刻最优的转向盘和纵向加速度输入可以表示为

$$u(t) = u(t-1) + \Delta u_{t,t}^* \tag{4.33}$$

1. 线性时变的 MPC 控制器的设计

对于非线性模型的预测控制问题，优化求解的速度对控制器的性能是一个很大的负担，特别是对实时性要求很高的应用领域。鉴于此，人们研究了很多方法来提高 MPC 问题的求解速度。其中通过对非线性模型进行线性化或者进行近似线性化的方法来降低模型的复杂度，从而提高求解速度，被认为是一种非常有效的方法，而且最终的控制效果与采用非线性模型的 MPC 控制器十分接近。

一般的线性化过程可以表示如下：

对于非线性系统

$$\begin{cases} x(k+1) = f[x(k), u(k)] \\ u(k) = u_0 \\ x(k) = x_0 \end{cases} \tag{4.34}$$

经过连续的线性化，最终可以表达成下面的线性时变系统

$$\delta x(k+1) = A_{k,0}\delta x(k) + B_{k,0}\delta u(k) \tag{4.35}$$

其中，$A_{k,0}$ 和 $B_{k,0}$ 的定义分别如下

$$A_{k,0} = \frac{\partial f}{\partial x}\bigg|_{x_0(k),u(0)}, \quad B_{k,0} = \frac{\partial f}{\partial u}\bigg|_{x_0(k),u(0)} \tag{4.36}$$

$$\delta x(k) = x(k) - x_0(k), \quad \delta u(k) = u(k) - u_0(k) \tag{4.37}$$

式（4.37）所表示的线性时变系统就是非线性系统，即式（4.34）在状态 $x_0(k)$ 下的差分表达式。

为了提高 MPC 控制器的求解速度，在进行线性化的过程中，假设在每个控制时域内，$A_{k,t} = A_t$，$B_{k,t} = B_t$。根据以上的线性化过程，式（4.29）所描述的非线性模型可以表示成如下的线性化模型

$$\begin{cases} \dfrac{\mathrm{d}x}{\mathrm{d}t} = \boldsymbol{A}x + \boldsymbol{B}u + \boldsymbol{f}_0 \ (x_0, u_0) \\ \boldsymbol{y} = \boldsymbol{C}x \end{cases} \tag{4.38}$$

其中

$$A = \begin{bmatrix} 0 & 0 & -v_{x0}\sin\psi_0 - v_{y0}\cos\psi_0 & \cos\psi_0 & -\sin\psi_0 & 0 \\ 0 & 0 & v_{x0}\cos\psi_0 - v_{y0}\sin\psi_0 & \sin\psi_0 & \cos\psi_0 & 0 \\ 0 & 0 & 0 & 0 & 0 & 1 \\ 0 & 0 & 0 & 0 & 0 & 0 \\ 0 & 0 & 0 & 0 & A_{11} & A_{21} \\ 0 & 0 & 0 & 0 & A_{21} & A_{22} \end{bmatrix}$$

$$B = \begin{bmatrix} 0 & 0 \\ 0 & 0 \\ 0 & 0 \\ 1 & 0 \\ 0 & B_{21} \\ 0 & B_{22} \end{bmatrix} \qquad x = \begin{bmatrix} X & Y & \psi & v_x & v_y & w_r \end{bmatrix}^{\mathrm{T}}$$

其中, $f_0(x_0, u_0) = f(x_0, u_0) - Ax_0 - Bu_0$。

上述车辆动力学模型是一个典型的复杂非线性模型, 模型反映了车辆纵横向耦合特性, 模型的输入为车辆的纵向加速度与转向盘转角; 如果直接将动力学模型应用于 MPC 控制器设计, MPC 控制器的权重系数的设计将会变得非常困难, 这样就很难同时协调好纵向速度误差与侧向位置误差。而车辆的控制又对控制的时效性有较高的要求, 因此, 基于 MPC 的轨迹跟随控制器设计可以考虑通过近似线性化的方法进行。

同时, 在式 (4.38) 的模型中, 由于车辆的纵向速度与车辆的侧向动力学无关, 所以车辆的纵向速度控制可以基于车辆的纵向动力学单独控制来实现。而车辆的侧向动力学则与车辆的纵向速度存在耦合, 为了反映这种耦合关系, 在每个预测时域内, 由于时间比较短, 可以假定车辆的纵向加速度不变, 从而可以将当前车辆的加速度作为已知输入。这样就可以将原来的多输入多输出系统转化为单输入多输出系统, 以优化 MPC 控制器的设计以及效果。简化后的 MPC 的控制架构可以按照图 4-8 所示进行设计, $a_{x,\text{des}}$ 为期望纵向加速度, a_x 为实际纵向加速度, δ 为转向盘转角, α 为加速/制动踏板开度。

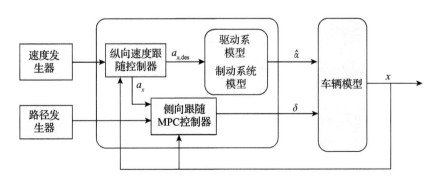

图 4-8 基于 MPC 的轨迹跟随控制架构

图 4-8 中的纵向速度跟随控制器可以采用 PID 控制器，侧向跟随 MPC 控制器可以采用线性时变的 MPC 控制器，此时纵向加速度作为 MPC 控制器的已知控制输入。

2. 考虑车辆的轮胎侧偏角约束

MPC 控制器的优势之一在于能够直接处理各种约束，能够将系统的控制量限定在一定范围之内，保证控制过程的稳定性。在进行车辆的 MPC 控制器设计时，需要考虑执行器的约束和轮胎力的约束，式（4.32）所建立的 MPC 控制器就比较全面地考虑了执行器的约束。除了考虑轮胎力饱和与轮胎侧偏角的关系，在轨迹跟随的过程中，根据路面的附着情况，还需要对轮胎侧偏角进行约束。

在车辆二自由度模型中，车辆前后轮的侧偏角可以表示为

$$\alpha_f = \frac{v + aw_r}{u} - \delta \tag{4.39}$$

$$\alpha_r = \frac{v - bw_r}{u} \tag{4.40}$$

所以，轮胎侧偏角的约束可以统一表示为

$$\alpha_{min} \leqslant \alpha_{f,r} \leqslant \alpha_{max} \tag{4.41}$$

式中，α_{max} 和 α_{min} 分别为轮胎侧偏角极限值的上限和下限。

根据轮胎模型，轮胎力饱和时轮胎侧偏角的大小与地面的附着情况有关，所以轮胎侧偏角极限值的确定需要考虑到地面附着的影响。此外，由于地面附着系数的估计存在误差，而且车辆行驶过程中载荷分布的变化都对轮胎力饱和情况下的轮胎侧偏角有影响，如果将轮胎侧偏角的约束设为硬约束，可能导致因轮胎侧偏角的极限值设置不合理而导致整个优化问题无解。因此，需要将轮胎侧偏角（$\alpha_{f,r}$）的约束转化为软约束

$$\alpha_{min} - \varepsilon \leqslant \alpha_{f,r} \leqslant \alpha_{max} + \varepsilon \tag{4.42}$$

式中，ε 为松弛因子，且 $\varepsilon \geqslant 0$。

结合以上公式，最终形成的包含各种约束的 MPC 控制器如下

$$J(x, \Delta u_t) = \sum_{i=1}^{H_p} \left(Q \| y_{t+i,t} - y_{reft+i,i} \|^2 \right) + \sum_{i=1}^{H_c-1} \left(R \| \Delta u_{t+i,t} \|^2 \right) + \sum_{i=1}^{H_p} \left(S \| u_{t+i,t} \|^2 \right) + \rho_{H_p} \varepsilon^2 \tag{4.43}$$

$$x_{k+1,t} = f(x_{k,t}, u_{k,t}), \quad k = t, \cdots, t + H_p - 1 \tag{4.43a}$$

$$u_{k,t} = u_{k-1,t} + \Delta u_{k,t}, \quad k = t, \cdots, t + H_c - 1 \tag{4.43b}$$

$$y_{k,t} = C x_{k,t}, \quad k = t, \cdots, t + H_p - 1 \tag{4.43c}$$

$$u_{t-1,t} = u(t-1) \tag{4.43d}$$

$$u_{f,min} \leqslant u_{k,t} \leqslant u_{f,max}, \quad k = t, \cdots, t + H_p - 1 \tag{4.43e}$$

$$\Delta u_{f,min} \leqslant \Delta u_{k,t} \leqslant \Delta u_{f,max}, \quad k = t, \cdots, t + H_c - 1 \tag{4.43f}$$

$$\alpha_{min} - \varepsilon \leqslant \alpha_{f,r} \leqslant \alpha_{max} + \varepsilon \tag{4.43g}$$

式中，$\rho_{H_p} \varepsilon^2$ 反映的是增加松弛因子对目标函数的影响，ρ_{H_p} 表示的是松弛因子的权重系数。

3. MPC 的二次规划问题求解

对于上面所建立的 MPC 控制器的求解，从数学的角度来看，其实就是求解一个带约束的优化问题。MPC 问题的求解跟最终建立的优化问题的目标函数的形式有很大的关系，由于上面的优化问题中优化目标是一个二次函数，所以可以看成是一个二次规划（QP）问题。对于标准的二次规划的问题，最常用的方法就是有效集法与内点法，通过将上述的 MPC 问题转化为标准的 QP 问题就可以采用积极集或内点法进行求解。

在建立 MPC 控制器的过程中，通常情况下是将 Δu_i 作为控制增量，这样做的好处是，不仅能直接对控制增量进行控制，也能防止执行过程中出现没有可行解的情况。这样的话，系统的模型就需要进行相应的变化，使得模型的控制输入为 Δu_i，而不是原来的 u_i。为了达到这个目的，引入新的状态变量 $\boldsymbol{\xi}(k)$

$$\boldsymbol{\xi}(k) = \begin{bmatrix} x(k) \\ u(k-1) \end{bmatrix} \tag{4.44}$$

则系统的模型变为

$$\boldsymbol{\xi}(k+1) = \widetilde{\boldsymbol{A}}_{k,t}\boldsymbol{\xi}(k) + \widetilde{\boldsymbol{B}}_{k,t}\Delta u(k,\ t) \tag{4.45}$$

$$\boldsymbol{y}_{k,t} = \widetilde{\boldsymbol{C}}_{k,t}\boldsymbol{\xi}(k) \tag{4.46}$$

其中

$$\widetilde{\boldsymbol{A}}_{k,t} = \begin{bmatrix} \boldsymbol{A}_{k,t} & \boldsymbol{B}_{k,t} \\ \boldsymbol{O} & \boldsymbol{I} \end{bmatrix},\ \widetilde{\boldsymbol{B}}_{k,t} = \begin{bmatrix} \boldsymbol{B}_{k,t} \\ \boldsymbol{I} \end{bmatrix},\ \widetilde{\boldsymbol{C}}_{k,t} = \begin{bmatrix} \boldsymbol{C}_{k,t} & \boldsymbol{O} \end{bmatrix}$$

经过上面的变换，控制输入与状态变量分别变成了 $\Delta u(k,\ t)$ 和 $\boldsymbol{\xi}(k)$。

求解以上问题的基本思路就是将所有未知的状态量 $\boldsymbol{x}_{k,t}$、输出量 $\boldsymbol{y}_{k,t}$ 用初始状态量 $\boldsymbol{x}_0$ 和控制输入量 $\{\Delta u_{i,t}\}_{i=0}^{k-1}$ 表示。为了推导方便，在下面的推导中，符号 A、B、C、u、x 分别代表新的 $\widetilde{\boldsymbol{A}}_{k,t}$、$\widetilde{\boldsymbol{B}}_{k,t}$、$\widetilde{\boldsymbol{C}}_{k,t}$、$\Delta u$、$\boldsymbol{\xi}$。目标函数主要有三部分，为了推导方便，分别用 ϕ_z、ϕ_u 和 $\phi_{\Delta u}$ 表示

$$\phi_z = \frac{1}{2}\sum_{i=1}^{H_p}\left(Q\|y_{t+i,t} - y_{\mathrm{reft}+i,i}\|^2\right) \tag{4.47}$$

$$\phi_u = \frac{1}{2}\sum_{i=1}^{H_p}\left(S\|u_{t+i,t}\|^2\right) = \frac{1}{2}\sum_{k=0}^{N}\|u_k\|_S^2 \tag{4.48}$$

$$\phi_{\Delta u} = \frac{1}{2}\sum_{i=1}^{H_c-1}\left(R\|\Delta u_{t+i,t}\|^2\right) = \frac{1}{2}\sum_{k=0}^{N}\|\Delta u_k\|_R^2 \tag{4.49}$$

下面分别介绍推导过程。

(1) $\phi_z = \frac{1}{2}\sum_{i=1}^{H_p}\left(Q\|y_{t+i,t} - y_{\mathrm{reft}+i,i}\|^2\right)$

首先，将式（4.38）中的模型用下面通用的形式来表达

$$\boldsymbol{x}_{k+1} = \boldsymbol{A}\boldsymbol{x}_k + \boldsymbol{B}\boldsymbol{u}_k \qquad k = 0,\ 1,\ \cdots,\ N-1 \tag{4.50}$$

$$z_k = C_z x_k \qquad k = 0, \ 1, \ \cdots, \ N \tag{4.51}$$

通过迭代，式（4.50）可以表示成如下的形式

$$x_1 = Ax_0 + Bu_0$$

$$x_2 = Ax_1 + Bu_1 = A(Ax_0 + Bu_0) + Bu_1 = A^2 x_0 + ABu_0 + Bu_1$$

$$x_3 = Ax_2 + Bu_2 = A(A^2 x_0 + ABu_0 + Bu_1) + Bu_2$$

$$\qquad = A^3 x_0 + A^2 Bu_0 + ABu_1 + Bu_2 \tag{4.52}$$

$$\vdots$$

$$x_k = A^k x_0 + A^{k-1} Bu_0 + A^{k-2} Bu_1 + \cdots + ABu_{k-2} + Bu_{k-1}$$

$$\qquad = A^k x_0 + \sum_{j=0}^{k-1} A^{k-1-j} Bu_j$$

将式（4.52）代入式（4.51）可得

$$z_k = C_z x_k$$

$$\qquad = C_z \left(A^k x_0 + \sum_{j=0}^{k-1} A^{k-1-j} Bu_j \right)$$

$$\qquad = C_z A^k x_0 + \sum_{j=0}^{k-1} C_z A^{k-1-j} Bu_j \tag{4.53}$$

$$\qquad = C_z A^k x_0 + \sum_{j=0}^{k-1} H_{k-j} u_j$$

其中，$H_i = \begin{cases} 0 & i < 1 \\ C_z A^{k-1-j} & Bi \geqslant 1 \end{cases}$

令 r_k 表示期望的输出，则 ϕ_z 式中的第一项可表示为 $\frac{1}{2} \| z_0 - r_0 \|_{Qz}^2$，它是一个常数，不会受控制变量的影响，所以 ϕ_z 可以表示成

$$\phi_z = \frac{1}{2} \sum_{k=1}^{N} \| z_k - r_k \|_Q^2 \tag{4.54}$$

为了使式（4.54）更紧凑，我们引入了向量矩阵 Z、R、U 如下

$$Z = \begin{bmatrix} z_1 \\ z_2 \\ z_3 \\ \vdots \\ z_N \end{bmatrix}, \ R = \begin{bmatrix} r_1 \\ r_2 \\ r_3 \\ \vdots \\ r_N \end{bmatrix}, \ U = \begin{bmatrix} u_1 \\ u_2 \\ u_3 \\ \vdots \\ u_N \end{bmatrix}$$

于是得到

$$\phi_z = \frac{1}{2} \| Z - R \|_Q^2 \tag{4.55}$$

其中

$$\boldsymbol{Q} = \begin{bmatrix} Q_z & & & & \\ & Q_z & & & \\ & & Q_z & & \\ & & & \ddots & \\ & & & & Q_z \end{bmatrix}$$

同样的情况，式（4.53）也可以表示成

$$\begin{bmatrix} z_1 \\ z_2 \\ z_3 \\ \vdots \\ z_N \end{bmatrix} = \begin{bmatrix} C_z A \\ C_z A^2 \\ C_z A^3 \\ \vdots \\ C_z A^N \end{bmatrix} x_0 + \begin{bmatrix} H_1 & 0 & 0 & \cdots & 0 \\ H_2 & H_1 & 0 & \cdots & 0 \\ H_3 & H_2 & H_1 & \cdots & 0 \\ \vdots & \vdots & \vdots & & \vdots \\ H_N & H_{N-1} & H_{N-2} & \cdots & H_1 \end{bmatrix} \begin{bmatrix} u_0 \\ u_1 \\ u_2 \\ \vdots \\ u_{N-1} \end{bmatrix}$$

同时令

$$\boldsymbol{\Phi} = \begin{bmatrix} C_z A \\ C_z A^2 \\ C_z A^3 \\ \vdots \\ C_z A^N \end{bmatrix}, \quad \boldsymbol{\Gamma} = \begin{bmatrix} H_1 & 0 & 0 & \cdots & 0 \\ H_2 & H_1 & 0 & \cdots & 0 \\ H_3 & H_2 & H_1 & \cdots & 0 \\ \vdots & \vdots & \vdots & & \vdots \\ H_N & H_{N-1} & H_{N-2} & \cdots & H_1 \end{bmatrix}$$

则

$$\boldsymbol{Z} = \boldsymbol{\Phi} \boldsymbol{x}_0 + \boldsymbol{\Gamma} \boldsymbol{U} \tag{4.56}$$

将式（4.56）代入式（4.55）得

$$\boldsymbol{\phi}_z = \frac{1}{2} \| \boldsymbol{\Gamma} \boldsymbol{U} - \boldsymbol{b} \|_Q^2 \quad \boldsymbol{b} = \boldsymbol{R} - \boldsymbol{\Phi} \boldsymbol{x}_0 \tag{4.57}$$

将式（4.57）展开，可以将 $\boldsymbol{\phi}_z$ 表示成下面的二次函数

$$\begin{aligned} \boldsymbol{\phi}_z &= \frac{1}{2} \| \boldsymbol{\Gamma} \boldsymbol{U} - \boldsymbol{b} \|_Q^2 \\ &= \frac{1}{2} (\boldsymbol{\Gamma} \boldsymbol{U} - \boldsymbol{b})' \boldsymbol{Q} (\boldsymbol{\Gamma} \boldsymbol{U} - \boldsymbol{b}) \\ &= \frac{1}{2} \boldsymbol{U}' \boldsymbol{\Gamma}' \boldsymbol{Q} \boldsymbol{\Gamma} \boldsymbol{U} - (\boldsymbol{\Gamma}' \boldsymbol{Q} \boldsymbol{b})' \boldsymbol{U} + \frac{1}{2} \boldsymbol{b}' \boldsymbol{Q} \boldsymbol{b} \end{aligned} \tag{4.58}$$

由于 $\frac{1}{2} \boldsymbol{b}' \boldsymbol{Q} \boldsymbol{b}$ 对最后求解最小值没有影响，所以可以不予考虑。

（2）$\phi_u = \dfrac{1}{2} \displaystyle\sum_{k=0}^{N} \| u_k \|_S^2$

为了将 u_k 表示成 Δu_k，引入下面的矩阵

$$K = \begin{bmatrix} 1 & 0 & 0 & \cdots & 0 \\ 1 & 1 & 0 & \cdots & 0 \\ 1 & 1 & 1 & \cdots & 0 \\ 1 & 1 & 0 & \cdots & 0 \\ \vdots & \vdots & \vdots & & \vdots \\ 1 & 1 & 1 & \cdots & 1 \end{bmatrix}, \quad M = K \otimes I$$

则

$$U = M\Delta U + U_{-1} \tag{4.59}$$

其中，符号 $\otimes$ 表示两个矩阵的克罗内克积；U、ΔU、U_{-1} 分别为控制量、控制增量和上一时刻实际控制量表示为

$$U = \begin{bmatrix} u_1 \\ u_2 \\ \vdots \\ u_n \end{bmatrix}, \quad \Delta U = \begin{bmatrix} \Delta u_1 \\ \Delta u_2 \\ \vdots \\ \Delta u_n \end{bmatrix}, \quad U_{-1} = \begin{bmatrix} u_{-1} \\ u_{-1} \\ \vdots \\ u_{-1} \end{bmatrix}$$

将式（4.59）代入 ϕ_u 可得

$$\phi_u = \frac{1}{2}(M\Delta U + U_{-1})^{\mathrm{T}} S(M\Delta U + U_{-1})$$

$$= \frac{1}{2}\Delta U^{\mathrm{T}}(M^{\mathrm{T}}SM)\Delta U + (U_{-1}^{\mathrm{T}}SM)\Delta U + \frac{1}{2}U_{-1}^{\mathrm{T}}SU_{-1} \tag{4.60}$$

（3）$\phi_{\Delta u} = \dfrac{1}{2}\displaystyle\sum_{k=0}^{N} \|\Delta u_k\|_R^2$

对于 $\phi_{\Delta u}$，很容易将它表示成 Δu_k 的形式

$$\phi_{\Delta u} = \frac{1}{2}\Delta U^{\mathrm{T}} R\Delta U \tag{4.61}$$

综合以上的方程，可得最终的优化目标函数如下

$$\min_{\Delta u} J = \phi_z + \phi_u + \phi_{\Delta u}$$

$$= \frac{1}{2}U'\Gamma'Q\Gamma U - (\Gamma'Qb)'U + \frac{1}{2}b'Qb + \frac{1}{2}\Delta U^{\mathrm{T}}(M^{\mathrm{T}}SM)\Delta U + (U_{-1}^{\mathrm{T}}SM)\Delta U +$$

$$\frac{1}{2}U_{-1}^{\mathrm{T}}SU_{-1} + \frac{1}{2}\Delta U^{\mathrm{T}} R\Delta U \tag{4.62}$$

由于 $\dfrac{1}{2}b'Qb$，$\dfrac{1}{2}U_{-1}^{\mathrm{T}}SU_{-1}$ 为常数，对最终的优化结果没有影响，所以式（4.62）可以表示成

$$\min_{\Delta u} J = \frac{1}{2}\Delta U^{\mathrm{T}}(\Gamma^{\mathrm{T}}Q\Gamma)\Delta U - (\Gamma^{\mathrm{T}}Qb)^{\mathrm{T}}\Delta U + \frac{1}{2}\Delta U^{\mathrm{T}}(M^{\mathrm{T}}SM)\Delta U +$$

$$(U_{-1}^{\mathrm{T}}SM)\Delta U + \frac{1}{2}\Delta U^{\mathrm{T}} R\Delta U + \rho_{H_p}\varepsilon^2$$

$$= \frac{1}{2}\Delta U^{\mathrm{T}} H\Delta U + g^{\mathrm{T}}\Delta U + \rho_{H_p}\varepsilon^2 \tag{4.63}$$

其中，海森矩阵 $\boldsymbol{H}$ 表示成

$$\boldsymbol{H} = \boldsymbol{\Gamma}^{\mathrm{T}} \boldsymbol{Q} \boldsymbol{\Gamma} + \boldsymbol{M}^{\mathrm{T}} \boldsymbol{S} \boldsymbol{M} + \boldsymbol{R} \tag{4.64}$$

梯度矩阵 g 表示成

$$\boldsymbol{g} = -\boldsymbol{\Gamma}^{\mathrm{T}} \boldsymbol{Q} \boldsymbol{b} + (\boldsymbol{U}_{-1}^{\mathrm{T}} \boldsymbol{S} \boldsymbol{M})^{\mathrm{T}} \tag{4.65}$$

式（4.62）中除了松弛因子部分外，其他所有的部分都已经转化成了标准的二次规划问题的形式。为了将松弛因子部分一并考虑在内，只需要对控制变量进行处理，即令

$$\tilde{\boldsymbol{U}} = \begin{bmatrix} \boldsymbol{U} \\ \boldsymbol{\varepsilon} \end{bmatrix}$$

则相应的海森矩阵和梯队矩阵为

$$\tilde{\boldsymbol{H}} = \begin{bmatrix} \boldsymbol{H} & 0 \\ 0 & \boldsymbol{I} \end{bmatrix}, \quad \tilde{\boldsymbol{g}} = \begin{bmatrix} \boldsymbol{g} \\ 0 \end{bmatrix}$$

最终的二次规划问题的形式为

$$\min_{\Delta u} J = \frac{1}{2} \Delta \tilde{\boldsymbol{U}}^{\mathrm{T}} \tilde{\boldsymbol{H}} \Delta \tilde{\boldsymbol{U}} + \boldsymbol{g}^{\mathrm{T}} \Delta \tilde{\boldsymbol{U}} \tag{4.66}$$

4. MPC 控制器的约束处理

与目标函数的处理思路一致，约束处理的方法也是将所有未知的状态量 $\boldsymbol{x}_k$ 用初始状态 $\boldsymbol{x}_0$ 和控制输入 $\{\Delta u_i\}_{i=0}^{k-1}$ 表示。

（1）控制输入的约束

将式（4.59）代入式（4.32e）得

$$\boldsymbol{U}_{\mathrm{f,min}} \leqslant \boldsymbol{M} \Delta \boldsymbol{U} + \boldsymbol{U}_{-1} \leqslant \boldsymbol{U}_{\mathrm{f,max}} \tag{4.67}$$

其中

$$\boldsymbol{U}_{\mathrm{f,min}} = \begin{bmatrix} u_{\mathrm{f,min}} \\ u_{\mathrm{f,min}} \\ \vdots \\ u_{\mathrm{f,min}} \end{bmatrix}, \quad \boldsymbol{U}_{\mathrm{f,max}} = \begin{bmatrix} u_{\mathrm{f,max}} \\ u_{\mathrm{f,max}} \\ \vdots \\ u_{\mathrm{f,max}} \end{bmatrix}$$

（2）轮胎侧偏角的约束

由式（4.39）和式（4.40）可知，轮胎侧偏角与车辆的状态有关。在每一个预测时域内，由于时间很短，可以假设车速不变，则轮胎侧偏角与车辆的状态 $\boldsymbol{x}$ 以及控制输入 $\Delta \boldsymbol{U}$ 有如下的关系：

$$\boldsymbol{\alpha}_{\mathrm{f}} = \frac{v + a w_{\mathrm{r}}}{u} - \delta = \boldsymbol{C}_{\alpha,\mathrm{f}} \boldsymbol{x} + \boldsymbol{D}_{\alpha,\mathrm{f}} \boldsymbol{U} = \boldsymbol{C}_{\alpha,\mathrm{f}} \boldsymbol{x} + \boldsymbol{D}_{\alpha,\mathrm{f}} (\boldsymbol{M} \Delta \boldsymbol{U} + \boldsymbol{U}_{-1}) \tag{4.68}$$

$$\boldsymbol{\alpha}_{\mathrm{r}} = \frac{v - b w_{\mathrm{r}}}{u} = \boldsymbol{C}_{\alpha,\mathrm{r}} \boldsymbol{x} \tag{4.69}$$

其中

$$\boldsymbol{C}_{\alpha,\mathrm{f}}=\frac{1}{u}\begin{bmatrix}0\\0\\0\\1\\0\\a\end{bmatrix},\ \boldsymbol{C}_{\alpha,\mathrm{f}}=\frac{1}{u}\begin{bmatrix}0\\0\\0\\0\\1\\b\end{bmatrix},\ \boldsymbol{D}_{\alpha,\mathrm{f}}=\begin{bmatrix}0\\1\end{bmatrix}$$

利用上面推导的车辆状态与控制输入的关系,就可以将轮胎侧偏角的约束完全表示成控制输入的函数。

4.4　考虑稳定性的轨迹跟随控制方法

车辆在良好路面上的轨迹跟随控制算法,能够通过控制加速踏板和制动踏板开度使得车辆跟随期望速度,通过控制转向盘转角使得车辆跟随期望路径。但是在某些考虑稳定性的情况,如路面附着系数较低时,上层规划算法给出的期望轨迹可能不尽合理,此时车辆模型处于严重非线性状态,且纵向特征、侧向特性高度耦合,如若按照原有算法或参数进行轨迹跟随控制,将会导致车辆失稳,这时便需要考虑行驶稳定性问题。在考虑稳定性时,为了防止车辆状态进入不稳定区域,轨迹跟随控制算法将变为多输入多输出(MIMO)架构,需要同时考虑速度跟随误差、路径跟随误差以及稳定性边界等问题,进行多目标协同控制。

4.4.1　极限工况的分析与选取

一般情况下,车辆极限工况是指轮胎与地面间的摩擦力合力超出一定的范围,导致地面无法提供维持车辆理想运动状态所需的摩擦力,因此运动状态发生改变致使行驶轨迹超出安全区域范围的危险工况。在轮胎模型建立后,为了研究方便,较多文献将轮胎纵向力 F_x、侧向力 F_y 与垂向力 F_z 的关系描述成轮胎力摩擦圆边界约束的数学不等式

$$\sqrt{F_x^2+F_y^2}\leqslant\mu F_z \tag{4.70}$$

式中,μ 为轮胎与地面间的摩擦系数。

轮胎摩擦圆边界约束指的是轮胎所受纵向力与侧向力的合力不超过轮胎垂向力作用下所形成的最大摩擦力,一旦车辆当前运动状态下所需的轮胎合力超出摩擦圆边界,将会导致无法维持理想运动状态的危险情况,车辆便进入了极限工况中。轮胎合力超出摩擦圆边界的原因一般有两类:一类是车速较高且车轮转角较大导致车辆侧向加速度较大,致使轮胎合力陡然增大,进而超出摩擦圆边界;另一类是在雨雪天气或冰面上行驶时,路面附着系数降低,导致摩擦圆边界缩小,进而无法提供车辆所需的轮胎合力。轮胎合力与摩擦圆边界的关系如图 4-9 所示,以轮胎摩擦圆作为边界可以将行驶环境分为极限和非极限工

况，也可将车辆分为不稳定和稳定状态。图 4 - 10 所示为某车型在不同路面附着系数下的摩擦圆边界图。

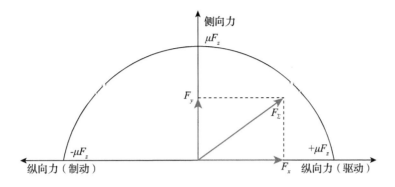

图 4 - 9　轮胎合力与摩擦圆边界关系

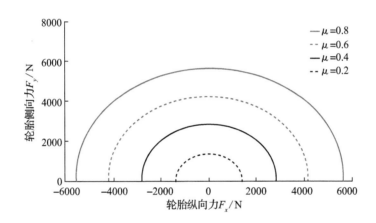

图 4 - 10　某车型在不同路面附着系数下的摩擦圆边界图

正常驾驶情况下，车速较高时驾驶人猛打转向盘导致车轮转角突然增大的情况较少出现，而在雨雪天气和冰雪路面中驾驶的工况却比较多见，即路面附着系数降低导致轮胎摩擦圆边界范围缩小，在轨迹跟随控制过程中，维持车辆理想运动状态所需的轮胎合力不足以被地面摩擦力所提供，车辆处于失稳或临界失稳状态。因此，需要对稳定性边界进行计算和分析，对上层规划算法给出的轨迹进行稳定性预判或修正，将轨迹跟随与稳定性进行协调控制，确保车辆时刻处于安全范围内，使车辆准确且稳定地跟随期望轨迹。

4.4.2　考虑稳定性的轨迹跟随控制架构

考虑稳定性的智能汽车轨迹跟随控制与传统的车辆稳定性控制有所不同。传统的稳定性控制系统（如 ESP、VSC 等）大多属于针对驾驶人的输入进行控制，即根据驾驶人输入信息和车辆当前状态信息对车辆进行稳定性判断，当车辆出现失稳表现后控制系统才起作用，通过四轮转向或附加横摆力矩控制等方式，使得车辆重新回到稳定状态。传统的稳定

性控制系统架构如图 4‒11 所示。

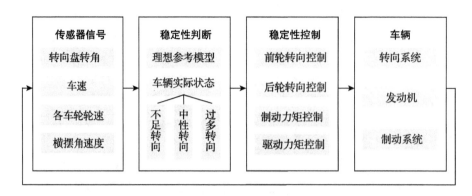

图 4‒11　稳定性控制系统架构图

而智能汽车的主动安全控制，从智能驾驶的角度来讲，在上层规划轨迹和车辆状态信息已知的情况下，控制系统自身应能够对未来驾驶状态进行准确预测和判断，必要时主动调节轨迹跟随控制参数，确保车辆在轨迹跟随过程中时刻处于稳定行驶状态，不应该出现失稳情况。因此，考虑稳定性的轨迹跟随控制研究思路是，首先建立考虑稳定性的多自由度车辆动力学模型，根据车辆运动状态信息计算轮胎纵向力、侧向力以及垂向力，并对当前路面附着系数进行辨识。其次，结合当前行驶环境的路面附着系数以及轮胎力计算轮胎摩擦圆边界，对上层规划算法给出的期望路径和车速进行稳定性判断，如果超出车辆稳定行驶边界便对期望车速进行修正，保证侧向加速度处于合理范围之内，轮胎侧向力小于摩擦圆边界。最后，根据速度跟随误差以及路径跟随误差得到期望控制量，对控制量进行稳定性边界限制，修正轨迹跟随控制过程中的期望加速度，进而修正加速踏板角度以及制动主缸压力，确保反映到轮胎上的实际纵向力与侧向力的合力处于摩擦圆边界内，车辆时刻保持稳定行驶状态。

4.4.3　考虑稳定性的车辆状态估算

1. 三自由度车辆动力学模型

为了分析车辆考虑了稳定性的运动特性，需要建立三自由度车辆动力学模型。相比二自由度模型而言，纵向速度 u 不再是常量，前轮转角 δ 不满足转动较小的假设，模型具有非线性特性。这里不考虑车身的俯仰与侧倾运动，假设左右前轮转角相等，仅考虑沿 x 轴的纵向运动、沿 y 轴的侧向运动以及绕 z 轴的横摆运动。

图 4‒12 所示为三自由度车辆模型示意图，其中 F_{xi} 为轮胎纵向力，F_{yi} 为轮胎侧向力，$i = 1，2，3，4$ 分别表示车辆左前、右前、左后、右后车轮，B_L 为轮距。

由牛顿力学可知，车辆三个方面自由度的导数 $\dot{u}$、$\dot{v}$、$\dot{\omega}_r$ 与受到的外力沿 x 轴的合力 $\sum F_X$、沿 y 轴的合力 $\sum F_Y$、绕 z 轴的合力矩 $\sum M_Z$ 的关系分别为

$$\begin{cases} \dot{u} = v\omega_r + \dfrac{1}{m}\sum F_X \\[2mm] \dot{v} = -u\omega_r + \dfrac{1}{m}\sum F_Y \\[2mm] \dot{\omega}_r = \dfrac{1}{I_Z}\sum M_Z \end{cases} \tag{4.71}$$

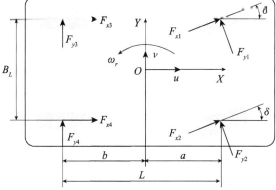

图 4 - 12　三自由度车辆模型示意图

根据图 4 - 12 可确定车辆受到的外力沿 x 轴的合力 $\sum F_X$、沿 y 轴的合力 $\sum F_Y$、绕 z 轴的合力矩 $\sum M_Z$ 的表达式分别为

$$\begin{cases} \sum F_X = (F_{X1} + F_{X2})\cos\delta - (F_{Y1} + F_{Y2})\sin\delta + F_{X3} + F_{X4} \\[1mm] \sum F_Y = (F_{Y1} + F_{Y2})\cos\delta + (F_{X1} + F_{X2})\sin\delta + F_{Y3} + F_{Y4} \\[1mm] \sum M_Z = a(F_{Y1} + F_{Y2})\cos\delta + a(F_{X1} + F_{X2})\sin\delta - b(F_{Y3} + F_{Y4}) + \\[1mm] \quad (B_L/2)(F_{X1} - F_{X2})\cos\delta - (B_L/2)(F_{Y1} - F_{Y2})\sin\delta + \\[1mm] \quad (B_L/2)(F_{X3} - F_{X4}) \end{cases} \tag{4.72}$$

轮胎纵向力 F_{Xi} 一般与发动机驱动转矩、滚动阻力、空气阻力、制动器制动力矩等有关，可以通过操纵加速踏板开度或制动踏板开度对其进行控制。而轮胎侧向力 F_{Yi} 与轮胎垂向载荷 F_{Zi}、路面附着系数 μ 以及轮胎侧偏角 α_i 有关。

各个轮胎侧偏角大小与纵向速度、侧向速度、横摆角速度以及前轮转角相关，可由下式进行计算

$$\begin{cases} \alpha_1 = \arctan\left(\dfrac{v + a\omega_r}{u - 0.5B_L\omega_r}\right) - \delta \\[3mm] \alpha_2 = \arctan\left(\dfrac{v + a\omega_r}{u + 0.5B_L\omega_r}\right) - \delta \\[3mm] \alpha_3 = \arctan\left(\dfrac{v - b\omega_r}{u - 0.5B_L\omega_r}\right) \\[3mm] \alpha_4 = \arctan\left(\dfrac{v - b\omega_r}{u + 0.5B_L\omega_r}\right) \end{cases} \tag{4.73}$$

根据魔术公式轮胎模型，可以获得考虑稳定性的轮胎侧向力 F_{Yi} 与轮胎侧偏角 α_i 的非线性关系式表达如下

$$F_{Yi} = \min\left[\left(k_{m1}\alpha_i - k_{m2}\alpha_i^3\right),\ \mu F_{Zi}\right] \tag{4.74}$$

式中，min 函数表示轮胎侧向力的饱和特性。参数 k_{m1} 与 k_{m2} 是根据魔术公式轮胎模型，依据泰勒展开而推导获得的，其表达式如下

$$\begin{cases} k_{m1} = DCB \\ k_{m2} = \dfrac{DECB^3}{3} + \dfrac{DCB^3}{3} + \dfrac{DC^3B^3}{6} \end{cases} \tag{4.75}$$

式（4.75）为轮胎侧向力非线性表达式，对侧向力与侧偏角的关系进行三次多项式描述，同时进行轮胎摩擦圆饱和约束，使其在保留轮胎线性特性的同时适当地考虑了非线性特性，能够较好地表征轮胎侧向力与侧偏角的关系。

将式（4.73）~式（4.75）联立，得到各个轮胎侧向力 F_{Yi} 的表达式，再将其代入式（4.72）中，获得三个方面自由度合外力的表达式。最后联立式（4.71），则可建立三自由度非线性车辆动力学模型。该模型的输入输出示意图如图 4-13 所示。

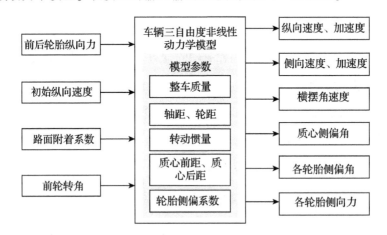

图 4-13　三自由度非线性车辆动力学模型输入输出示意图

2. 轮胎垂向力计算

三自由度车辆动力学模型建立之后，为了计算轮胎摩擦圆边界，需要计算各个轮胎的垂向力 F_{Zi}。分别对后轮、前轮接地点取力矩，可得前后轮胎垂向合力分配关系式如下

$$\begin{cases} (F_{Z1} + F_{Z2})L = mgb - ma_x h_g \\ (F_{Z3} + F_{Z4})L = mga + ma_x h_g \end{cases} \tag{4.76}$$

同理，分别对右轮、左轮接地点取力矩，可得左右轮胎垂向合力分配关系式如下

$$\begin{cases} (F_{Z1} + F_{Z3})B = mgB/2 - ma_y h_g \\ (F_{Z2} + F_{Z4})B = mgB/2 + ma_y h_g \end{cases} \tag{4.77}$$

联立式（4.76）与式（4.77），可得到各个轮胎的垂向力计算公式表达如下

$$\begin{cases} F_{Z1} = \dfrac{mgb}{2L} - \dfrac{ma_xh_g}{2L} - \dfrac{ma_ybh_g}{B_LL} \\[2mm] F_{Z2} = \dfrac{mgb}{2L} - \dfrac{ma_xh_g}{2L} + \dfrac{ma_ybh_g}{B_LL} \\[2mm] F_{Z3} = \dfrac{mga}{2L} + \dfrac{ma_xh_g}{2L} - \dfrac{ma_yah_g}{B_LL} \\[2mm] F_{Z4} = \dfrac{mga}{2L} + \dfrac{ma_xh_g}{2L} + \dfrac{ma_yah_g}{B_LL} \end{cases} \tag{4.78}$$

式（4.78）中的车辆纵向加速度 a_x 与侧向加速度 a_y 均为带符号量，可用下式进行计算

$$\begin{cases} a_x = \dot{u} - \omega_r v \\ a_y = \dot{v} + \omega_r u \end{cases} \tag{4.79}$$

忽略车辆瞬态过程，可用纵向加速度 a_x、侧向加速度 a_y 结合车辆尺寸参数估算各个轮胎的垂向力。

一般情况下，在进行估算算法推导之后，需要对估算的效果进行验证，为了验证轮胎垂向力计算公式的准确性，利用智能化仿真软件 PanoSim 中车辆模型的垂向力输出结果与之对比，给定转向盘转角阶跃输入，期望车速设定 60km/h，得到稳态圆周行驶时公式计算垂向力与模型输出垂向力的对比结果，如图 4-14 所示：

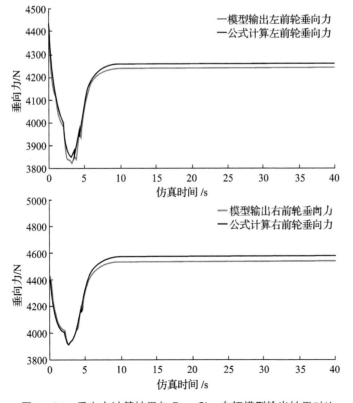

图 4-14　垂向力计算结果与 PanoSim 车辆模型输出结果对比

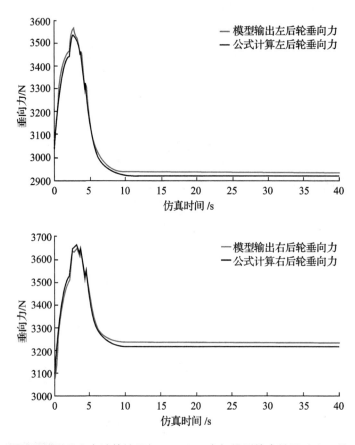

图 4 - 14　垂向力计算结果与 PanoSim 车辆模型输出结果对比（续）

通过图 4 - 14 所示的对比结果可以看出，仿真过程中公式计算的各个轮胎垂向力与模型输出的结果吻合度较高，能够反映出车辆平面运动过程中的载荷转移特性。

3. 轮胎侧向力计算

为了分析车辆稳定性，需要对比轮胎合力与摩擦圆边界的大小，因而也需要计算各个轮胎的侧向力 F_{Yi} 与纵向力 F_{Xi}。侧向力计算过程可参照前文所述的二自由度车辆动力学模型，忽略纵向力对侧向运动的影响，将侧向力与其所产生的侧向加速度、横摆角加速度表达如下

$$\begin{cases} (F_{Y1} + F_{Y2})\cos\delta + (F_{Y3} + F_{Y4}) = ma_y \\ a(F_{Y1} + F_{Y2})\cos\delta - b(F_{Y3} + F_{Y4}) = I_Z\dot{\omega}_r \end{cases} \quad (4.80)$$

进而可得前后轮侧向合力 F_{YF_tatal}、F_{YR_tatal} 的表达式如下

$$\begin{cases} F_{YF\_total} = (F_{Y1} + F_{Y2}) = \dfrac{mba_y + I_Z\dot{\omega}_r}{L\cos\delta} \\ \\ F_{YR\_total} = (F_{Y3} + F_{Y4}) = \dfrac{maa_y - I_Z\dot{\omega}_r}{L} \end{cases} \quad (4.81)$$

考虑左右轴荷转移的影响，记前轮转移系数为 Δk_f，后轮转移系数为 Δk_r，其各自的表达式为

$$
\begin{cases}
\Delta k_\mathrm{f} = \dfrac{2Lh_g a_y}{B_L(bg - h_g a_x)} \\[3mm]
\Delta k_\mathrm{r} = \dfrac{2Lh_g a_y}{B_L(bg + h_g a_x)}
\end{cases}
\tag{4.82}
$$

代入前后轮轴荷转移系数后，可得到各个轮胎侧向力计算公式表达如下

$$
\begin{cases}
F_{Y1} = 0.5F_{YF\_total}(1 - \Delta k_\mathrm{f}) \\
F_{Y2} = 0.5F_{YF\_total}(1 + \Delta k_\mathrm{f}) \\
F_{Y3} = 0.5F_{YR\_total}(1 - \Delta k_\mathrm{r}) \\
F_{Y4} = 0.5F_{YR\_total}(1 + \Delta k_\mathrm{r})
\end{cases}
\tag{4.83}
$$

为了验证轮胎侧向力计算公式的准确性，同样利用智能化仿真软件 PanoSim 中车辆模型的侧向力输出结果与之对比，给定转向盘转角阶跃输入，期望车速设定 60km/h，得到稳态圆周行驶时公式计算侧向力与模型输出侧向力的对比结果，如图 4-15 所示。

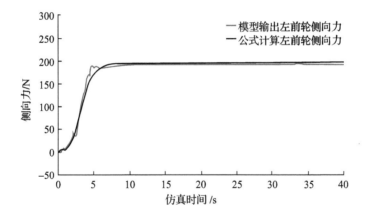

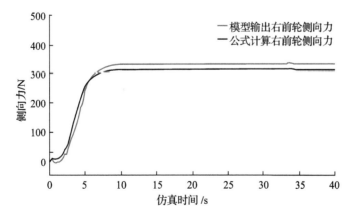

图 4-15 侧向力计算结果与 PanoSim 车辆模型输出结果对比

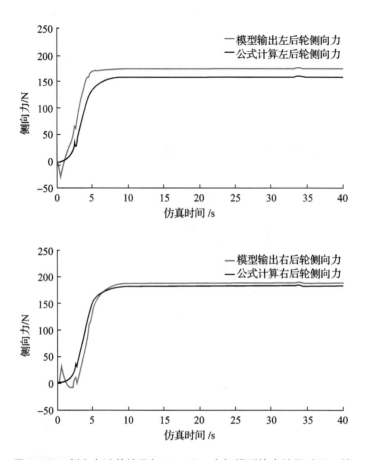

图 4 - 15 侧向力计算结果与 PanoSim 车辆模型输出结果对比（续）

通过图 4 - 15 所示的对比结果可以看出，仿真过程中公式计算的各个轮胎侧向力与模型输出的结果吻合度较高，能够反映出车辆侧向运动过程中的载荷转移特性。

4. 轮胎纵向力计算

为了对比轮胎合力与摩擦圆边界的大小，也需要计算各个轮胎的纵向力 F_{Xi}。纵向力计算过程可参照前文所述的纵向动力学驱动和制动模型，忽略侧向力对纵向运动的影响，在驱动过程中不考虑坡度阻力，在制动过程中不考虑滚动阻力以及空气阻力，将纵向力与其所产生的纵向加速度表达如下

$$\begin{cases} F_{X\_total\_T} = Gf + \dfrac{C_D A}{21.15} u_a^2 + ma_x \text{（驱动过程）} \\ F_{X\_total\_B} = m|a_x| \qquad\qquad \text{（制动过程）} \end{cases} \tag{4.84}$$

在驱动过程中，对一般的前轮驱动车辆而言，纵向力主要由两个前轮胎作用产生，同样考虑左右轴荷转移的影响，可得到驱动过程各个轮胎纵向力计算公式表达如下

$$\begin{cases} F_{X1} = 0.5F_{X\_total\_T}(1 - \Delta k_f) \\ F_{X2} = 0.5F_{X\_total\_T}(1 + \Delta k_f) \\ F_{X3} = F_{Z3}f \\ F_{X4} = F_{Z4}f \end{cases} \tag{4.85}$$

在制动过程中，对于一般考虑理想制动器制动力分配的车辆而言，各个轮胎纵向制动力分配比例与垂向力分配比例相等，故而可根据轮胎垂向力计算结果，结合式（4.84）估计轮胎纵向力，其表达式如下

$$\begin{cases} F_{X1} = F_{X\_total\_B}(F_{Z1}/F_{Z1} + F_{Z2} + F_{Z3} + F_{Z4}) \\ F_{X2} = F_{X\_total\_B}(F_{Z2}/F_{Z1} + F_{Z2} + F_{Z3} + F_{Z4}) \\ F_{X3} = F_{X\_total\_B}(F_{Z3}/F_{Z1} + F_{Z2} + F_{Z3} + F_{Z4}) \\ F_{X4} = F_{X\_total\_B}(F_{Z4}/F_{Z1} + F_{Z2} + F_{Z3} + F_{Z4}) \end{cases} \tag{4.86}$$

5. 路面附着系数估计方法

路面附着系数的估计对于智能汽车轨迹跟随控制具有重要意义，国内外已经有大量方法能够较为准确地估算出路面附着系数，一般可将其分为两类：一类是直接测量的方法，如利用超声波或光波反射信息识别当前路面附着系数；另一类是间接测量的方法，如利用转向力矩或滑移率估算路面附着系数。这些算法中有的依赖较高成本的传感器，有的依赖较精确的轮胎模型，推广和适应性不高。本节介绍一种较为简便且相对准确的路面附着系数估计方法，即当轮胎垂向力、侧向力和纵向力计算获得后，可根据路面附着系数的定义，结合轮胎综合滑移率计算和估计当前路面的附着系数。

每个车轮的利用附着系数定义如下

$$\mu_i = \frac{\sqrt{F_{Xi}^2 + F_{Yi}^2}}{F_{Zi}} \tag{4.87}$$

利用附着系数与路面附着系数不同，其数值可变，范围在 0 与路面附着系数 μ_0 之间。由于 μ_i 可变，若想利用 μ_i 估计 μ_0，需要在车辆处于侧滑工况时建立一定的更新机制，同时当车轮利用附着系数降低为 0 时，保持其所估计的 μ_0 不变。一般而言左右前轮纵向力变化范围较大，因而选择左右前轮的利用附着系数平均值对路面附着系数进行估计。

首先给定初始路面附着系数 $\mu_2 = 0$，根据轮胎力计算左右前轮平均利用附着系数 μ_1。当 $\mu_1 > \mu_2$ 时，更新路面附着系数 $\mu_0 = \mu_1$；当 $\mu_1 \leqslant \mu_2$ 时，平均利用附着系数可能由于车辆处在缓变速状态致使其不能反映出当前路面附着系数，而维持 $\mu_0 = \mu_2$ 不变。

接着计算轮胎综合滑移率 s_0，其公式表达如下

$$s_0 = \frac{1}{2}\left[\frac{|u - r\omega_1|}{\max(u, r\omega_1)} + \frac{|u - r\omega_2|}{\max(u, r\omega_2)} \right] \tag{4.88}$$

式中，ω_1、ω_2 分别为左右前轮轮速；分母取车速与轮边速度最大值的目的是防止综合滑移率计算出现大于 1 的情况发生。

当 μ_0 更新后，需要判断此时车辆综合滑移率 s_0 的大小。如果 $s_0 > 0.3$，说明此时车轮

处于严重侧滑工况中，路面附着系数瞬间降低，应更新此时的路面附着系数 $\mu_0 = \mu_1$，防止车辆由高附着路面进入低附着路面时 μ_0 不能被及时更新的情况发生。综上所述，路面附着系数估计流程如图 4-16 所示。

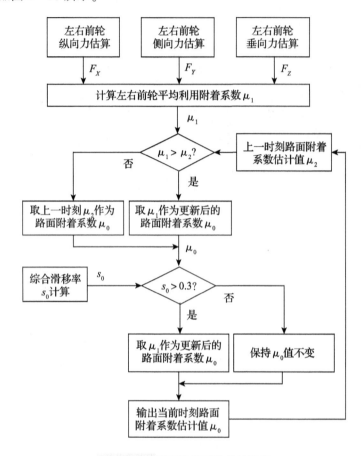

图 4-16　路面附着系数估计流程

4.4.4　考虑稳定性边界的轨迹跟随控制算法

通过车辆状态估算，能够在车辆行驶过程中获得各个轮胎垂向力 F_{zi} 以及路面附着系数 μ。为了保证车辆状态时刻处于稳定区域内，需要在轨迹跟随控制过程中对各个轮胎纵侧向合力进行限制，令其处于摩擦圆边界之内。而为了对轮胎合力进行稳定性边界限制，首先应计算各个轮胎的稳定性边界。

1. 稳定性边界计算

在轨迹跟随控制过程中，上层规划算法会同时给出期望路径以及期望速度。一般而言，期望路径是按照前方障碍物信息或实际行驶任务所规划出的最佳合理路径，因此跟随优先级较高，应尽量保证车辆对期望路径的最大跟随能力。而且当轮胎侧向力超出摩擦圆边界时容易导致危险情况发生，因而在极限工况中首先应对轮胎侧向力进行稳定性边界限

制，使车辆能够优先准确且稳定地跟随期望路径。将前轮侧向合力和后轮侧向合力分别作为整体进行稳定性边界分析，有如下表达式

$$
\begin{cases}
\left| (F_{Y1} + F_{Y2}) \right| \leqslant \mu (F_{Z1} + F_{Z2}) \\
\left| (F_{Y3} + F_{Y4}) \right| \leqslant \mu (F_{Z3} + F_{Z4})
\end{cases}
\tag{4.89}
$$

将式（4.78）以及式（4.81）代入式（4.89）中，可得

$$
\begin{cases}
\left| \dfrac{mba_y + I_Z \dot{\omega}_r}{L\cos\delta} \right| \leqslant \mu \dfrac{mgb - ma_x h_g}{L} \\
\left| \dfrac{maa_y - I_Z \dot{\omega}_r}{L} \right| \leqslant \mu \dfrac{mga + ma_x h_g}{L}
\end{cases}
\tag{4.90}
$$

忽略非稳态项的影响，令上式中 $\dot{\omega}_r = 0$，整理上式可得

$$
|a_y| \leqslant \frac{\mu mgL\cos\delta}{(mb + ma\cos\delta)}
\tag{4.91}
$$

当式（4.91）中 δ 较小时，$\cos\delta = 1$，上式便简化为人们所熟知的 $|a_y| \leqslant \mu g$。该式即为轮胎侧向力的稳定性边界，以侧向加速度作为被限制量，表征了在极限工况中轮胎侧向力处于稳定性边界内的最大路径跟随能力。

轮胎侧向力的稳定性边界获得后，为了保证轮胎合力时刻处于摩擦圆边界之内，还应该计算轮胎纵向力稳定性边界。一般而言在驱动或制动工况中，左右前轮纵向力变化范围较大，容易导致轮胎合力超出摩擦圆边界，因而以左右前轮纵向力进行分析计算稳定性边界。

经过式（4.91）对轮胎侧向力进行稳定性限制之后，摩擦圆边界之内剩余的轮胎纵向力可以全部用于发挥车辆的加速或减速性能，计算公式如下

$$
\begin{cases}
F_{X1\_lim} = \sqrt{(\mu F_{Z1})^2 - F_{Y1}^2} \\
F_{X2\_lim} = \sqrt{(\mu F_{Z2})^2 - F_{Y2}^2}
\end{cases}
\tag{4.92}
$$

式中，F_{X1_lim}、F_{X2_lim} 分别为左右前轮在稳定性边界之内所能发挥出的最大轮胎纵向力限值；F_{Z1}、F_{Z2} 分别为轮胎垂向力计算结果；F_{Y1}、F_{Y2} 分别为轮胎侧向力计算结果。

同样以纵向加速度作为被限制量，忽略后轮纵向力对整车加速度的影响，根据式（4.92）可以得到轮胎纵向力的稳定性边界为

$$
|a_x| \leqslant \frac{\sqrt{(\mu F_{Z1})^2 - F_{Y1}^2} + \sqrt{(\mu F_{Z2})^2 - F_{Y2}^2}}{m}
\tag{4.93}
$$

式（4.93）即为轮胎纵向力的稳定性边界，以纵向加速度作为被限制量，表征了在极限工况中，轮胎纵向力处于稳定性边界内的最大速度跟随能力。

2. 基于轮胎侧向力边界约束的期望车速修正方法

一般情况下，上层规划算法给出的期望车速可能并未考虑实际道路的路面附着系数，因此需要在考虑稳定性时对其进行修正处理。经过前文侧向力稳定性边界的计算，能够通过限制侧向加速度进而限制轮胎侧向力处于摩擦圆边界之内，在保证车辆稳定行驶状态的

同时使得车辆发挥最大的路径跟随能力。在路径跟随过程中，忽略非稳态项的影响，侧向加速度一般与纵向车速和期望路径曲率有关，可用下式进行计算

$$a_y = \frac{u^2}{R} = u^2 \rho \tag{4.94}$$

为了保证控制系统路径跟随的最佳性能，上层算法给出的期望路径曲率一般不可改变，因此，为了保证侧向加速度处于稳定范围之内，需要对期望速度进行稳定性限制和修正。当式（4.91）中 δ 较小时，该式便简化为 $|a_y| \leqslant \mu g$，以此作为实际控制应用过程中侧向加速度的最大限值，可以得到期望车速的修正值计算式如下

$$u_{\text{des}} \leqslant \sqrt{\frac{\mu g}{\rho + 0.001}} \tag{4.95}$$

式（4.95）中分母作加 0.001 处理的目的是防止直线行驶时路径曲率较小导致除零的现象发生。

在实际路径跟随控制过程中，期望路径曲率可能会存在突变情况，即由直线行驶路段进入弯道行驶路段，假设直线路段与弯道路段衔接工况如图 4-17 所示，车辆此时处于直线路段的 A 点处。为了保证车辆进入弯道后实际车速能够满足式（4.95）的限制，不仅在当前位置 A 点处依据式（4.95）有速度限制，还需要在直线路段到达 B 点前进行提前减速，对期望车速进行二次修正处理。

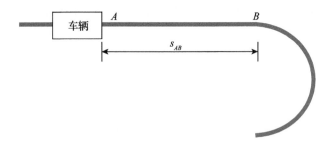

图 4-17　直线路段与弯道路段衔接工况示意图

设车辆在直线路段 A 点的期望车速为 u_A，在弯道路段 B 点的期望车速为 u_B，AB 两点间距离为 s_{AB}，则由匀减速运动学理论可得如下公式

$$u_A^2 - u_B^2 = 2a_{\lim} s_{AB} \tag{4.96}$$

式中，$a_{\lim}$ 为在当前路面附着系数下车辆所能发挥出的最大减速度数值。取制动系统最大制动强度的 80%，$a_{\lim}$ 可用下式进行计算

$$a_{\lim} = 0.8\mu g \tag{4.97}$$

联立式（4.71）和式（4.72），可以求得为了能够在 B 点处速度达到限制车速 u_B，需要车辆在直线路段 A 点处提前降速的期望车速为 u_A 的计算式如下

$$u_A = \sqrt{1.6\mu g s_{AB} + u_B^2} \tag{4.98}$$

因此，经过二次修正后的期望车速表达式变为求三个速度的最小值，即

$$u_{\text{des}} = \min\left[u_{\text{hope}}, \sqrt{\frac{\mu g}{\rho_A + 0.001}}, \sqrt{1.6\mu g s_{AB} + \frac{\mu g}{\rho_B + 0.001}}\right] \tag{4.99}$$

式中，u_{hope} 为上层算法给出的期望速度；ρ_A 为车辆当前位置 A 点处的路径曲率；ρ_B 为弯道位置 B 点处的路径曲率。

按照式（4.99）给出的修正期望车速进行路径跟随控制，可使轮胎侧向力处于摩擦圆边界之内，在保证车辆稳定行驶的同时，使得车辆在极限工况中拥有最佳的路径跟随能力。

3. 基于轮胎纵向力边界约束的控制量修正方法

对上层规划算法给出的期望车速进行二次规划，保证轮胎侧向力处于摩擦圆边界之内。但如果在速度跟随过程中车辆加速度数值过大，将会导致轮胎合力超出摩擦圆边界而引发车辆失稳，因此需要利用轮胎纵向力稳定性边界对轮胎力进行进一步限制。经过纵向力稳定性边界的计算，能够通过限制纵向加速度进而限制轮胎纵向力处于摩擦圆边界之内，在保证车辆稳定行驶状态的同时，使得车辆发挥最大的速度跟随能力。一般而言，速度跟随过程的控制量为加速踏板开度或制动主缸压力，因此需要对二者进行限制，以便保证轮胎纵向力处于稳定边界内。

每一个模型运行周期内，速度跟随控制算法的上位控制器会根据期望速度与实际速度的误差，计算得到一个期望加速度 a_{x_hope}，在考虑稳定性时，为了保持车辆稳定行驶状态，需要对该加速度进行稳定性边界限制，结合式（4.93）所给出的结果，实际传递至下位控制器中的期望加速度绝对值为

$$a_{\text{des}} = \min\left[\left|a_{x\_\text{hope}}\right|, \frac{\sqrt{(\mu F_{Z1})^2 - F_{Y1}^2} + \sqrt{(\mu F_{Z2})^2 - F_{Y2}^2}}{m}\right] \tag{4.100}$$

修正后的期望加速度传递至下位控制器中，而后利用车辆纵向动力学逆模型对其进行控制量转换，生成实际需要的加速踏板开度/制动主缸压力，可以获得修正后的速度跟随控制算法实际控制量如下

$$\begin{cases} \alpha_e = \text{MAP}^{-1}\left[\dfrac{\left(Gf + \dfrac{C_D A}{21.15}u_a^2 + ma_{\text{des}}\right)r}{i_g i_0 \eta_T}, \dfrac{60u_a i_g i_0}{7.2\pi r}\right] （驱动模式） \\[4mm] p_c + P_I(p_c) = \dfrac{m\left|a_{\text{des}}\right|r}{\pi\left(D_1^2 f_M R_{M1} + D_2^2 f_M R_{M2}\right)} （制动模式） \end{cases} \tag{4.101}$$

考虑稳定性边界的轨迹跟随控制算法架构如图 4-18 所示。该方法能够在车辆未超出稳定性边界的情况下提前对车辆状态进行干预和修正，确保车辆时刻处于稳定区域内。另外，考虑稳定性的控制系统的纵向特性和侧向特性已经耦合在一起，模型变为 MIMO 架构。在轨迹跟随控制过程中，需要同时考虑速度跟随误差、路径跟随误差以及稳定性边界问题，必要时修正上层规划算法给出的期望跟随量以及控制量，在确保车辆稳定行驶的同时，使得车辆发挥最大的轨迹跟随能力。

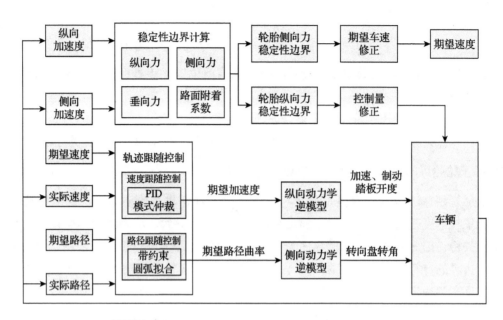

图 4-18 考虑稳定性边界的轨迹跟随控制算法架构图

4.5 智能汽车轨迹跟随控制算法仿真实例

本节应用汽车智能驾驶模拟仿真平台 PanoSim,对轨迹跟随控制算法进行全面综合仿真验证。PanoSim 是一款集高精度车辆动力学模型、行驶环境模型、传感模型、驾驶人模型等于一体、与 Matlab/Simulink 无缝链接并支持离线与实时仿真功能的汽车智能驾驶一体化模拟仿真平台,旨在为汽车智能化技术的开发提供高效和高精度的测试和验证。在传统道路试验周期长、成本高、可复现性差等问题面前,PanoSim 提供了有效的智能化模拟仿真解决方案。PanoSim 作为控制算法仿真验证平台,主要包括以下优点:

1)PanoSim 拥有高精度车辆动力学模型,集成了传动系统模型、行驶系统模型、转向和制动系统模型、发动机模型、悬架模型、空气动力学模型、高精度轮胎模型等,共计有 27 个自由度,能够全面反映和表征车辆的非线性和耦合特性,且能够进行极限工况下车辆性能的仿真与分析。

2)PanoSim 拥有行驶环境模型和高精度传感器模型,能够全面模拟道路、天气、障碍物、交通信号灯等信息,同时支持 V2X 通信,为车联网方面的研究提供了技术支持。另外,PanoSim 中的雷达模型、摄像头模型和 GPS 模型能够精确反映车辆相对和绝对位置信息,为智能驾驶规划决策和控制算法提供了准确输入。

3)PanoSim 拥有界面友好的三维动画显示器、场景编辑器、车辆编辑器以及试验数据处理器,且支持一键 open MDL 模型,与 Matlab/Simulink 无缝链接,模型搭建和数据监测过程简便易操作,接口定义丰富且操作便捷,能够轻松自定义仿真工况与算法模型。

应用 PanoSim 智能驾驶仿真平台对轨迹跟随控制算法进行仿真分析,控制算法架构在

Simulink 环境下搭建，其中车辆动力学逆模型由 PanoSim 车辆模型逆向提供，因而轨迹跟随控制算法模型精度较高。搭建道路场景设定期望路径和期望车速的模型界面如图 4 - 19 所示。

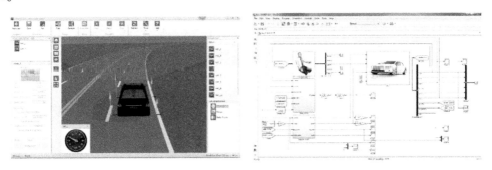

图 4 - 19　PanoSim 仿真平台轨迹跟随控制算法模型界面

对极限工况下的轨迹跟随控制算法进行研究，分析与选取典型极限工况作为研究对象，计算稳定性边界并对期望车速和加速度进行修正，确保车辆始终处于稳定行驶状态。为了验证控制算法的有效性，利用 PanoSim 仿真平台设置附着系数为 0.2 的极限工况，以双移线作为期望路径输入，通过仿真得到的仿真结果，如图 4 - 20 所示。

考虑稳定性边界限制的控制算法能够对期望车速进行二次修正，在车辆到达易失稳路段前进行降速处理，保证轮胎合力处于稳定性边界之内，在确保车辆具有行驶稳定性的前提下，使得车辆发挥最大的轨迹跟随能力，实际横摆角速度的跟随特性也较好，路径跟随精度较高，仿真结果体现出了考虑稳定性边界的轨迹跟随控制算法在极限工况下的控制优势。

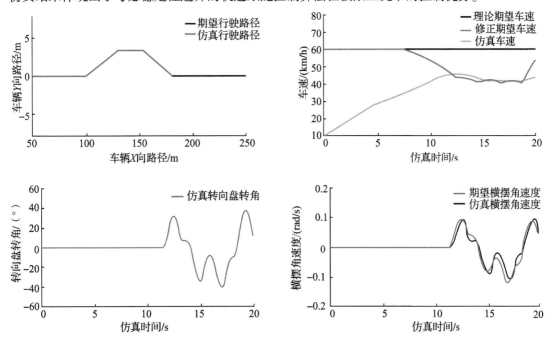

图 4 - 20　PanoSim 仿真平台双移线极限工况有控制仿真结果

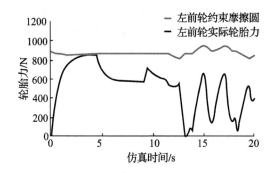
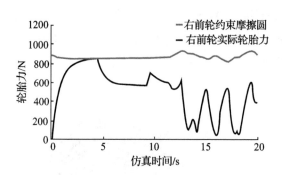

图 4-20 PanoSim 仿真平台双移线极限工况有控制仿真结果（续）

思考题

1. 请分析最优转向盘转角与道路的曲率半径是否有关。

2. 概述多点预瞄控制原理。

3. 在采用经典的 PD 控制律来实现航向角误差的反馈控制中，对微分项进行饱和处理的方法有哪些？

4. 简述基于最优预瞄理论的轨迹跟随控制方法。

5. 简述基于模型预测控制理论的轨迹跟随控制方法。

6. 轮胎侧偏角等轮胎特性对车辆动力学模型的影响有哪些？

7. 在考虑稳定性的轨迹跟随控制中，车辆稳定性主要考虑哪几个方面？

第5章
典型智能汽车系统

根据自动化等级，智能汽车可以分为部分驾驶辅助、组合驾驶辅助、有条件自动驾驶、高度自动驾驶和完全自动驾驶等几个层级。本章介绍几种典型的智能汽车系统。

5.1 纵向驾驶辅助系统

5.1.1 自适应巡航控制系统

自适应巡航控制（Adaptive Cruise Control，ACC）系统是一种典型的纵向驾驶辅助系统，其利用雷达、摄像头等车载传感器感知主车周围环境，提取感兴趣的目标车辆，按照主车与目标车之间的相对运动状态判断系统工作模式，然后通过算法控制自车驱动、制动系统，实现车辆纵向的定速巡航或安全跟车功能。ACC 系统在缓解驾驶疲劳、降低交通事故、改善交通流量等方面具有重要意义，是目前智能汽车技术中的一项成熟功能，在众多量产车型上得到了广泛应用。

1. ACC 系统控制架构与模式划分

ACC 系统的控制架构主要包括统一式和分层式两种。统一式控制架构建立了车辆运动状态与纵向驱动/制动的映射关系，通过设计控制算法直接根据雷达等传感数据计算期望的驱动/制动命令；分层式控制架构中将 ACC 策略划分为一系列独立的子问题分别解决，通常将 ACC 算法分为上层的决策层和下层的控制层，决策层根据雷达等传感信息计算得到期望的纵向加速度，控制层根据车辆纵向动力学逆模型，将期望加速度转换为加速和制动的控制信号。由于不同车辆间的动力学特性差异显著，统一式控制架构在模型匹配和系统鲁棒性方面存在明显不足，在实际应用中具有较大限制。分层式控制架构中各子问题功能明确，设计清晰，是当前 ACC 系统的主流设计思路。

典型的 ACC 系统架构如图 5-1 所示，系统可以分为信号采集（Signal Collecting，SC）、信号处理（Signal Processing，SP）、信号执行（Signal Actuating，SA）和信号显示（Signal Displaying，SD）四个主要部分。

研究人员提出多模式控制架构，即根据两车间运动状态将 ACC 系统决策过程划分为两个或多个工作模式，分别针对各工作模式设计相应的期望加速度决策算法，实现车间距和车速的稳态跟踪。根据前方目标车辆对主车行驶是否存在影响而将 ACC 工作模式划分为巡

航模式和跟随模式是模式划分中最典型的方法。

ACC 系统工作时,当主车前方无行驶车辆时,主车将处于巡航行驶状态,ACC 系统按照设定的行驶车速对车辆进行匀速控制;当主车前方有目标车辆且目标车辆的行驶速度小于主车的行驶速度时,ACC 系统将控制主车进行减速,确保两车间的距离为预先设定的安全距离;当 ACC 系统将主车的速度减至理想的目标值之后采用跟随控制,与目标车辆以相同的速度行驶;当前方的目标车辆发生移线或主车移线行驶使得主车前方又无行驶车辆时,ACC 系统将对主车进行加速控制使主车恢复至预先设定的行驶速度,在恢复行驶速度后,ACC 系统又恢复对主车的匀速控制。四种典型操作如图 5-2 所示。

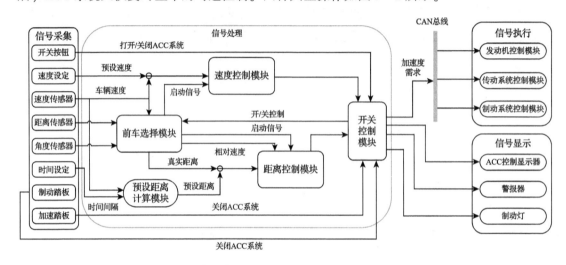

图 5-1 自适应巡航控制系统架构

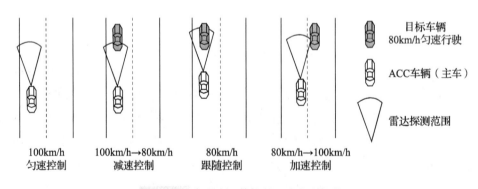

图 5-2 自适应巡航控制系统典型操作

对应的控制方式分别为车速控制和车距控制,通常根据两车间距和相对速度相位图实现两种控制模式之间的切换。

最简单的模式切换策略是基于相对距离的切换,即当主车前方一定距离范围内没有目标车时,ACC 系统处于巡航模式工作状态,当前方目标车与主车的距离小于设置的理想车间距时,切换至距离控制模式工作状态,如图 5-3 所示,图中 RH 为理想车间距。基于距离的切换策略设计简单,但是系统只有在前车侵入到一定范围内时才开始响应,较为迟钝，舒适性差，且容易导致相对车间距小于安全距离。在模式切换策略中引入相对速度状态量，依据相对车速和车间距进行模式切换能够有效提高系统性能，其切换过程如图 5-4所示，图中（0，RH）点为给定车速下的理想跟车控制状态，此状态下两车间相对速度为0，根据车辆间的相对状态将工作模式划分为车速控制的巡航模式、车距控制的跟随模式以及间距过小时的安全控制模式。

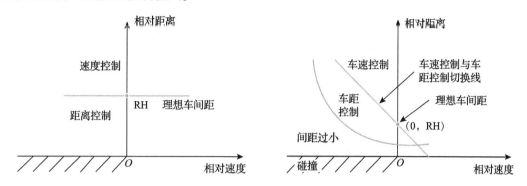

图 5-3　相对距离-相对速度状态图　　　图 5-4　基于相对距离-相对速度状态的模式划分

2. ACC 系统安全距离模型

在 ACC 系统的设计过程中，安全距离算法是其核心内容。不同控制系统的算法在具体表达上可能存在些许差异，但其本质都是计算车辆安全跟随距离。通过得到的跟随距离实时控制本车与前车的车距，保证本车的安全行驶。

基于车头时距的安全距离模型是应用比较广泛的跟车模型，该模型表示跟随车的期望跟车距离与车辆速度具有一定的线性关系，即

$$D_1 = v_{F0} t_h + l \tag{5.1}$$

式中，D_1 为安全距离；v_{F0} 为跟随车车速；t_h 为跟车时距；l 为安全裕度，即跟随车停车后与同车道前车之间的安全距离。

上述计算过程在实际应用过程中存在较大的不足，需要对其进行一定的改进。

图 5-5 所示为制动过程车辆减速度的变化图，其中 t_r 和 t_c 分别是驾驶人反应时间和消除制动间隙时间，$t_r + t_c$ 一般取 0.8~1.0s，此过程车辆做匀速运动；t_i 是制动减速度增大时间，一般取 0.1~0.2s，该过程车辆的制动减速度随时间线性增大；t_p 是制动持续时间，此时车辆的制动减速度达到最大值 a_{max}，且保持不变，车辆做匀减速运动。设定车辆初始速度为 v_0，在 $t_r + t_c$、t_i 和 t_p 阶段车辆行驶的距离分别为 s_1、s_2 和 s_3，车辆总制动距离为 S，则

$$\begin{cases} s_1 = v_0(t_r + t_c) \\ s_2 = \int_0^{t_i} \left(v_0 - \frac{a_{max}}{2t_i} t^2 \right) \mathrm{d}t = v_0 t_i - \frac{a_{max} t_i^2}{6} \\ s_3 = \frac{v_p^2}{2a_{max}} = \frac{v_0^2}{2a_{max}} - \frac{v_0 t_i}{2} + \frac{a_{max} t_i^2}{8} \\ S = s_1 + s_2 + s_3 = v_0 \left(t_r + t_c + \frac{t_i}{2} \right) + \frac{v_0^2}{2a_{max}} - \frac{a_{max} t_i^2}{24} \end{cases} \tag{5.2}$$

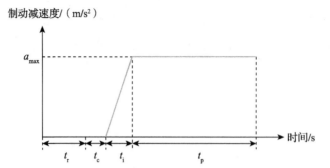

图 5-5　制动过程车辆减速度变化图

由于制动减速度增大时间值很小，$a_{max}t_i^2/24$ 值就会很小，因此忽略该项后车辆的制动距离为

$$S = s_1 + s_2 + s_3 = v_0\left(t_r + t_c + \frac{t_i}{2}\right) + \frac{v_0^2}{2a_{max}} \tag{5.3}$$

基于上述分析，分别考虑前车静止、前车匀速运动以及前车匀减速运动三种情况下车辆的跟车安全距离，假设 L 和 F 分别为同车道上的前车和跟随车，其初始车速分别为 v_{L0} 和 v_{F0}，最大制动减速度分别为 a_{Lmax} 和 a_{Fmax}。

（1）前车静止工况

此工况下，前车速度为零，故前车的行驶距离为：$S_L = 0$；跟随车的制动距离为：$S_F = v_{F0}\left(t_r + t_c + \frac{t_i}{2}\right) + \frac{v_{F0}^2}{2a_{max}}$；为使两车不发生碰撞，跟随车的安全跟车距离为

$$D_2 = v_{F0}\left(t_r + t_c + \frac{t_i}{2}\right) + \frac{v_{F0}^2}{2a_{Fmax}} + l \tag{5.4}$$

（2）前车匀速运动工况

1）跟随车车速大于前车车速。此工况中，只要跟随车车速降低至与前车等速时，二者不发生追尾碰撞，即可保证跟车安全。在此过程，前车运动状态不变，保持匀速行驶，其行驶距离为：$S_L = v_{L0}(t_r + t_c + t_i) + v_{L0}\left(\dfrac{v_{F0} - v_{L0}}{a_{Fmax}} - \dfrac{t_i}{2}\right)$；为了确保行车安全，跟随车必须制动，其制动距离为：$S_F = v_{F0}\left(t_r + t_c + \dfrac{t_i}{2}\right) + \dfrac{v_{F0}^2 - v_{L0}^2}{2a_{Fmax}}$，因此跟随车的安全跟车距离为

$$D_2 = (v_{F0} - v_{L0})\left(t_r + t_c + \frac{t_i}{2}\right) + \frac{(v_{F0} - v_{L0})^2}{2a_{Fmax}} + l \tag{5.5}$$

2）跟随车车速小于前车车速。此工况属于安全跟驰状态，因此跟随车和前车只要保持正常安全裕度的距离，便能确保安全，即 $D_2 = l$。

（3）前车匀减速运动工况

此工况中，设定跟随车车速高于前车车速。由于前车是在有准备的情况下做匀减速运动，属于主动减速，因此不需要经过驾驶人反应时间和消除制动间隙的协调时间；而跟随车是在前车减速之后，才做出相应的制动措施，具有一定的延迟，因此需要经过驾驶人反应时间和消除制动间隙的协调时间，故前车的制动距离为：$S_\mathrm{L} = v_\mathrm{L0}\dfrac{t_\mathrm{i}}{2} + \dfrac{v_\mathrm{L0}^2}{2a_\mathrm{Lmax}}$；跟随车的制动距离为：$S_\mathrm{F} = v_\mathrm{F0}\left(t_\mathrm{r} + t_\mathrm{c} + \dfrac{t_\mathrm{i}}{2}\right) + \dfrac{v_\mathrm{F0}^2}{2a_\mathrm{Fmax}}$；为确保安全，跟随车的安全跟车距离为

$$D_2 = v_\mathrm{F0}(t_\mathrm{r} + t_\mathrm{c}) + \frac{(v_\mathrm{F0} - v_\mathrm{L0})t_\mathrm{i}}{2} + \frac{v_\mathrm{F0}^2}{2a_\mathrm{Fmax}} - \frac{v_\mathrm{L0}^2}{2a_\mathrm{Lmax}} + l \tag{5.6}$$

3. 个性化 ACC 系统

目前的 ACC 系统设计模式较为单一，对所有驾驶人"一视同仁"，忽略了驾驶人的个性化需求及其对系统的干涉和影响，从而降低了驾驶人对产品的满意度和使用率。在实际跟车过程中，不同类型驾驶人的驾驶行为具有显著差异。激进型驾驶人往往趋向于采取较大的加/减速度，且跟车间距保持较近；保守型驾驶人倾向于采取较为平缓的加速和制动操作，同时保持较大的跟车距离。间距策略较大、控制策略较平稳的 ACC 系统会使激进型驾驶人心情烦躁，而间距策略较小、控制策略响应迅速的 ACC 系统又会使保守型驾驶人心情紧张，这些不习惯和不舒适都会降低驾驶人对 ACC 系统的满意度和接受度。

图 5-6 所示为基于驾驶人驾驶习性的个性化 ACC 系统架构。

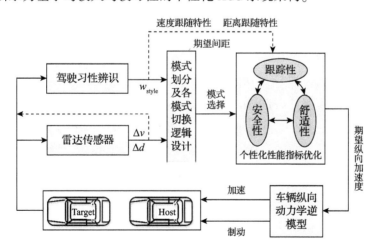

图 5-6 基于驾驶人驾驶习性的个性化自适应巡航控制系统架构

不同类型驾驶人在稳定跟车阶段的车头间距不同，其与车头时距的关系可表示为

$$d_\mathrm{des} = v_\mathrm{h}\tau_\mathrm{des} + \Delta d_0 \tag{5.7}$$

式中，d_des 是期望的跟车间距；v_h 为主车纵向车速；τ_des 为期望的跟车时距；Δd_0 为最小的安全车距。通过驾驶人行为特征辨识结果在线调节 τ_des，以达到适应当前驾驶人驾驶习性

智能汽车技术

的控制目标。

图5-7所示为各类型驾驶人跟车时距的统计情况，图中三条横线分别对应25%分位数、50%分位数和75%分位数，圆点为样本数据均值，与聚类中心数值一致。可以看出，三种类型驾驶人的跟车时距分布差异明显，其均值分别为1.84s、1.23s和0.74s。根据不同类型驾驶人的跟车时距特征，可以设定不同的ACC系统控制策略，从而优化驾驶人的驾驶体验，提高系统的舒适性及满意度。

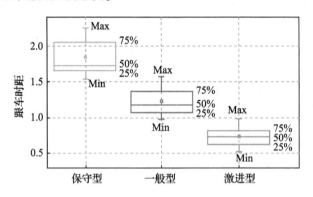

图5-7　各类型驾驶人跟车时距统计

5.1.2　自动紧急制动系统

自动紧急制动（Autonomous Emergency Braking，AEB）系统可在紧急工况下实现车辆的主动制动，可以有效降低车辆追尾事故的发生率，在改善车辆行车安全性上具有显著功效。

1. AEB系统组成及功能原理

AEB系统的功能层次如图5-8所示，根据车辆行驶工况的紧急程度可将其分为相应的三个层次：①前方碰撞预警（Collision Warning System，CWS），此时车辆即将进入危险工况，系统将通过声觉预警等方式将危险工况告知驾驶人，提醒驾驶人能够及时主动控制车辆，避免事故发生；②制动辅助（Dynamic Brake Support，DBS），系统辅助驾驶人进行车辆预制动，在驾驶人主动制动时补偿驾驶人的制动不足；③自动紧急制动（Autonomous Emergency Braking，AEB），在碰撞即将发生时，系统自动完成车辆的全力制动，从而避免碰撞或减轻碰撞后果。

图5-8　AEB系统功能层次

AEB 系统主要由感知系统、决策系统、执行系统和人机界面（Human Machine Interaction，HMI）组成，其系统架构如图 5-9 所示。其中，感知系统的作用是实时观测车辆前方路况信息，主要包括摄像头、雷达传感器等；决策系统主要为 AEB 控制器，其控制算法决定了系统对工况判断的覆盖程度，以及对复杂情况的决策合理性和给驾驶人带来的主观感受；执行系统包括驱动控制和制动控制系统等；人机界面主要包括开关、蜂鸣器等报警设备。

汽车正常行驶时，利用车载雷达/摄像头扫描主车前方交通区域，探测前方目标物与本车的相对距离和方位，结合本车的车辆状态，做出相应的决策。当系统检测到车辆前方可能会出现碰撞危险时，通过蜂鸣器、语音提示或制动顿挫感来提醒驾驶人采取必要的措施；如果距离过近或计算出当前车速太高时，系统将进行第二层的干预，提升制动主缸压力，使车速减缓；当发现紧急碰撞危险难以避免时，系统将完全制动直至停车，以保证车辆的安全性。

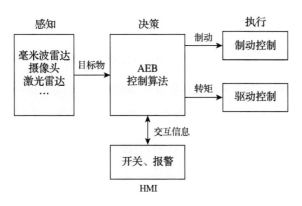

图 5-9 AEB 系统架构

2. AEB 系统分级策略结构

AEB 系统分级预警机制结构如图 5-10 所示。当本车车速 v_0 小于阈值 Δ_1 时，AEB 系统不工作；当本车车速大于阈值 Δ_1 时，AEB 系统首先判断前车的行驶状态。当前车车速 v_t 小于最小车速阈值 Δ_2 时，则认为前方车辆处于静止状态，针对前车静止工况，AEB 系统会采用与之相应的一套安全距离模型；而当前方车速大于最小速度阈值 Δ_2 时，则认为前方车辆处于运动状态，此时 AEB 系统会采用另一套安全距离模型。在每种安全距离模型中，AEB 系统功能均由行车环境的紧急程度分为四个层次，当车距较远，没有潜在碰撞风险时，AEB 系统不工作；当实时车距 S 达到声觉预警安全距离阈值 S_w 时，AEB 系统进入视觉和声觉预警阶段；当车距 S 进一步达到轻度制动安全距离阈值 S_d 时，AEB 系统进入辅助制动阶段（触觉预警），在该阶段驾驶人可以通过对制动踏板的操作取代 AEB 系统对车辆的控制；但当车距小于紧急制动安全距离阈值 S_b 时，车辆进入紧急制动阶段。

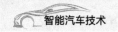

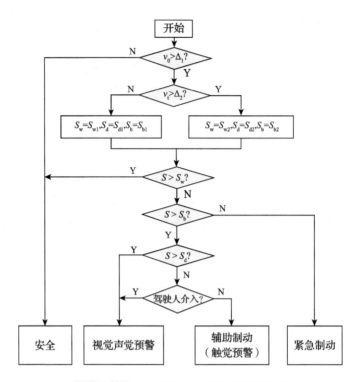

图 5-10　AEB 系统分级预警机制结构图

AEB 系统在四个等级安全预警机制中设置了三个安全距离阈值 S_w、S_d、S_b，图 5-11～图 5-13 所示为安全距离阈值示意图。

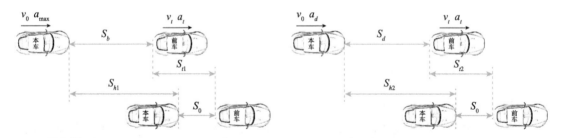

图 5-11　紧急全力制动安全车距阈值　　　　图 5-12　轻度制动安全车距阈值

S_{h1} 为紧急制动工况下，本车由紧急制动指令发送时刻起至减速至前车车速时所行驶的路程，S_{t1} 为该段时间内前方车辆行驶的距离，S_0 为本车减速至前方车辆车速时，两车的安全车间距。由此可得车辆紧急全力制动安全车距阈值 S_b 的表达式如下

$$S_b = S_{h1} - S_{t1} + S_0 \qquad (5.8)$$

S_{h2} 为轻度制动工况下，本车由辅助制动指令发送时刻起至减速至前车车速时，本车行驶的路程（该路程包含 S_{h1}），根据前车的行驶工况不同，S_{h2} 有不同的距离模型，S_{t2} 为该段时间内前方车辆行驶的距离（该路程包含 S_{t1}）。由此可得车辆辅助制动安全车距阈值 S_d 的表达式如下

$$S_d = S_{h2} - S_{t2} + S_0 \qquad (5.9)$$

图 5-13 所示为 AEB 系统安全距离阈值 S_w 与 S_d 及 S_b 的关系示意图，S_w 的表达式如下

$$S_w = S_d + v_0 t_w \tag{5.10}$$

式中，t_w 为设定的声觉预警时间。

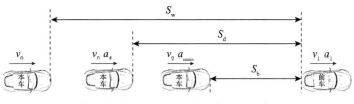

图 5-13 AEB 系统安全距离阈值示意图

5.2 侧向驾驶辅助系统

5.2.1 车道偏离预警系统

车道偏离预警（Lane Departure Warning，LDW）系统可以辅助驾驶人驾驶车辆在正确车道中行驶，当驾驶人因分神、疲劳等原因导致所驾驶的汽车发生无意识偏离车道时，LDW 系统能够及时向驾驶人发出预警信号，进而提醒驾驶人及时采取操作以避免车辆偏离当前车道。

1. 车道偏离预警系统总体架构

车道偏离预警系统主要包括车道偏离判断和预警模块。当车道偏离预警系统开启时，传感器会时刻采集车辆行驶数据，当检测到车辆偏离车道时，传感器会及时判断驾驶人的操作状态，若车辆存在偏出风险且驾驶人无换道意图，预警模块会及时发出警报提醒驾驶人，从而为驾驶人提供更多的反应时间。

LDW 系统总体架构如图 5-14 所示。

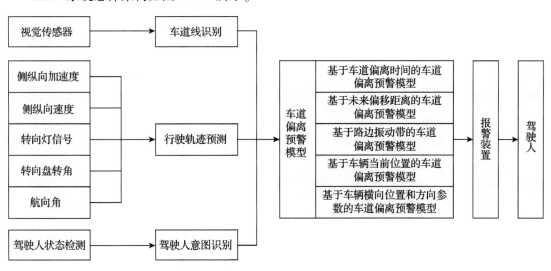

图 5-14 车道偏离预警系统总体架构

2. 车道偏离预警模型

典型的车道偏离预警模型主要有基于车道偏离时间的预警模型、基于路边振动带的预警模型、基于车辆当前位置的预警模型以及基于车辆横向位置和方向参数的车道偏离预警模型等。

（1）基于车道偏离时间的车道偏离预警模型

基于车道偏离时间（Time to Lane Crossing，TLC）的车道偏离预警模型通过车辆的运动参数以及车辆位置信息计算出车辆从当前位置到驶出车道线所需的时间，即车道偏离时间，将车道偏离时间与预先设定的预警阈值进行比较，当车道偏离时间小于预警阈值时，系统会发出预警以提示驾驶人采取回正操作来纠正车辆的运动方向。

假设车辆在偏离车道时偏航角没有变化，以向右偏离为例，车辆在直线车道行驶的状态如图 5-15 所示。

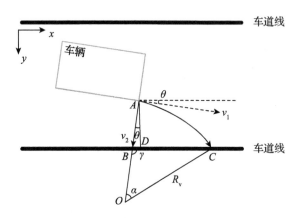

图 5-15　车道偏离预警模型

图 5-15 中 v_1 表示车辆前进方向上的行驶速度，A 点代表车辆的右前轮的位置，R_v 代表车辆在偏离车道时所行驶轨迹的曲率半径，α 表示车辆从开始产生偏离到汽车的右前轮接触到车道边界线过程中形成的弧长所对应的圆心角，θ 表示车辆行驶过程中车辆的偏航角，弧长 AC 的大小 D_x 表示车辆右前轮的运动轨迹，图中 C 点表示车辆在偏离车道时右前轮的行驶轨迹和车道边界线的交接点。规定车辆的纵向行驶方向为坐标系中 x 轴的正方向，坐标系 y 轴垂直于 x 轴，y 轴的正方向如图中所示。基于图中几何关系及运动定律，可计算得到弧长 AC 的大小 D_x

$$D_x = R_v \alpha = \frac{v_1}{\omega} \alpha \tag{5.11}$$

式中，ω 表示车辆的横摆角速度。因为 v_1、ω 可通过传感器获取，所以求得 D_x 的关键在于求得角 α。

车辆的右前轮相距车辆道路右边界线的垂直方向的长度 AD 的计算公式如下

$$AD = \frac{W}{2} - |y_r| \tag{5.12}$$

式中，W 表示车道的宽度；y_r 表示车辆右前轮相对车道中心线的距离。距离 AB 的计算公式如下

$$AB = \frac{AD}{\cos\theta} \tag{5.13}$$

距离 OB 的计算公式如下

$$OB = OA - AB = \frac{v_1}{\omega} - \frac{AD}{\cos\theta} \tag{5.14}$$

式 (5.11) 中角 α 可以通过下式求解

$$\cos\alpha = \frac{BO^2 + CO^2 - BC^2}{2 \cdot BO \cdot CO} \tag{5.15}$$

在式 (5.15) 中，除了距离 BC 外，其他参数都已经求解得到。距离 BC 可以通过以下公式进行求解

$$\cos\gamma = \frac{BO^2 + BC^2 - CO^2}{2 \cdot BO \cdot BC} \tag{5.16}$$

$$\gamma = 90° + \theta \tag{5.17}$$

$$BC = \sqrt{CO^2 - (BO \cdot \cos\theta)^2} - BO \cdot \sin\theta \tag{5.18}$$

联合以上公式，可以求得运动轨迹弧长 AC 的大小 D_x，最后可以求出车道偏离时间，即车辆继续保持当前运动状态直至车轮接触车道线的时间的大小

$$\text{TLC} = \frac{D_x}{v_1} \tag{5.19}$$

当车道偏离时间 TLC 的值小于预先设定的时间阈值时，说明汽车即将偏离所行驶的车道，存在引发交通事故的可能性，此时车道偏离预警系统应该发出警告，提示驾驶人及时采取驾驶操作以回正车辆。

（2）基于未来偏移距离的车道偏离预警模型

与传统偏离预警模型方法不同的是，基于未来偏移距离（Future Offset Distance，FOD）的车道偏离预警模型并不是基于真实的车道边界线做预警判断，该模型会考虑到驾驶人的驾驶习性，进而建立智能的虚拟车道边界线。虚拟车道边界线位置为 V，预瞄时刻过后车辆的侧向位置为 L'_p，若判断 $L'_p > V$，则认为车辆超出虚拟边界线触发系统预警。

所述车辆的侧向位置 L'_p 的计算公式如下

$$L'_p = L_p + TL_V \tag{5.20}$$

式中，L_p 表示在预瞄时刻之前车辆的侧向位置；T 表示预瞄时长；L_V 表示车辆的横向速度。

（3）基于车辆当前位置的车道偏离预警模型

基于车辆当前位置（Car's Current Position，CCP）的预警模型首先基于摄像头等传感

设备采集车辆所行驶道路的车道线信息，进而判断车辆在当前车道内的精确位置信息，根据车辆的具体参数，计算车辆的左右侧轮胎与两侧车道线之间的横向距离，并设定预警的距离阈值。当实时计算得到的横向距离小于预设的距离阈值时，车道偏离预警系统发送报警信号来提示驾驶人采取操作回正车辆，以保持其在当前车道内的正常行驶。

（4）基于车辆横向位置和方向参数的车道偏离预警模型

首先设定车辆当前所行驶的车道为对称轴，进而建立坐标系，坐标系中 x 轴设置为过车辆的前轮轮轴中心点且与车道边界线相互垂直的直线；坐标系中 y 轴设置为与左、右侧车道边界线的距离相等，且与车道边界线保持平行的直线，规定车辆的行驶方向为 y 轴的正方向；将 x 轴与 y 轴的交点规定为二维车道坐标系的原点。

车辆的横向位置 x_0 是指车辆的前轮轮轴中心点在二维车道坐标系中的 x 轴坐标值，如果该点位于坐标系中 y 轴左侧，那么规定 x_0 为负值；如果该点位于坐标系中 y 轴右侧，那么规定 x_0 为正值。设定车辆纵轴线与二维车道坐标系 y 轴的夹角为 θ，θ 是车辆的方向参数，定义当车头左偏时，方向参数 θ 为负值；当车头右偏时，方向参数 θ 为正值。确定车辆位置参数和方向参数之后，能够进一步建立如下所示的车道偏离预警模型：

向右偏离

$$\begin{cases} \theta > 0, \quad |\theta| > \theta_{mar} \\ x_0 + \dfrac{b}{2}\cos\theta \geq x_{mar} \end{cases} \tag{5.21}$$

向左偏离

$$\begin{cases} \theta < 0, \quad |\theta| > \theta_{mar} \\ x_0 - \dfrac{b}{2}\cos\theta \leq -x_{mar} \end{cases} \tag{5.22}$$

式中，参数 b 表示车辆的宽度；θ_{mar} 表示预警模型中设置的方向参数 θ 的阈值；x_{mar} 表示预警模型中设置的车道偏离预警临界距离。

5.2.2 车道保持辅助系统

车道保持辅助（Lane Keeping Assist，LKA）系统能够基于传感器实时采集车辆相对于所行驶车道的位置信息以及车辆自身状态信息，进而通过调整自身的横向位置以及航向角，以保证车辆能够在当前道路上稳定地行驶。

1. 车道保持辅助系统架构

LKA 系统分为感知层、决策控制层和执行层三部分，其架构如图 5-16 所示。感知层用于采集车道线信息和本车状态信息，决策控制层为车道保持辅助控制器，执行层为电动助力转向系统。

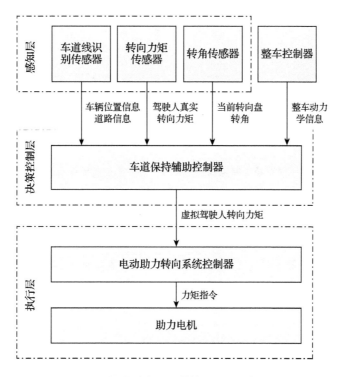

图 5 - 16　车道保持辅助系统架构

在驾驶人操作转向盘进行车道保持任务的同时，智能辅助系统也可以对转向盘进行持续的修正与补偿，以达到减轻驾驶人的工作负荷且提升智能汽车的车道保持性能的目的。

考虑到当发生车辆偏离时，驾驶人与机器辅助系统的输入共同作用于车辆，当系统检测到车辆处于即将偏离车道的危险状态时，机器辅助控制系统的首要目标是快速控制车辆相对车道位置以保证横向安全，系统的转角辅助控制量为θ_m，该部分作为机器部分转角

$$\theta_m = \gamma_m \theta_{opt} \tag{5.23}$$

式中，θ_{opt}表示跟踪目标轨迹进行车道保持所需的最优转向盘转角；γ_m表示机器的控制权重，也称为共驾系数。

驾驶人部分转角为θ_h

$$\theta_h = (1 - \gamma_m)\theta_t = \gamma_h \theta_t \tag{5.24}$$

式中，θ_t表示驾驶人的真实转向盘转角输入；γ_h表示驾驶人的控制权重。定义协同控制下，人机的共同输入转角θ_{all}为机器部分转角与驾驶人部分转角之和

$$\theta_{all} = \theta_m + \theta_h = \gamma_m \theta_{opt} + \gamma_h \theta_t \tag{5.25}$$

θ_{all}代表智能汽车的实际转向盘转角输入，由智能汽车控制器驱动线控转向系统的底层伺服转向机构产生。当共驾系数$\gamma_m = 0$时，表示车辆完全由驾驶人进行控制，机器辅助部分不提供转角。

基于转角耦合的车道保持协同控制框架示意图如图 5 - 17 所示。

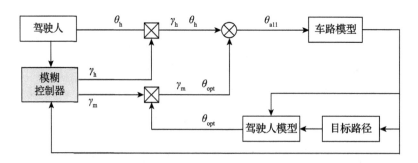

图 5-17　基于转角耦合的车道保持协同控制框架示意图

2. 最优转向盘转角求解

最优转向盘转角 θ_{opt} 的求解是机器辅助系统能否提供使车辆位置回正的有效转向盘转角的基础，会对车辆的回正效果产生直接影响。单点预瞄最优曲率驾驶人模型在车辆进行车道保持行驶时，以车道中心线为目标轨迹，根据车辆的当前位置和运动学参数计算理论上的最优转向盘转角，使得所驾驶车辆的运动轨迹与预期轨迹之间的误差尽可能小，这被称为"最小误差原则"。

驾驶人预瞄模型如图 5-18 所示，图中 $f(t)$ 表示车辆的目标轨迹，$y(t)$ 表示车辆的当前位置侧向坐标，T 表示预瞄时间。

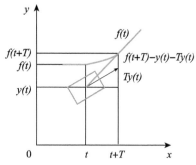

图 5-18　驾驶人预瞄模型

假设驾驶人预瞄模型中的预瞄距离为 d，那么预瞄时间 T、预瞄距离 d 之间的关系如下

$$T = \frac{d}{v} \tag{5.26}$$

根据车辆运动学关系，通过对车辆的当前位置侧向坐标 $y(t)$ 进行微分，能够得到车辆的侧向速度。通过对车辆当前位置侧向坐标 $y(t)$ 进行二阶微分，能够得到车辆的侧向加速度。基于微分得到的车辆侧向速度以及车辆侧向加速度，能够进一步对 $t + T$ 时刻车辆位置的侧向坐标 $y(t + T)$ 进行预测

$$y(t+T) = y(t) + T\dot{y}(t) + \frac{1}{2}\ddot{y}(t)T^2 \tag{5.27}$$

依据上述的"最小误差原则"，为了能够使车辆实现对目标轨迹的优异跟踪效果，即使得"误差"最小，那么车辆在 $t + T$ 时刻位置的侧向坐标 $y(t + T)$ 应该和在 $t + T$ 时刻目标轨迹即车道中心线的侧向坐标 $f(t + T)$ 保持一致，即

$$f(t+T) = y(t+T) \tag{5.28}$$

联立求解，能够计算得到使车辆实现最好的目标轨迹跟踪效果，即能够让车辆位置回正的最优侧向加速度 $\ddot{y}$

$$\ddot{y} = \frac{2}{T^2}[f(t+T) - y(t) - T\dot{y}(t)] \tag{5.29}$$

进一步考虑，能够计算求解车辆的侧向加速度与转向盘转角之间的关系如下

$$\ddot{y} = \frac{v^2}{R} = \frac{v^2\theta}{iL} \tag{5.30}$$

式中，R 表示车辆转向半径；v 表示车速；θ 表示车辆的转向盘转角；L 表示车辆的前后轴轴距；i 表示车辆转向系传动比。

联立求解，能够计算得到在车道保持过程中，车辆跟踪目标轨迹即车道中心线所需的最优转向盘转角 θ_{opt} 的表达式

$$\theta_{\text{opt}} = \frac{2Li}{v^2T^2}\left[f(t+T) - y(t) - T\,\dot{y}(t)\right] = \frac{2Li}{d^2}\left[f(t+T) - y(t) - T\,\dot{y}(t)\right] \tag{5.31}$$

5.2.3 换道辅助系统

车辆换道是道路交通中较为常见的驾驶行为，它是驾驶人在自身驾驶意图和周围环境信息（交通车辆速度和车辆间距）的刺激下，调整并完成驾驶目标策略的驾驶行为。由于换道过程涉及车辆的纵横向控制和速度调节，同时易受驾驶人分心、驾驶技能不足及环境多变等因素的影响，因此车辆换道具有较强的复杂性。驾驶人在换道过程中，一旦出现判断失误或者操作不当，就会出现严重的交通事故。换道辅助系统主要包括换道决策规划、换道轨迹规划和换道轨迹跟随，换道轨迹跟随策略在前文中已进行详细描述，本节不再进行赘述。

1. 换道辅助系统架构

换道辅助系统架构如图 5-19 所示。首先进行换道决策规划，在每个决策周期内，主车利用车载传感设备获取周边车辆的相对速度和相对距离等状态信息，判断是否产生换道

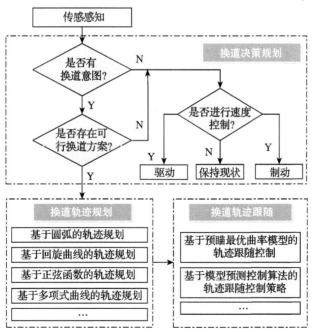

图 5-19 换道辅助系统架构

意图。若无换道意图，则在原车道内正常行驶；若有换道意图，则根据后续的换道轨迹规划算法计算得到换道行驶轨迹，并根据轨迹跟随策略对得到的轨迹进行跟随控制。

2. 换道决策规划

（1）基础换道可行性判断

在实际的交通环境中，换道行为受道路条件、天气状况、驾驶人驾驶习性、交通规则以及周围交通车辆的运动状态等因素的影响，因此促使驾驶人产生换道意图的原因有很大不同，根据换道的动机和结果，可以将其分为任意性换道（Discretionary Lane Changing，DLC）和强制性换道（Mandatory Lane Changing，MLC）两大类。其中任意性换道是指驾驶人不满足当前驾驶环境，为了追求更快的车速和更自由的行驶空间而进行换道的行为，其特点是该行为不是必须进行的；而强制性换道是指车辆受到匝道合流、十字路口或前方障碍物等道路和交通条件的影响，驾驶人必须要进行换道的行为。

引发驾驶人产生换道意图的因素主要有两个：时间满足度和空间满足度。其中时间满足度主要体现为驾驶人对车辆速度的期望值，在道路交通条件较好时，驾驶人倾向于以更快的速度行驶，若此时本车道前方车辆速度较低，且周围交通环境满足换道条件，驾驶人便极有可能产生换道意图；空间满足度主要体现为驾驶人对本车道车辆间距的期望值，若车辆间距较小，影响到驾驶人的视线，无法确保纵向行车安全，给驾驶人造成一定的心理压力，此时即使车辆速度已经达到驾驶人的心理需求，驾驶人同样会产生换道意图。但是这两种触发换道意图的动机并不是一成不变的，驾驶人的期望车速和车辆间距会受到天气状况、车辆性能、车道数量等因素的影响。

基于上述分析，个性化换道预警系统的决策机制如图 5-20 所示，其中 D_{MFd}、D_{MLd} 和 D_{MLo} 分别为主车与目标车道后车、目标车道前车和原始车道前车的实际车间距离，d_{MFd}、d_{MLd} 和 d_{MLo} 分别为主车与目标车道后车、目标车道前车和原始车道前车的换道最小安全距离。该决策机制由五个部分组成：周围环境信息感知、换道意图产生、个性化换道最小安全距离计算、换道可行性分析与判断以及预警装置。周围环境信息感知模块借助驾驶人的视觉、听觉和车载传感设备（如激光雷达、ESR 毫米波雷达和摄像头等）实时感知周围车辆的位置和运动状态以及道路交通条件；在周围交通环境无法满足驾驶人对车速和车辆间距的需求时，驾驶人便会产生换道意图；然后个性化换道最小安全距离计算模块结合驾驶人的驾驶习性和周围车辆的运动状态计算出符合不同驾驶风格的驾驶人风险判断水平的换道最小安全距离；最后换道可行性分析与判断模块根据主车与周围交通车之间的实际车间距离和换道最小安全距离进行比较，若满足安全性要求，驾驶人便可继续换道，否则预警装置便会发出预警信息，及时阻止驾驶人的换道行为。

不同驾驶习性驾驶人的换道风险判断水平存在着巨大差异，因此需要在换道预警策略中引入驾驶习性，从而满足不同驾驶人对换道可行性判断的需求。换道预警策略的个性化主要体现在三个方面：个性化换道时间、个性化车头时距和个性化安全裕度。其中换道时间是指驾驶人完成整个换道过程所需要的时间，车头时距是指同一车道两辆连续车辆通过某一断面的时间间隔，安全裕度是指车辆停止后与同车道前车之间的安全距离。

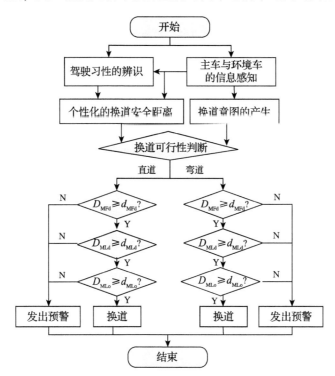

图 5-20　个性化换道预警系统的决策机制

针对换道过程，轨迹规划模块能够生成一系列轨迹簇，包括一条最优轨迹和一条处于驾驶人可接受范围内的极限轨迹，两者分别对应最优换道时长和临界换道时长，如图 5-21 中的两条参考线所示。

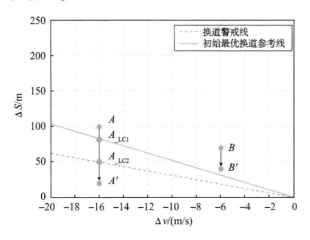

图 5-21　换道决策参考线

其中实线为初始最优换道参考线，当主车和前方交通车的相对状态点在该平面内的初始最优换道参考线以上时，车辆可按照最优换道长度进行车道切换；虚线为换道警戒

线，当车辆间相对状态点在初始最优换道参考线和换道警戒线之间时，换道时长根据状态点在两参考线之间的纵向相对位置进行线性插值计算来获取，当相对状态点在换道警戒线以下时，若主车进行匀速换道，则会与原车道前方车辆发生碰撞，因此主车应当进行制动操作。

图 5-22 展示了一个典型换道场景下车辆间相对位置关系的变化。图中浅色图标表示换道开始时刻车辆所在位置及相对位置关系，深色图标表示换道操作结束时刻的车辆位置和相对关系。在换道开始时刻，将主车和本车道前方的交通车 1 之间的纵向相对距离记为 S_A，主车和目标车道前方的交通车 2 之间的纵向相对距离记为 S_B，主车和两车间的相对状态可以分别用图 5-21 中状态平面上的 A 点和点 B 点表示。由于 A 点在最优换道参考线上的点 A_{LC1} 上方，因此主车按最优换道时长进行换道。换道结束时刻，主车和两交通车之间的纵向相对距离用图 5-22 中的 S'_A 和 S'_B 表示，对应图 5-21 中的相对状态 A' 点和 B'。由于换道中的主车被视作同时处于两条车道上，因此该过程中主车和两车之间的相对关系变化可以用状态平面上的轨迹线 AA' 和 BB' 表示。

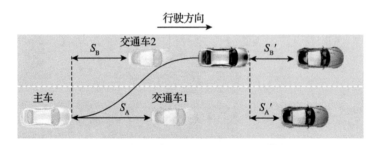

图 5-22 典型换道场景下的车辆间相对位置关系示意图

对于线段 AA'，状态点 A' 在水平线 $\Delta S = 0$ 之上，即换道结束时刻主车与原车道前车间的纵向距离仍然大于 0，因此不会与该交通车发生碰撞。对于线段 BB'，需要对结束时刻的状态点 B' 进行安全场值的计算，从而进一步判断主车和目标车道前车之间的行驶安全性：如果计算结果在驾驶人容许值范围内，则认为换道安全可行；反之则应当否定这一换道方案。

(2) 考虑侧后方交通车

当侧后方有速度高于主车的交通车时，主车还需要进一步考虑侧后车对换道可行性的影响。根据交通规则，主车的换道行为不应对侧后方交通车构成行车风险，同时侧后方交通车在主车切入时也应当主动进行速度调节以适应动态交通环境。这个过程涉及两辆车之间的交互，为此可采用侧后方车辆作用于主车的临界驱动加速度（图 5-23 中的 A 点）、主车作用

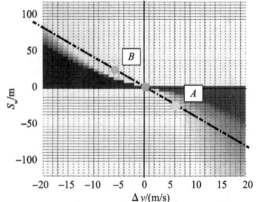

图 5-23 侧后方交通车对换道可行性影响的判断方法示意图

于侧后方车辆的临界制动减速度（图 5 – 23 中的 B 点）两个参数来评估侧后车对主车换道可行性的影响。

A 点对应侧后方车辆在主车换道的过程中不采取任何避让措施时，主车为避障应采取的驱动加速度大小；而 B 点对应主车换道过程中两车间速度差全部由侧后车通过减速来消除时，该车需应采取的制动减速度大小。两点在相对速度 – 相对距离平面上关于原点对称，并分别代表了两种极端的避让工况，任何一个参数超过容许值时都表明主车的换道行为对两车构成了危险，因此，只有在两参数都在容许值范围内时才认为换道可行。

（3）考虑换道前速度调节

实际生活中的交通工况复杂多变，换道前始终保持匀速行驶既不够灵活，也会影响交通效率。在换道前调节速度可以充分利用道路空间资源，同时对于本车道空间充裕而目标车道当前空间较为狭小等情形，换道调节速度还能够提升车辆行驶安全性并增加换道决策方法的适应性。

对于目标车道前方车辆速度低于主车但高于本车道前车的典型换道工况，换道前的速度调节方案可用图 5 – 24 描述。设主车与本车道前车之间的相对状态对应状态平面上的 A 点，主车与目标车道前车之间的相对状态对应 B 点。在进行换道规划过程中，首先需要明确速度调节范围，由于主车最终将跟随目标车道前方车辆行驶，且速度调节过程中主车和两交通车之间的速度差是同步变化的，即 A、B 两点的状态轨迹在水平轴上的位移分量相同，因此为了避免额外的速度损失，换道前的最大速度调节量应等于换道初始时刻主车和目标车道前车间的速度差，也就是 B 点对应的 Δv 值。此外，换道开始时刻主车和本车道前方交通车间的相对状态点应当在换道警戒线之上，以保证足够的换道纵向空间。综合相对速度和相对距离这两个条件可以确定图 5 – 24 中虚线框所标的主车换道前的速度调节范围。

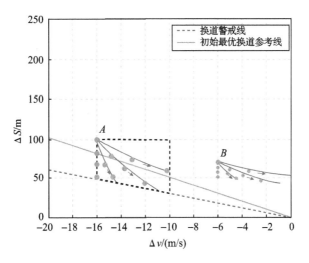

图 5 – 24 换道前速度调节方案示意图

随后，为获得最优换道方案，选取一系列离散减速度值，并以等时间间隔分别计算各车辆对应时刻的状态，作为不同制动减速度和换道时机组合形成的不同换道初始状态方案，如图 5-24 中的黑色圆点所示。随后利用换道可行性判断方法筛选可行换道方案，并根据以下公式计算各方案评价指标：

$$J = w_1 \frac{|a_{\text{limit}} - a_{\text{bef}}|}{|a_{\text{limit}}|} + w_2 \frac{|a_{\text{limit}} - a_{\text{aft}}|}{|a_{\text{limit}}|} + w_3 \frac{L_{\text{p}} - L_{\text{limit}}}{L_{\text{opt}} - L_{\text{limit}}} \tag{5.32}$$

式中，J 是评价指标参数；a_{limit} 是驾驶人可接受范围内的最小制动减速度（负值）；a_{bef} 是换道前速度调节的目标减速度；a_{aft} 是换道结束时刻为避免与目标车道前方车辆发生碰撞应采取的目标减速度；L_{p} 是方案给出的换道纵向距离；L_{opt} 是换道最优纵向距离；L_{limit} 是换道所需最短纵向距离；w_1 和 w_2 分别是权衡换道前后制动强度对舒适性影响的权重系数；w_3 是衡量换道过程舒适性的权重系数。

通过计算换道方案评价指标可以选取出整体最优方案，方案参数包括换道前的速度调节目标减速度、速度调节时长及换道纵向距离。当最优方案的换道速度调节时长为零时，决策模块将方案信息发送给轨迹规划模块，由执行机构立即进行换道操作；当换道方案中调节时长不为零时，主车在本决策周期内按照最优换道方案给出的目标减速度在原车道内进行换道预操作，直至后续某一决策周期给出立即换道指令再进行换道。

3. 换道轨迹规划

当前存在很多换道轨迹规划算法，本书详细介绍了多种局部轨迹规划方法，均可用于换道轨迹规划。本节以基于圆弧的换道轨迹规划为例，介绍一下换道轨迹规划算法。

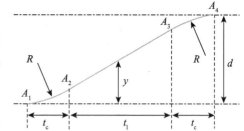

图 5-25 基于圆弧的换道轨迹

基于圆弧的换道轨迹是由两段圆弧（起始段和终止段）和一段直线组成，如图 5-25 所示。其中，圆弧的曲率半径为

$$R = \frac{v_{\text{x}}^2}{a_{\text{max}}} \tag{5.33}$$

式中，R 是圆弧的曲率半径；v_{x} 是车辆的纵向速度；a_{max} 是车辆的最大横向加速度。然后根据几何关系可以得到车辆换道过程中的横向位移为

$$y(t) = \begin{cases} R\left(1 - \cos\frac{v_{\text{x}}t}{R}\right) & (0 \leqslant t \leqslant t_{\text{c}}) \\ R\left(1 - \cos\frac{v_{\text{x}}t_{\text{c}}}{R}\right) + v_{\text{x}}(t - t_{\text{c}})\sin\frac{v_{\text{x}}t_{\text{c}}}{R} & (t_{\text{c}} < t \leqslant t_1 + t_{\text{c}}) \\ R\left(1 - \cos\frac{v_{\text{x}}t_{\text{c}}}{R}\right) + v_{\text{x}}(t_1 - t_{\text{c}})\sin\frac{v_{\text{x}}t_{\text{c}}}{R} + \\ R\left[\cos\frac{v_{\text{x}}(2t_{\text{c}} + t_1 - t)}{R} - \cos\frac{v_{\text{x}}t_{\text{c}}}{R}\right] & (t_1 + t_{\text{c}} < t \leqslant t_1 + 2t_{\text{c}}) \end{cases} \tag{5.34}$$

式中，$t_1 + 2t_c$ 是总换道时间。该模型在圆弧和直线连接处（A_2 和 A_3）换道轨迹的曲率不连续，发生了突变，导致车辆无法沿换道轨迹平顺行驶。

5.3 人机共驾系统

虽然无人驾驶被广泛认为是汽车智能化的终极目标，然而，受限于汽车技术各个阶段的发展规律、法律与法规、事故责任划分等约束，驾驶人作为驾驶过程的参与者、甚至驾驶主体在相当长的时期内仍将是事实。深入理解驾驶人驾驶行为和机器智能控制系统之间的交互机制和冲突机理，进而建立人机协同共驾系统，也是智能汽车技术发展过程中亟待解决的关键问题。

5.3.1 人机共驾系统的功能

人机共驾系统是指驾驶人和机器均具有车辆控制权的智能汽车系统。

人类智能和机器智能之间存在很强的互补性，与机器系统的精细化感知、规范化决策、精准化控制相比，人的驾驶行为具有模糊、退化、延迟、个性化等特点，且易受心理和生理状态等因素的影响。而机器对比人而言，学习能力和自适应能力相对较弱，环境理解的综合处理能力不够完善，对于未知复杂工况的决策能力较差。因此，人机共驾系统的主要功能就是要整合驾驶人和机器的优势，屏蔽两者的劣势，实现人机智能的混合增强，形成"1+1>2"的效果，从而提高汽车的安全性、舒适性等性能。

5.3.2 人机共驾系统的分类与原理

根据控制权分配方式的不同，人机共驾系统可以分为切换型人机共驾和共享型人机共驾两种模式，如图 5-26 所示。在切换型人机共驾系统中，驾驶权被分时赋予驾驶人或机器；在共享型人机共驾系统中，驾驶权按照一定的权重被同时分配给驾驶人和机器。

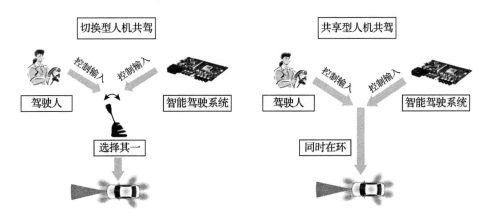

图 5-26 两种人机共驾系统的控制模式

在切换型人机共驾系统中，驾驶权可以在驾驶人和机器之间进行灵活自由的转移。系统中存在一种判断机制，根据驾驶人和机器的工作状态、操纵模式等对两者的控制输入进行评价，选择其中更优的一方接入车辆控制，如图 5－27 所示。

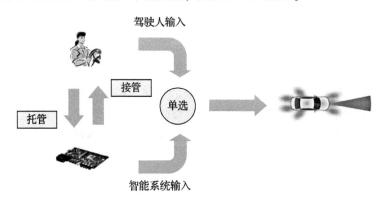

图 5－27　切换型人机共驾系统示意图

对于切换型人机共驾系统，控制权切换过程是重点。以驾驶人接管机器为例，切换过程如图 5－28 所示。首先车辆处于自动驾驶状态，当系统感知到当前的驾驶条件需要驾驶人接管时，发出接管提示；驾驶人接到接管提示准备接管；接管提示发出时刻到接管成功时刻之间的时间被定义为接管成功时间，此时间段为驾驶权切换的过程；最后驾驶人获得控制权，进入驾驶人驾驶状态。

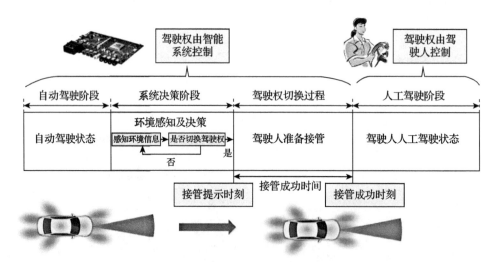

图 5－28　驾驶人接管车辆切换过程

该模式的优点包括：驾驶人和机器之间不存在交互和耦合，车辆控制过程明确清晰；驾驶方式改变较小，驾驶人适应性好。而它的缺点主要是在驾驶权切换过程中，难以保证驾驶人具有良好的工作状态。在机器驾驶过程中，驾驶人注意力可能已经分散，当控制权被切换到驾驶人时，需要驾驶人集中注意力，重新形成对周围驾驶环境的感知。这一过程存在较大的不确定性，制约了控制权的自由切换。因此，该模式的主要设计难点在于如何评价驾驶人和机器哪一方的表现更优，并在此基础上根据驾驶人状态等因素合理选择驾驶权切换时机，实现控制权平滑、无扰切换。

在共享型人机共驾系统中，驾驶人和机器同时占有车辆的控制权，两者通过操纵机构进行交互和耦合，任何一方均可以实时地实现对车辆的控制。双方的共同驾驶过程类似于一场博弈，各方根据自身的目标和对方的行为形成最优的控制输入，以期望在控制权共享的情况下最大化地实现自身目标。

进一步分析，按照驾驶人和机器控制结合方式的不同，该模式可以分为串联式共享型人机共驾和并联式共享型人机共驾。串联式共享型人机共驾系统示意图如图 5 - 29 所示，机器不直接对操纵输入端（踏板、转向盘等）进行控制，仅对驾驶人的驾驶输入按照一定的比例进行叠加或修正，达到驾驶人和机器同时控制车辆的效果。

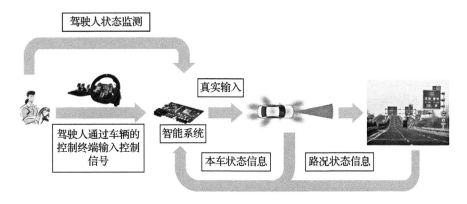

图 5 - 29　串联式共享型人机共驾系统示意图

并联式共享型人机共驾系统示意如图 5 - 30 所示，驾驶人和机器的控制同时直接施加到操纵输入端，系统通过调节控制权分配系数 K 实现人机耦合的优化。实际的控制输入可以用以下公式表示：

$$U = U_h K + U_m (1 - K) \tag{5.35}$$

式中，K 为控制权分配系数；U_h 为驾驶人输入；U_m 为机器输入；U 为系统实际输入。

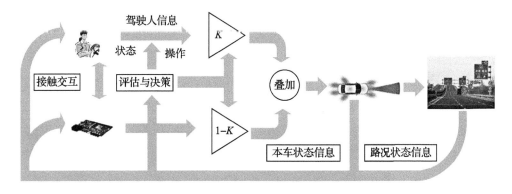

图 5 - 30　并联式共享型人机共驾系统示意图

该模式的优点包括：驾驶人始终参与驾驶过程，可以保证驾驶人状态的一致性；操纵过程中存在人机交互，便于驾驶人掌握机器动态。该模式的缺点主要在于驾驶人和机器易于形成人机冲突。由于双方均可以同时对车辆产生控制作用，当两者驾驶意图不同时，不同的控制目标将作用于同一车辆上，由此产生冲突。因此，在该模式下需要重点关注的问题是如何预防人机冲突的出现，并在冲突发生后如何及时消解。

5.3.3　人机共驾系统的组成

人机共驾系统的组成主要包括自动驾驶系统、驾驶人监测模块和人机交互模块。

人机共驾系统的基础是自动驾驶，能够实现人机共驾的车辆首先应具有基本的自动驾驶能力。因此，人机共驾系统的组成包含自动驾驶系统的重要组成部分，即感知层、决策层和执行层。感知层实现对交通环境和自车状态的感知，包含各类雷达、摄像头等传感器和定位系统等硬件，以及相应的处理算法。决策层依据感知层的信息，制定驾驶任务并规划出合理的车辆轨迹。执行层通过控制转向、加速、制动等系统，使车辆按照预期的目标轨迹和速度完成驾驶任务。

除以上为实现自动驾驶所必需的组成部分外，人机共驾系统的另一个重要组成部分是驾驶人监测模块。人机共驾相较于自动驾驶最为显著的区别是引入了驾驶人，因此，为了让机器能够感知到驾驶人的状态、行为等，需要加入驾驶人监测模块。驾驶人监测模块通常采用布置在仪表板上朝向驾驶人的摄像头，用来拍摄驾驶人面部，通过机器学习等图像算法分析获得驾驶人眼动、疲劳程度、注意力分散程度等数据，此外，还可以通过在转向盘上布置电极，获取驾驶人心率等生理数据。驾驶人动作数据可以通过转向盘转角/力矩传感器、加速踏板开度传感器、制动行程传感器获得。机器通过分析以上驾驶人相关数据，融合周围环境和车辆状态，确定合适的驾驶权切换时机或驾驶权分配权重。

为了实现驾驶人和机器的沟通与交流，人机共驾系统还设有人机交互模块。人机交互模块并非指物理上独立的一处系统，而是一类能够实现人机交互的系统或机构的统称，包括：用于增强驾驶人感知能力的各类盲点监测和预警系统；用于提醒驾驶人的各类声、光、电信号和转向盘与座椅振动功能；用于驾驶人开闭指定功能和设定功能等级的各类按钮；具有力反馈功能的线控转向系统等。人机交互模块形成了驾驶人与机器的沟通桥梁，使双方能够进行有效表达，提高人机共驾系统的交互性。

5.4　自动泊车系统

自动泊车系统能够降低泊车难度，缓解驾驶人在泊车任务中的紧张感，节约泊车时间并改善驾驶体验，同时提高泊车安全性，弥补驾驶人因泊车经验不足而导致的泊车事故。

5.4.1　自动泊车系统架构

自动泊车系统（Automatic Parking System，APS）可根据辅助程度和自动化水平的不同分为半自动泊车系统（Semi-APS）和全自动泊车系统（Fully-APS）。半自动泊车系统能够实现车位识别，泊车过程中驾驶人不需要操控转向盘，但需要根据提示控制加速和制动。全自动泊车系统能够自动寻找车位并完成泊车，在整个过程中不需要驾驶人的操作，系统自主控制车辆的方向和速度。本节主要讲解全自动泊车系统的关键技术。

　　自动泊车系统的主要功能有车位识别、路径规划与路径跟踪，其基本原理是，驾驶人通过系统的人机交互界面启动泊车系统后，车载传感器（如超声波雷达、视觉传感器、激光雷达等）开始工作，感知车辆周边环境，识别车位信息，如确定车位长宽尺寸、相对位置及角度等；上层控制器判定车位可用后，根据车辆当前位置规划出合理的泊车路径，下层控制器根据期望路径向车辆执行机构发出控制信号，实现路径准确跟踪，控制车辆泊入车位理想位置。

　　如图 5-31 所示，自动泊车系统主要由环境感知模块、决策规划模块、路径跟随模块以及执行器组成，系统为分层递阶式架构。

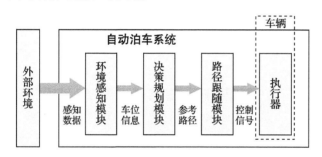

图 5-31　自动泊车系统结构示意图

　　1）环境感知模块。环境感知模块相当于系统的眼睛，其功能包括场景数据感知、车辆运动及定位参数获取等。在泊车工况下，所需的场景信息主要包括车位大小及位置、主车与旁车或其他障碍物的相对距离等。自动泊车系统常用的感知传感器有超声波雷达、视觉传感器、激光雷达等。车辆运动状态信息主要通过轮速传感器、陀螺仪及其他车辆总线信号等来获取。中央控制器在环境感知和车辆自身运动状态已知的前提下进行车辆运动控制，因此环境感知模块是自动泊车系统的基本单元。

　　2）决策规划模块。决策规划模块的主要功能包括运动决策和路径规划。根据车位信息及环境信息，系统动态规划安全可靠的期望路径。整个泊车过程中，泊车系统控制器实时接收并处理车辆感知传感器输出的信息，当车辆与周围物体相对距离小于设定安全值时，泊车系统控制器将采取合理的车辆运动控制，以保证泊车过程的安全性。决策规划模块为自动泊车系统的核心。

　　3）路径跟随模块。路径跟随模块主要功能是实现泊车过程中的车辆横纵向控制，其根据决策规划模块发送的期望路径计算出相应的驱动力矩、制动压力、转向盘转角等车辆控制参数。

　　4）执行器。执行器主要功能是根据路径跟随模块发送的驱动力矩、制动压力、转向盘转角等控制信号，执行相应的操作，控制车辆进行驱动、制动和转向等功能，从而使车

辆根据所规划的路径行驶，最终使车辆准确地停入车位。

5.4.2 自动泊车系统关键技术

1. 环境感知

环境感知模块根据车辆当前所处环境构建环境地图，并定位车辆，其主要有目标车位识别和车辆定位两个任务。目前车位识别主要有以下几种技术方案。

（1）基于超声波雷达的方法

超声波雷达在自动泊车系统中是应用最广泛的一种传感器，泊车开始后车辆沿着道路缓慢行驶，侧向雷达收集侧向障碍物距离数据以构造车辆侧面区域的深度图，根据距离的变化实现空车位识别。

超声波测距最常用的方法是时间差测距法，即计算发射波与回波之间的时间差。超声波的传播速度与气压和环境温度有关，若气压和环境温度较低时，可认为其传播速度为定值。常温常压情况下，超声波在大气中的传播速度为340m/s。利用该速度值和时间差可得到障碍物距离。

如图5-32所示，沿雷达中轴线方向的超声波能量最大，雷达中轴线向外扩展其他方向上超声波能量逐级减弱。以超声波雷达表面中轴线的延长线为轴线，由此向外扩展，至超声波能量强度降到轴线能量强度的一半处的角度，这个角度被称为该超声波雷达的波束角。一般情况下，超声波雷达的探测距离与波束角成反比，波束角越大，探测距离越短。

在超声波雷达的波束角为15°范围内，超声波能量可以近似地认为在等距离的球面上是均匀的，单个超声波雷达的有效探测范围可以视为一个球面锥形区域，所以单个超声波雷达并不能得知障碍物的具体位置。如图5-33所示，可以利用相邻两个超声波雷达测得的距离信息，障碍物处于相邻两个雷达对应探测距离为半径的扇形上，通过简单几何计算确定障碍物位置。在具体应用时，通常利用多个超声波雷达组成阵列，实现对碰撞预警区域的全面探测。

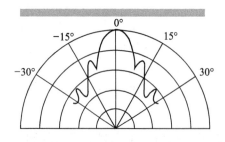

图5-32　波束角为15°的超声波雷达

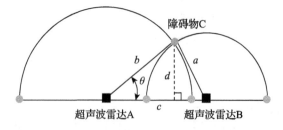

图5-33　利用两个超声波雷达定位障碍物

（2）基于视觉传感器的方法

基于视觉的车位检测方法一般具有环视系统，能够检测到车辆周围360°范围内的环境信息，系统可以通过电子失真校正功能修复变形图像，并向驾驶人提供车辆四周的准确图像。通过图像处理方法检测并识别出目标车位的停车位标记线，从而检测提取出空停车位，能够有效实现目标车位周围没有障碍物车辆的情况下，对空停车位的准确检测。

360°环视系统一般利用至少4个180°鱼眼摄像头进行图像拼接而实现，如图5-34所示。摄像头的参数由成像几何模型的参数构成，其主要分为内部参数和外部参数，一般通过计算和实验相结合的方法来获取内外参数。摄像头的内部参数由其自身性质所决定，与摄像头的内部构造有关，一般不会发生变化，包括摄像头焦距、缩放比例因子、畸变系数等；摄像头的外部参数主要与摄像头安装的位置、高度和角度相关。对于4个摄像头，需要进行内外参数标定才能输出正确的平面图像。摄像头标定是指将空间中的某点，利用摄像头成像几何模型，找出该点在三维几何空间中的信息坐标与二维图像中的几何坐标之间的相互关系。

图5-34　360°环视系统

（3）基于激光雷达的方法

相比于超声波雷达和视觉传感器，激光雷达同时具有环境感知和测距功能，其探测角度大，感知距离远，不受环境光影响，在垂直泊车场景和黑暗条件下都能正常工作。基于激光雷达的车位识别基本要通过数据处理、物体轮廓边界提取两个阶段。

数据处理可分为数据预处理和数据聚类两部分。数据预处理是将采集到的相关数据区域进行界定，提出有效数据范围外的异常数据，同时对零点进行补偿以及对噪点进行滤波。零点补偿通常根据零点前后数据进行差值补偿；噪点滤波常用的方法有卡尔曼滤波、中值滤波、均值滤波、高斯滤波、自适应滤波和以这些方法为基础的变种。聚类的目的是将一组数据按照设定的事物相似性规则，将具有相似特征的数据进行分类。激光点云数据预处理及聚类效果如图5-35所示。

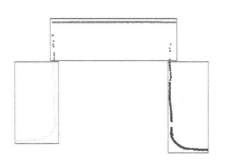

图5-35　激光点云数据预处理及聚类效果

2. 泊车路径规划

泊车路径可定义为：连接车辆泊车起点与终点，并引导车辆安全进入目标车位的可行

驶路径。根据定义可知，泊车路径需满足以下两个要求：①安全性，车辆沿着泊车路径运动时不能与周边车辆或其他障碍物发生碰撞；②可跟踪性，所规划路径应满足车辆运动学约束（最小转弯半径、转向盘最大转动速度等约束）。

（1）基于圆弧加直线式的方法

早期自动泊车系统路径规划多采用多段圆弧与直线连接车辆起始点和终止点，如图 5-36 所示。泊车起点和目标终点以 O_1、O_2 为圆心的两条相切圆弧组成，车辆行驶至泊车起点的过程可视为直线。

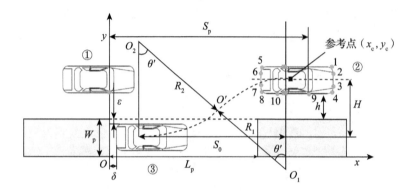

图 5-36　圆弧加直线式平行泊车示意图

根据几何关系可得

$$1 - \cos\theta' = H/(R_1 + R_2) \tag{5.36}$$

$$(R_1 + R_2)\sin\theta' = S_0 \tag{5.37}$$

由上式可得

$$\theta' = \arctan\left(\frac{S_0}{R_1 + R_2 - H}\right) \tag{5.38}$$

$$S_0 = \sqrt{2H(R_1 + R_2) - H} \tag{5.39}$$

其中

$$H = h + W + \varepsilon \tag{5.40}$$

式中，H 为起始位置到终点位置间纵向位移；R_1、R_2 是车辆右打和左打转向盘时后轴中心处的转弯半径；θ' 是车辆圆弧路径切换处的瞬时车身偏航角；S_0 为起位置与终点位置横向位移；h 为车辆停车时，超声波传感器探测到与车位车辆在 y 轴上的距离；δ、ε 是车辆到达泊车目标位置，W 是泊车车辆宽度。

（2）基于连续曲率的方法

基于圆弧加直线的泊车路径在圆弧切点处的曲率是不连续的，车辆需要在曲率不连续处停车转向才能保证路径跟随精度，若停车时机不准确，就会导致泊车失败。设计出曲率连续的泊车路径曲线，可以明显降低路径跟踪的难度。目前常用的方法主要包括多项式曲线、Clothoid 回旋曲线、B 样条曲线等。

曲线 L 的曲率 K 是针对曲线上某个点的切线方向角对弧长的转动率，表明曲线偏离直线的程度，曲率越大，表示曲线的弯曲程度越大。曲率的倒数就是曲率半径，记作 ρ，公式如下

$$\rho = \frac{1}{K} \tag{5.42}$$

设曲线的一阶导函数为 y'，二阶导函数为 y''，曲线的曲率计算公式为

$$K = \frac{|y''|}{(1 + y'^2)^{\frac{3}{2}}} \tag{5.43}$$

五次多项式曲线是一种曲率连续的曲线，通过调整多项式系数，可以控制路径点位置、斜率和曲率等参数，拟合后的路径各点曲率连续，与真实的泊车路径相贴合。五次多项式函数及其一阶和二阶导函数形式如下

$$\begin{cases} y = a_5 x^5 + a_4 x^4 + a_3 x^3 + a_2 x^2 + a_1 x + a_0 \\ \dot{y} = 5a_5 x^4 + 4a_4 x^3 + 3a_3 x^2 + 2a_2 x + a_1 \\ \ddot{y} = 20a_5 x^3 + 12a_4 x^2 + 6a_3 x + 2a_2 \end{cases} \tag{5.44}$$

以车辆后轴中心为路径参考点，将泊车起点 E_p 坐标设置为 $[5, 3]$，泊车终点 E_s 坐标设置为 $[0, 0]$，设泊车起止点斜率及曲率均为 0，可求得多项式系数矩阵 $A = [0.0058, -0.072, 0.24, 0, 0, 0]$，由此生成的泊车路径如图 5-37 所示。

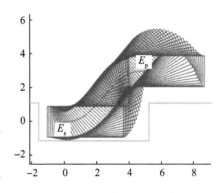

回旋曲线又称放射螺旋线，因其变化规律和驾驶人匀速转动转向盘时的特点相似，常用在公路、匝道的设计中。回旋曲线的特征是曲率 K 随弧长 l 线性变化

$$c = \frac{\mathrm{d}K}{\mathrm{d}l} = \pm \frac{l}{A^2} \tag{5.45}$$

图 5-37　五次多项式泊车路径

式中，c 为曲率变化率；$\pm$ 表示曲率随弧长的增大而增大或减小；$A = \sqrt{RL_s}$ 是回旋线参数，它是圆曲线半径 R 与回旋曲线全长 L_s 的几何平均值，单位为 m。对于一条回旋曲线来说，A 越大，说明曲线曲率变化越慢，曲线弯曲越缓和；A 越小，说明曲率变换越快，曲线弯曲越急。回旋曲线上任一点坐标计算公式为

$$\begin{aligned} x &= \sum_{n=0}^{+\infty} \frac{(-1)^n a^{2n} l^{4n+1}}{(2n)!(4n+1)2^{2n}} \\ y &= \sum_{n=0}^{+\infty} \frac{(-1)^n a^{2n+1} l^{4n+3}}{(2n+1)!(4n+3)2^{2n+1}} \end{aligned} \tag{5.46}$$

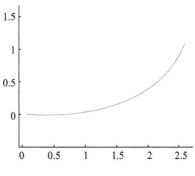

将回旋曲线长度设置为 3m，曲率变化率 c 设为 0.3，根据回旋曲线任一点坐标计算公式可计算出一条回旋曲线，如图 5-38 所示。在实际应用时，可将离线计算的回旋曲线段补偿至曲率突变点，实现路径曲率的平滑过渡。

图 5-38　回旋曲线示意图

5.5 无人驾驶系统

5.5.1 无人驾驶系统架构

无人驾驶系统主要包括环境感知模块、定位模块、人机交互模块、规划决策模块、控制模块及 V2X 模块等,其系统架构图如图 5 - 39 所示。

无人驾驶系统是一个高度智能化的复杂系统,其感知模块和定位模块通过智能传感器实现车辆周围环境的准确理解、自身高精度定位,并将感知信息传至规划决策模块。规划决策模块根据输出信息合理决策当前车辆的行为,并根据不同的行为确定轨迹规划的约束条件,指导轨迹规划模块规划出合适的路径、车速等信息,并将车辆数据及控制命令传至控制层。控制模块负责将决策和规划落实为切实的车辆动作。控制模块通过线控技术完成执行机构的电控化,达到电动制动、电动驱动、电动转向及其他电动控制操作并控制车辆响应,保证控制精度,对目标车速、路径等进行跟踪。

典型的无人驾驶系统包括美国的 Waymo 无人驾驶系统和中国的百度 Apollo 自动驾驶系统等。

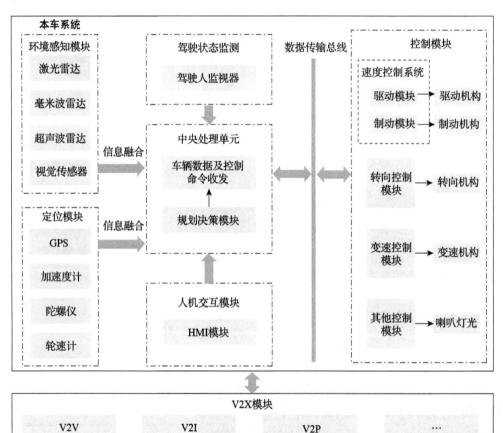

图 5 - 39 无人驾驶系统架构图

5.5.2　Waymo 无人驾驶系统

Waymo 无人驾驶系统主要包括环境感知模块、行为预测模块、规划模块、关键性安全模块和人机交互模块等。Waymo 的传感器配置示意图如图 5 - 40 所示，其可以实现在昼夜 360°全景探测及监控周围环境。

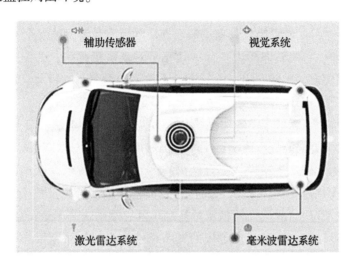

图 5 - 40　Waymo 无人驾驶系统传感器配置示意图

Waymo 的传感器套件可以无缝协同工作，绘制出清晰的 3D 全景图像，显示行人、自行车、来往车辆、交通指示灯、建筑物和其他道路特征等动态及静态目标。Waymo 的激光雷达模块通过发射 360°全景激光脉冲到周围物体表面后反射得到的回波实现对周围环境的探测，最终得到空间内一系列离散点的信息。Waymo 内部开发了三种类型激光雷达，分别是短程激光雷达、高分辨率的中程激光雷达和长距离激光雷达，三种类型激光雷达组合使用可使探测范围达到三个足球场大小。Waymo 的视觉模块由多套高分辨率摄像头组成，可识别不同信号灯并在长距离、日光和低亮度等多种工况下实现 360°全景协作感知。Waymo 的毫米波雷达模块利用波长来感知物体及其运动，这类波长可穿透雨滴等目标物，从而使得雷达在雨、雾、雪等天气中都能发挥效果。同时，毫米波雷达模块具有连续的 360°视野，可追踪前后方和两侧过路车辆的行驶速度。Waymo 还提供了部分辅助传感器，包括音频检测模块，该模块可以探测到数百米远的警车和急救车辆所发出的警报声来提前进行避让、协调车辆通行等操作。

行为预测模块凭借 Waymo 数百万千米的驾驶经验对道路上每个对象的意图进行建模、预测及理解。根据不同道路使用者的行为方式，估计其车速、前进方向和加速度随时间的变化。

规划模块根据从感知模块和行为预测模块中采集到的所有信息，以保守型熟练驾驶人的驾驶风格为基础进行规划。依据道路经验，Waymo 还完善了驾驶体验，以确保车辆中的

乘客在乘坐过程中是平稳而舒适的，同时对于其他道路使用者来说是易于预测的。

关键性安全模块是指能够根据驾驶情境中的道路类型、当前的交通状况及不同程度的技术故障做出不同的应对，从而确保车辆及乘客的安全。关键性安全模块主要包括以下部分：

1）备用运算模块：车载备用运算模块始终在后台运行着，当检测到主计算模块发生故障时，该模块将负责接管车辆的控制操作，以便实现安全停靠。

2）备用制动模块：如果主制动模块出现故障，Waymo 提供的整套备用制动模块将立即生效。当故障发生时，主制动模块、备用制动模块均可实现车辆的安全停靠。

3）备用转向模块：备用转向模块拥有一套冗余驱动电机模块，并配置了独立的控制器及电源。若转向模块或备用转向模块中任意一个出现问题，另一模块均能够执行车辆的转向操作。

4）备用电源模块：可为各个关键驱动模块提供两个独立的电源，可确保 Waymo 车辆的关键驱动组件在发生单电源故障或电路中断时仍然可用。

5）备用碰撞检测及碰撞规避模块：含碰撞检测及碰撞规避模块在内的多个备用模块可持续扫描车辆前后的物体，包括行人、骑行者及其他车辆。若主模块未探查到行驶路径中的目标物（极少数情况），这类备用模块可控制车辆，逐步减速直至安全停靠。

6）冗余惯性测量模块：进行车辆定位的冗余惯性测量模块可帮助车辆准确地追踪其道路行驶轨迹。主惯性测量模块、冗余惯性测量模块可交互核对，若探查到其中某个模块存在故障，则由另一个模块执行车辆定位。

7）网络安全模块：Waymo 研发的旨在对网络安全威胁加以识别、划分优先级及规避的模块，将车辆的转向、制动、控制等模块与外界通信隔断以保证不和外界无线网络进行连接，车辆之间的通信、车辆与运营平台的通信均采用加密方式进行。

人机交互模块是指 Waymo 无人驾驶系统准确地通过音频和图像信息向乘客传达车辆行驶意图和车辆状态信息，中控屏除了显示距离、车速、路径等信息外，还显示如交通信号灯、停车标志及周边的车辆、行人、骑行者等信息，并设计按钮（启动按钮和安全靠边停车按钮）、移动 APP、与运维中心电话联系的方式实现乘客与车辆的互动，从而使乘客理解车辆行驶意图，并对无人驾驶充满信心。

5.5.3 百度 Apollo 无人驾驶系统

百度 Apollo 无人驾驶系统涵盖感知、决策、控制等多个模块，同时整合了传感器、计算平台、线控车辆等硬件模块。对于无人驾驶系统来说，软硬件资源的有效调配十分关键，需要一个稳定、可靠的操作系统平台。机器人操作系统（Robot Operating System，ROS）提供了一种发布和订阅的通信框架，实现简便快速地搭建分布式计算系统；提供了大量简洁的工具，实现计算系统的配置、启动、调试、可视化、测试；具备定位、控制、规划、决策等功能开发资源。因此，整个 Apollo 系统是基于 Linux 操作系统的 ROS。

在一个 ROS 中，包含了一系列的独立节点（Node）。这些节点之间，通过发布/订阅的消息模型进行通信。ROS 中包含了一个主节点（Master），主节点使得其他节点可以查询彼此以进行通信。所有节点都需要在主节点上进行注册，然后与其他节点通信，ROS 通信原理如图 5-41 所示。

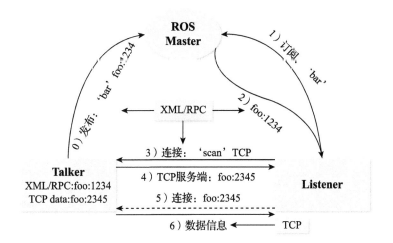

图 5-41　ROS 通信原理

ROS 通信机制可以分为两阶段：建立连接阶段、发布消息阶段。建立连接阶段主要是解决发布者（Talker）与订阅者（Listener）匹配连接的问题，主要分为五步：

1）Talker 启动：通过 RPC 向 ROS Master 注册 Talker 的信息，包括 Talker 的 Node 信息、话题（topic）名、topic 缓存大小等，Master 会将这些信息加入注册列表中。

2）Listener 启动：通过 RPC 向 ROC Master 注册 Listener 信息，包括 Listener 的 Node 信息、topic 名等，Master 会将这些信息加入注册列表。

3）Master 进行 Node 匹配：Master 会根据 Listener 提供的信息，在注册列表中查找匹配的 Talker。如果没有对应的 Talker，则等待 Talker 的加入；如果找到匹配的 Talker，则会主动把 Talker（有可能是很多个 Talker）的地址通过 RPC 传送给 Listener。

4）Listener 接收到 Master 发出的 Talker 地址信息，尝试通过 RPC 向 Talker 发出连接请求（信息包括 topic 名、消息类型以及通信协议）。

5）Talker 收到 Listener 发出的连接请求后，通过 RPC 向 Listener 确认连接请求（包含的信息为自身 TCP 地址信息）。

至此，Talker 和 Listener 完成建立连接阶段。在这个过程中，Master 起到了"牵线搭桥"的作用。在发布消息阶段，主要是实现 Talker 发布的消息传递给 Listener 的过程。在这个过程中，完全是 Talker 和 Listener 两者之间的信息单向流动，Master 并未参与其中。

发布消息主要分为两步：

1）Listener 接收到 Talker 的确认消息后，使用 TCP 尝试与 Talker 建立网络连接。

2）成功连接之后，Talker 开始向 Listener 发布 topic 消息数据。

至此，完成 Talker 向 Listener 发布消息的过程，有可能多个 Talker 连接一个 Listener，

也有可能是一个 Talker 连接多个 Listener。

Apollo 的硬件架构及数据流程图如图5-42、图5-43所示。Apollo 采用激光雷达、摄像头、毫米波雷达来感知周围环境，并对检测到的目标进行识别、分类与追踪；采用 GPS、IMU、激光雷达与高精地图来进行高精度定位；采用 OTA、V2X 等与周围环境进行信息交互；采用 X86 结构的服务器或工控机作为计算单元；采用黑匣子来记录自动驾驶过程中所有的信息和状态。

图5-42 Apollo 硬件架构图

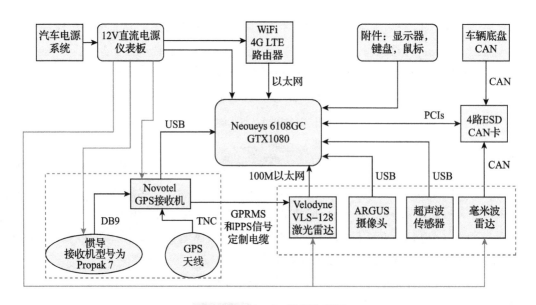

图5-43 Apollo 数据流程图

百度 Apollo 平台的软件架构及核心模块的交互结构图如图5-44、图5-45所示。感知模块通过激光雷达、毫米波雷达、摄像头等来感知车辆周围的环境，或者通过 V2X 进行信息交互，通过对周围环境的识别及组合导航系统来进行障碍物的检测、车辆定位等，将检测数据传至预测模块来预测障碍物的运动轨迹；之后根据定位数据和预测数据来进行本车的路径规划和轨迹规划；最后，根据规划的轨迹和车辆运动状态采取相应的控制策略。

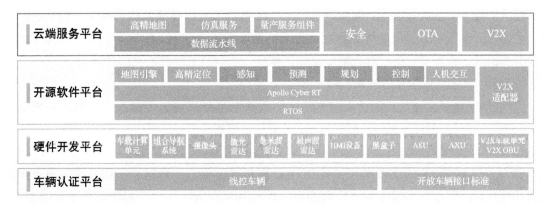

图 5-44 Apollo 软件架构图

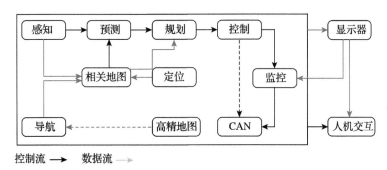

图 5-45 Apollo 核心模块的交互结构图

运行的核心软件模块包括以下部分：

1）感知模块（Perception）：自动驾驶车辆通过激光雷达、毫米波雷达、摄像头识别自身周围的世界，识别静、动态障碍物和交通灯，如图 5-46 所示。

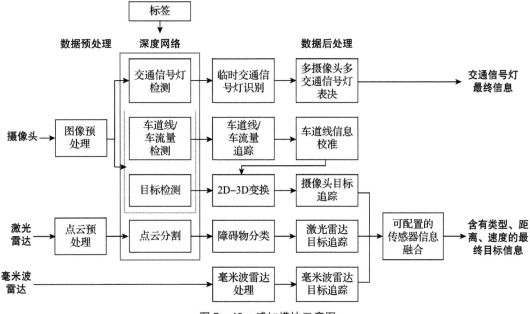

图 5-46 感知模块示意图

模块的输入包括雷达数据、图像数据、雷达传感器校准的外部参数、摄像头校准的外部参数和内部参数等。利用多传感器融合技术，模块的输出包括 3D 障碍物跟踪航向、速度和分类信息，带有拟合曲线参数的车道标记信息，空间信息以及语义信息等。

①Apollo 感知交通信号灯的流程如下：

a）在给定车辆位置后，通过查询高精地图来获取信号灯的边界位置，并用边界框上的 4 个点来表示信号灯。如果存在信号灯，则信号灯位置信息从世界坐标系投射到图片坐标系。

b）Apollo 搭载 25mm 的长焦摄像头和 6mm 广角摄像头，长焦摄像头用来感知前方远距离的信号灯，但视野范围有限，广角摄像头能很好地对远距摄像头视野不足进行补充。对每个信号灯而言，投影到远距摄像头图像上展示的 4 个投射点区域更大，这比广角摄像头更容易检测信号灯。最后会选择具有最长的焦距且能够看到所有信号灯的摄像头图片作为输出图像。

c）经过时间戳对齐后，通过投射的信号灯位置计算大的兴趣区域（Region of Interest, ROI），将带有 ROI 信息的图像作为卷积神经网络的输入，顺序输出信号灯的边界盒，随后再识别红绿灯颜色，以每个颜色的最大概率对应的类别作为最终识别的信号灯状态。

②Apollo 障碍物感知的流程如下：

a）坐标转换：高精地图 ROI 点查询需要点云和多边形处在相同的坐标系，为此，Apollo 将输入点云和高精地图的多边形变换为激光雷达坐标系。

b）ROI LUT 构造与查询：Apollo 采用网格显示查找表（LUT），将 ROI 量化为俯视图 2D 网格，以此决定输入点是在 ROI 之内还是之外。如图 5-47（见彩插）所示，该 LUT 覆盖了一个矩形区域，该区域位于高精地图边界上方，以普通视图周围的预定义空间范围为边界。2D 网格由 8×8 个绿色正方形组成，在 ROI 中的单元格，为蓝色填充的正方形，而之外的是黄色填充的正方形。它代表了与 ROI 关联网格的每个单元格（如用 1/0 表示在 ROI 的内部/外部）。为了计算效率，Apollo 使用扫描线算法和位图编码来构建 ROI LUT。

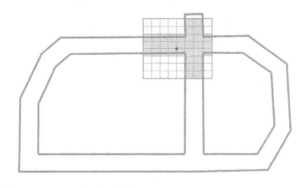

图 5-47　ROI 显示查找表（LUT）

c）障碍物预测：Apollo 对通道特征进行提取，特征编码器将通道特征图像作为输入，并且随着特征提取的增加而连续下采样其空间分辨率。然后特征解码器逐渐对特征图像上采样到 2D 网格的空间分辨率，可以恢复特征图像的空间细节，以促进单元格方向的障碍物位置、速度属性预测，如图 5 - 48 所示。

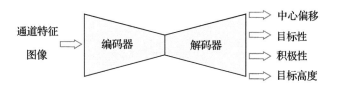

图 5 - 48 FCNN 在单元格方向上的障碍物预测

d）障碍物聚类：为生成障碍物，Apollo 基于单元格中心偏移，预测构建有向图，并搜索连接的组件作为候选对象集群。如图 5 - 49 所示，每个单元格是图的一个节点，并且基于单元格的中心偏移预测构建有向边，其指向对应于另一单元的父节点。Apollo 采用压缩的联合查找算法有效查找连接组件，每个组件都是候选障碍物对象集群。Apollo 将非对象单元定义为目标概率小于 0.5 的单元格。因此，Apollo 过滤出每个候选对象集群的空单元格和非对象集。

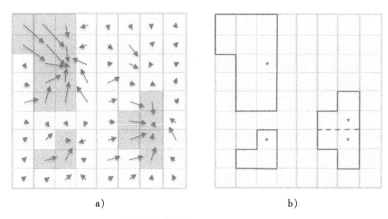

a)   b)

图 5 - 49 障碍物聚类示意图

e）后期处理：Apollo 获得一组候选对象集，每个候选对象集包括若干单元格。Apollo 根据单元格的置信度和高度值来输出最终的障碍物信息。

Apollo 感知系统需要大数据和深度学习技术的支持，Apollo 中的学习样本是由大量真实路测数据经过专业标注而来，大规模深度学习平台和 GPU 集群大幅缩短了离线学习大量样本耗费的时间。训练好的最新模型可以通过在线更新的方式从云端更新到车载"大脑"。"人工智能 + 数据驱动"的解决方案使无人驾驶系统的感知模块能够不断提高物体检测、识别等能力，为决策规划控制模块提供准确、稳定、可靠的输入。

2）定位模块（Localization）：该模块利用 GNSS、INS、激光雷达、RTK 等对周围环境进行数据采集与信息处理，以获取无人驾驶汽车的位置、速度及姿态信息，如图 5 - 50 所示。经过 RTK 基站差分后的 GNSS 可以达到厘米级定位精度，将 GNSS 输出的位置、速度，激光雷达与地图数据进行点云定位输出的位置、航向角和 IMU 经过积分后的位置、速度信息等输入到卡尔曼滤波器中，对位置误差、速度误差、角度误差、加速度偏置、陀螺仪偏置等进行建模，将融合后的定位结果输入到惯性导航中进行结算，同时融合定位结果会反过来作用于 GNSS 定位和点云定位的姿态预测，最后定位系统输出六维位置、姿态信息及协方差矩阵。

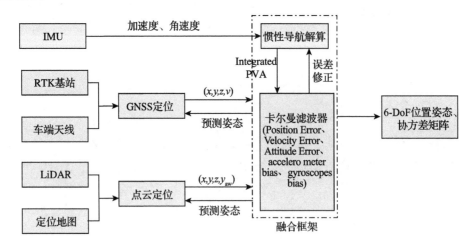

图 5-50　多传感器融合定位模块示意图

3）地图模块（HD-Map）：用于车载终端的高精地图数据管理服务，封装了地图数据的组织管理机制，为应用层模块提供统一数据查询接口。它包含元素检索、空间检索、格式适配、缓存管理等核心能力，并提供模块化、层次化、可高度定制化、灵活高效的编程接口。

4）预测模块（Prediction）：用于预测所感知障碍物的未来运动轨迹。该模块需要的信息包括来自感知模块的目标航向、速度、加速度信息以及来自定位模块的位置信息，进而产生具有障碍物的预测轨迹。

5）路径规划模块（Routing）：通过接收地图模块的数据以及定位模块的本车位置信息并结合车载人员设定的目标点，得到满足起始点与目的地之间距离最短、时间最短或其他优化目标的最优路径。

6）轨迹规划模块（Planning）：根据感知信息、预测信息、地图信息、定位信息、路径规划信息、车辆状态（位置、速度、加速度）等，计算出安全性和舒适性最优的局部轨迹并通过 CAN 总线将信号传至控制器执行。

7）控制模块（Control）：根据规划的轨迹和当前的车辆状态，使用不同的控制算法对加速、减速、转向盘、换档、转向灯等精确控制来生成舒适的驾驶体验，控制模块也可以在非自动驾驶模式下辅助驾驶人工作。控制模块是整个无人驾驶系统的最底层，其本质是控制车辆的运动来减少车辆实际轨迹与期望轨迹之间的空间误差和时间误差，主要包括纵向和横向控制。

8）通信模块：用于将控制命令传递给车辆硬件的接口。

9）云端平台：云端平台也是 Apollo 的重要组成部分，主要包括：①仿真：仿真服务拥有大量的实际路况及无人驾驶场景数据，基于大规模云端计算容量，可以完成测试、验证和模型优化等一系列工作；②安全方案：Apollo 提供了 4S 安全解决方案、Scan 漏洞扫描、Shield 安全防御、See 可视化监控、Save 免召回修复来实现车辆信息安全；③V2X：以移动通信网络和宽带无线城域网络为基础，按照规定的通信协议和数据交互标准，将车辆内部信息通过车用无线通信技术与其他车或外部节点相互交流，进行信息共享和行为协作，即实现车联万物（Vehicle to Everything，V2X）。其中，X 代表任何与本车交互信息的对象，典型的 V2X 系统包括车 – 车通信（Vehicle to Vehicle，V2V）、车 – 办公室通信（Vehicle-to-Office，V2O）、车 – 路侧基础设施通信（Vehicle to Infrastructure，V2I）、车 – 家通信（Vehicle-to-Home，V2H）、车 – 行人通信（Vehicle-to-Pedestrian，V2P）等，如图 5 -51 所示。

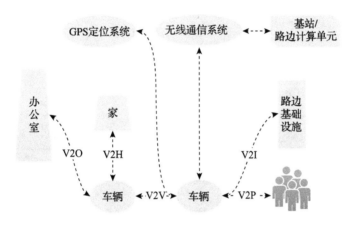

图 5 -51　Apollo 中 V2X 示意图

5.6　典型智能汽车系统仿真实例

本节以 Simulink/PanoSim 联合仿真平台为基础，具体介绍自动泊车系统模拟仿真实例。PanoSim 主要包括整车模型、仿真工况设置，Simulink 主要包括车辆模型接口设置和控制程序编写。

5.6.1　测试场景搭建

打开 PanoSim 软件，在界面上方场景工具栏中单击"Filed"按钮，选择 Parking 场景，如图 5 -52 所示。双击鼠标左键选择 Parking 场景后，在 3D 显示区域会出现城市泊车场景，如图 5 -53 所示。

首先添加测试主车，在界面上方场景工具栏中单击"Vehicle"按钮，选择所需要的测试车辆，默认选择 Veh_1，按提示顺序操作，选择 Veh_1，按住鼠标左键将其拖动到场地道路上，如图 5 -54 所示。

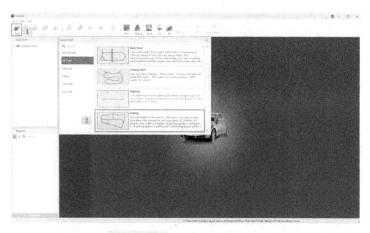

图 5-52 PanoSim 场景选择

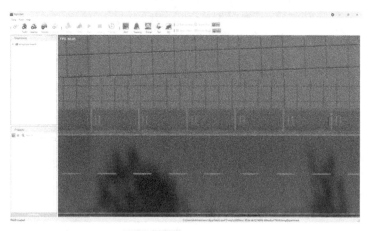

图 5-53 Parking 场景

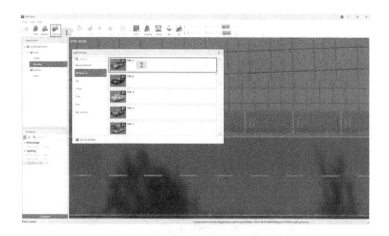

图 5-54 车辆选择

按照上述方法, 任选两辆车辆作为障碍车辆。在 PanoSim 软件中, 每辆参与车辆都有相应的道路编号及车道编号, 与此同时, 用户可以对车辆初始摆放位置的方向、位置和速度等参数进行调整。单击图5-54中左边Experiment菜单栏中的Veh_1选项，即可在Property中看到Veh_1的相关参数，车辆Veh_1所在道路编号为gneE3，车道编号为gneE3_0，其初始位置为（50.00，-7.00），初始航向角为0.00°，初始速度为10.00km/h。

所搭建的平行泊车仿真场景为非标准车位场景，由主车（图中灰色车辆）和两辆障碍车（图中银色和蓝色车辆）组成，如图5-55（见彩插）所示。图中银色车辆的淡蓝色方框为其Boundingbox，Boundingbox为将车辆包裹起来的最小方框，在PanoSim软件中，车辆碰撞是以Boundingbox发生碰撞判定的。银色车辆侵占车位部分空间，使得车位可用空间左边界由图中红色线条缩减至黄色线条，车位可用空间长4.98m、宽2.25m。图中蓝色线条表示路沿，泊车过程中主车不允许越过路沿。

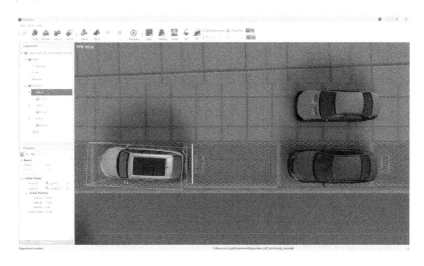

图5-55 平行泊车非标准车位场景

5.6.2 控制模型介绍

如图5-56所示，本仿真案例Simulink仿真模型由车辆模型和控制模型两部分组成。车辆模型包括车辆动力学模型和驾驶人模型两部分，用户做自定义控制输入时，可将系统

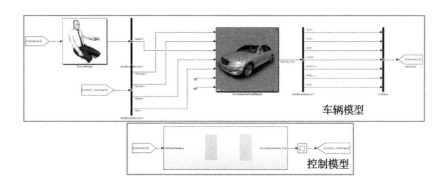

图5-56 Simulink仿真模型

自带的驾驶人模型相关接口断开,连接用户自定义的输入变量。车辆动力学模型输入变量为节气门开度、档位模式、档位、制动主缸压力和转向盘转角。控制模型的输入为车辆前轴中心坐标、横摆角和纵向速度,控制系统输出为转向盘转角、节气门开度、制动主缸压力和档位。

控制模型主要由轨迹规划模块和跟随控制模块两部分组成,如图 5-57 所示,其中轨迹规划模块包含路径规划模块和速度规划模块,跟随控制模块包含横向跟随控制模块和纵向跟随控制模块。规划层数据根据数据类型分为 TargetPathData、VehicleState、PathChange、SpdProject 四条总线传递至控制层,模拟实际车辆总线数据传输模式,各模块可从四条总线中选取所需变量。

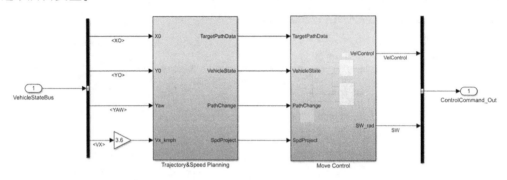

图 5-57　仿真控制模型

路径规划模块其主要功能为路径计算和路径选择,该模块根据车辆初始位置计算出从初始位置至泊车终点的车辆后轴中心期望路径,并根据车辆当前位置实时输出期望路径点坐标,其运行流程如图 5-58 所示。

速度规划模块主要根据路径规划模块输出的路径段标志和当前路径剩余距离进行速度规划,随着路径段不断更新,速度状态顺次推移,如图 5-59 所示。本仿真将平行泊车路径分为五个段落,并根据各个路径段特点针对性优化了期望速度,以缩短泊车时间。速度规划模块主要输入变量为路径段标志、剩余距离,输出为期望速度、档位标志。

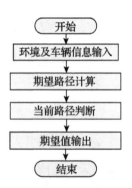

图 5-58　路径规划模块运行流程

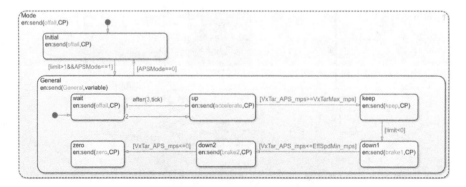

图 5-59　速度规划 StateFlow 图

横向控制使用了两种控制方式。根据当前所在路径不同,当车辆处于换道阶段时,期望速度较高,对横向误差要求相对较低,使用预瞄控制方法;当车辆处于泊车阶段时,期望速度较低,且对横向跟踪精度要求较高,采用阿克曼转角前馈加 PD 反馈的控制方式。根据路径规划模块输出的期望路径坐标和路径段标志,横向控制模块可对应选择不同的控制方式。横向控制模块运行流程如图 5 - 60 所示。

纵向控制模块主要由两部分组成,一部分是车辆动力学模型计算模块,其作用是根据车辆纵向动力学逆模型计算节气门开度和制动主缸压力;另一部分是实时判断模块,其作用是根据设定好的车辆停止坐标和横摆角,实时判断当前车辆位置是否满足要求,当其检测到当前车辆姿态满足预设好的泊车要求时,会发送停车信号。在本仿真中,停车要求设置为车辆边界框中心与车位中心距离小于 20cm,车辆横摆角与期望停止横摆角差小于 15°即视为满足要求。纵向控制模块运行流程如图 5 - 61 所示。

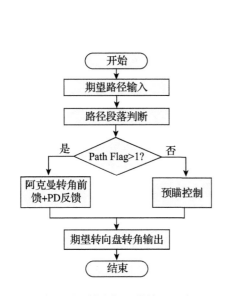

图 5 - 60　横向控制模块运行流程

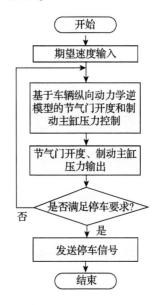

图 5 - 61　纵向控制模块运行流程

5.6.3　仿真结果

仿真测试泊车效果如图 5 - 62 所示,可以看出车辆基本停止在车位中心。

图 5 - 62　仿真测试泊车效果示意图

路径跟随结果如图 5-63（见彩插）、图 5-64 所示，蓝色线条为期望路径，红色线条为实际路径，可以看出跟随效果较好，横向误差最大值约为 3.5cm。速度跟随结果如图 5-65所示，从图中可以看出实际速度基本能迅速准确地跟随期望速度。

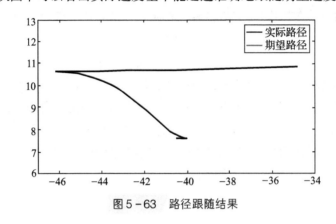

图 5-63　路径跟随结果

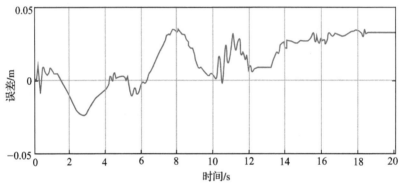

图 5-64　路径跟随误差

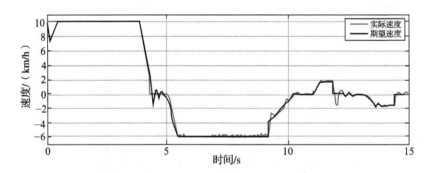

图 5-65　速度跟随结果

思考题

1. 画出 ACC 系统和 AEB 系统的工作框架。
2. 个性化 ACC 系统调节的参数是什么？
3. AEB 系统分级策略分为哪几步？其所依据的参数是什么？

4. 典型的车道偏离预警模型有哪些？其各自有什么特点？

5. 列举换道辅助系统在进行换道决策时需要考虑的因素。

6. 人机共驾系统分为哪几种形式？其分别有什么特点？

7. 自动泊车系统根据所用传感器的不同分为哪几种实现形式？其各自的特点是什么？

8. 自动泊车系统常用的路径规划方法有哪些？选择其中一种方法进行详细的公式推导。

9. 简述 Apollo 无人驾驶系统架构。

第6章
智能汽车虚拟测试评价技术

随着智能汽车自动化等级的提高，汽车系统复杂性进一步增加，多变的天气、复杂的交通环境、多样的驾驶任务和动态的行驶状态等对智能汽车测试评价提出了新的挑战。特别是智能汽车的测试评价对象已经从传统汽车的人、车二元独立系统变为人－车－环境－任务强耦合系统，传统的道路场地测试已经无法满足智能汽车的测试需求。虚拟测试的试验场景配置灵活、测试效率高、测试重复性强、测试过程安全、测试成本低，可实现自动测试和加速测试，节省大量人力物力。因此，虚拟测试已成为智能汽车测试评价不可或缺的重要环节。

6.1　智能汽车虚拟测试评价技术概述

智能汽车虚拟测试评价技术是指通过传感器建模、车辆动力学建模、高级图形处理、交通流仿真、道路建模等技术模拟智能汽车人－车－环境闭环系统，在完全或部分虚拟环境中对智能汽车功能和性能进行测试，并据此对智能汽车进行评价的技术。

智能汽车虚拟测试是真实道路测试的有效补充，可大大提升智能汽车测试速度，有效解决极端行驶条件下的安全测试难题。由于虚拟测试的测试效率高、速度快、安全性强、覆盖场景丰富，在自动化等级不断提高的智能汽车测试过程中发挥着越来越重要的作用，已成为验证智能汽车性能不可或缺的手段。

智能汽车虚拟测试技术包括数字仿真、硬件在环仿真和车辆在环仿真等，不同的仿真测试类型对车辆的真实度要求也不同，如图6-1所示。数字仿真过程中测试场景和测试对象均通过数学模型建立，即图6-1中车辆部分的所有组件都处于虚拟环境之中，没有任何汽车硬件系统参与测试，测试真实度最低，但测试效率最高。硬件在环仿真指被测试系统中的传感器、控制器和执行器中部分由物理系统嵌入仿真回路，即图6-1中车辆模块中的部分组件位于虚拟环境之中，而其他部分为真实物理组件，其相对于数字仿真测试真实度更高，可以更好地测试硬件系统与控制软件之间的联合效果。车辆在环仿真指将完整的车辆系统嵌入仿真回路之中，即图6-1中车辆部分所有组件都是真实物理状态，其通过传感器信息注入的方式实现驾驶场景的复现。虽然所有硬件系统都是真实的物理硬件，但传感器接收到的信息是通过一定的技术手段处理过的虚拟信息，这部分信息可能是实车采集到的道路环境信息，也可能是数字仿真所生成的信息。在所有虚拟测试技术中，车辆在环仿真的真实度最高，但是测试成本也最为昂贵。

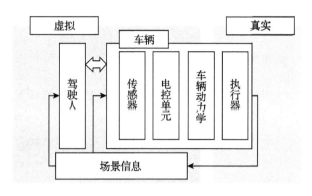

图6-1 模拟仿真测试

智能汽车评价技术可以分为基于功能测试的通过性评价方法和汽车安全完整性等级（Automotive Safety Integration Level，ASIL）评价方法，以及基于场景测试的评价方法。智能汽车技术发展初期功能简单，针对具体用例的通过性评价方法可以很好地解决单一功能、单一节点的初级智能汽车功能的安全性评价。随着智能汽车自动化等级的提高，针对具体用例的通过性评价方法已无法满足高等级自动驾驶的安全性评价需求。根据汽车电子电气失效特点，ISO 26262 提出了功能安全的概念，并使用 ASIL 评价方法对汽车的安全性进行评价。基于场景的测试已成为自动驾驶安全性验证的发展趋势，然而该方法仍处于不断完善的阶段，并无完整的评价方法与之配套。

智能汽车虚拟测试评价体系如图6-2所示，以仿真建模为基础，在虚拟环境中对智能汽车系统进行测试，并将得到的测试结果按照一定的规则进行评价。

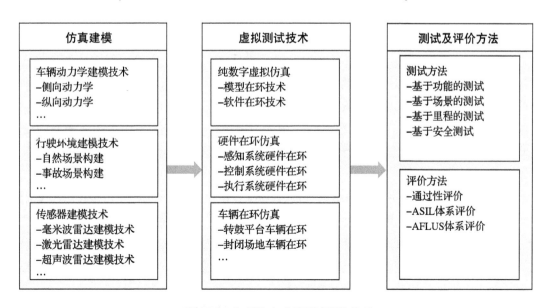

图6-2 智能汽车虚拟测试评价体系

6.2 车辆动力学建模技术

6.2.1 车辆动力学建模理论

车辆动力学在汽车设计和开发过程中扮演着重要的角色，主要研究汽车受力及其运动关系，并分析汽车性能的内在联系和规律。在建立整车动力学模型过程中，基本形成了两种建模方法，分别是经典的基于汽车"侧倾中心/力矩中心"的建模方法和以多体系统动力学理论为基础的建模方法。

1. "侧倾中心"方法

"侧倾中心"方法用等效悬架作用力来代替悬架系统中实际的相互作用力，忽略悬架的具体结构形式，避开了求解系统内部复杂的运动学方程组和动力学方程组。它的最大优点是能够很好地满足软件在环、硬件在环和驾驶人在环对模型仿真实时性的需求，同时模型也具有较高的逼真度。

2. 多体系统动力学方法

多体系统动力学方法可以建立适用于面向具体结构、复杂运动工况和更高详尽级别的仿真模型。这类模型以车辆总成结构参数为输入，能够准确地反映悬架与车身的受力状况，并能够描述车辆的具体结构信息，准确地计算零部件约束处的周边载荷，相对于基于总成特性的模型有更高的逼真度。根据车辆组件，其可以看作为一个多刚体系统。

多刚体系统动力学的研究方法主要有经典力学方法（以牛顿－欧拉方程为代表的矢量力学方法和以拉格朗日方程为代表的分析力学方法）、图论方法、凯恩方法、变分方法、旋量方法及目前较为流行的递推动力学方法等。各种方法的特点如下：

1）牛顿－欧拉方程法。处理由多个刚体组成的系统，原则上也可利用传统的经典力学方法，即牛顿－欧拉方程为代表的矢量力学方法。但随着组成系统的刚体数目增多，刚体之间联系状况的约束方式变得极其复杂。对作为隔离体的单个刚体列写牛顿－欧拉方程时，铰约束力的出现使未知变量的数目明显增多。因此，即使直接采用牛顿－欧拉方程法，也必须加以发展，制定出便于计算机识别刚体联系状况和约束形式的程式化方法，并致力于自动消除铰约束反力。

2）拉格朗日方程法。由于多刚体系统的复杂性，在建立系统的动力学方程时，采用独立的拉格朗日坐标将十分困难，而采用不独立的笛卡尔广义坐标比较方便，对于具有多余坐标的完整或非完整约束系统，用带乘子的拉格朗日方程处理是十分规格化的方法。导出的以笛卡尔广义坐标为变量的动力学方程是与广义坐标数目相同的带乘子的微分方程，还需要补充广义坐标的代数约束方程才能封闭。

3）图论方法。R. E. Roberson 和 J. Wittenburg 创造性地将图论引入多刚体系统动力学，利用其中的一些基本概念和数学工具成功地描述了系统内各刚体之间的联系状况，即系统的结构。对于闭环系统，则必须利用铰切割或刚体分割方法转换成开环系统处理。R－W 方法以相邻刚体之间的相对位移作为广义坐标，对复杂的树结构动力学关系给出了统一的数学模式，并据此推导了系统的运动微分方程，相应的程序有 MESA VERDE。

4）凯恩方法。R－W 方法提出了解决多刚体系统动力学的统一公式；而凯恩方法提供了分析复杂机械系统动力学性能的统一公式，凯恩方法是美国学者 Kane 创立，并由他的学生 Huston 等人发展。其特点是利用广义速率代替广义坐标描述多刚体系统的运动，并将矢量形式的力与 d'Alembert 惯性力直接向特定的基矢量方向投影以消除理想约束力，因而兼有矢量力学和分析力学的特点。该方法没有给出一个适合于任何多刚体系统的普遍形式的动力学方程，广义速度的选择也需要一定的经验和技巧，这是该方法的缺点。但这种方法不用推导动力学函数，不需要求导计算，只需进行矢量点积、叉积等计算。

5）变分方法。变分方法是经典力学的重要部分。在经典力学中，变分原理只是对力学现象的抽象概括，而在计算技术飞速发展的今天，变分方法已经成为可以不必建动力学方程而直接借助数值计算寻求运动规律的有效方法。变分方法主要用于工业机器人动力学，它有利于结合控制系统的优化进行综合分析。由于变分方法不受铰约束数目的影响，因此尤其适用于带多个闭环的复杂系统。高斯最小约束原理是变分方法的基本原理，利用优化理论求泛函的极值直接得到系统的运动状况。这种方法的优点是可以避免求解微分方程组，并可以与最优控制理论结合起来。

6）旋量方法。旋量方法是沿着另一条独立途径发展的动力学分析方法，早在 1809 年 Poinsot 就建立了旋量概念，以后经过 Von Mises、A. T. Young 等人的努力，利用对偶数作为旋量的数学工具，建立了旋量的算法，并在开链和闭链空间机构的运动学和动力学分析中得到广泛的应用。旋量形式的动力学方程实际上是牛顿－欧拉方程的一种简练的表达形式，从事这种方法研究的主要有 Schiehlen 和 Hiller 等人。

7）递推动力学方法。递推动力学方法以铰链相对位移为广义坐标，根据系统的拓扑结构建立系统内各刚体之间的联系状况，以递推形式描述刚体的运动状态，根据牛顿－欧拉方法或拉格朗日方程推导系统动力学方程。第一个将递推的牛顿－欧拉方法用于建立树状系统动力学方程的人是 Stepanenko，他在 1976 年建立了递推形式的开环系统动力学方程。Featherstone 将递推形式的牛顿－欧拉动力学方程用旋量进行表达，将与刚体平动有关的向量（线速度、线加速度、力的分量）与刚体转动有关的向量（角速度、角加速度、力矩的分量）统一表达成六维的向量。20 世纪 80 年代后期，Bae、Haug 建立了包含闭环系统的机械系统递推动力学方程，并于 2002 年推出了 RecurDyn 仿真软件。

6.2.2　车辆动力学模型实例

当前常用的车辆动力学模型包括 2 自由度车辆动力学模型、3 自由度车辆动力学模型、7 自由度车辆动力学模型和 14 自由度车辆动力学模型等。2 自由度模型和 14 自由度模型在控制及仿真中使用范围最广，本节以这两种模型为例进行介绍。

1.2 自由度车辆动力学模型

2 自由度车辆动力学模型如图 6-3 所示，它包括水平面内的横摆自由度以及侧向自由度。该模型将整车简化为单车模型，只考虑对车辆侧向动力学影响最大的整车质量、转动惯量以及轮胎侧偏刚度等因素，忽略了悬架系统的作用。

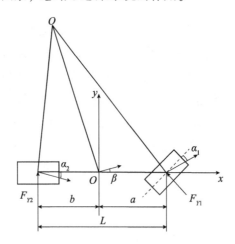

图 6-3　车辆坐标系下 2 自由度车辆动力学模型示意图

由图 6-3 可知汽车质心加速度在 x 轴和 y 轴的分量分别是

$$a_x = u - vw_r \tag{6.1}$$

$$a_y = v + uw_r \tag{6.2}$$

式中，u、v 分别为车辆质心在 x 轴和 y 轴方向的速度，w_r 为车辆横摆角速度。

根据车辆所受到的外力沿 y 轴方向的合力与绕质心的力矩可以得到

$$\sum F_Y = k_1\alpha_1 + k_2\alpha_2 \tag{6.3}$$

$$\sum M_Z = ak_1\alpha_1 - bk_2\alpha_2 \tag{6.4}$$

式中，α_1、α_2 为前后轮侧偏角；k_1、k_2 为前后轮侧偏刚度；a、b 为汽车质心距离前后轴的轴距。

根据坐标系的关系，可以得到前后轮侧偏角为

$$\alpha_1 = \beta + \frac{aw_r}{u} - \delta \tag{6.5}$$

$$\alpha_2 = \frac{v - bw_r}{u} = \beta - \frac{bw_r}{u} \tag{6.6}$$

式中，δ 为前轮转角，β 为质心侧偏角。

从而最终得到汽车 2 自由度运动微分方程为

$$k_1\left(\beta + \frac{aw_r}{u} - \delta\right) + k_2\left(\beta - \frac{bw_r}{u}\right) = m\ (v + uw_r) \tag{6.7}$$

$$ak_1\left(\beta + \frac{aw_r}{u} - \delta\right) - bk_2\left(\beta - \frac{bw_r}{u}\right) = I_z w_r \tag{6.8}$$

式中，I_z 为车辆转 z 轴的转动惯量。

2.14　自由度车辆动力学模型

14 自由度车辆模型的自由度见表 6-1，其中簧载质量包括纵向运动、侧向运动、垂向运动、侧倾运动、俯仰运动以及横摆运动 6 个自由度，以及非簧载质量 4 个垂向振动自由度和车轮旋转 4 个旋转运动自由度。

表 6-1　车辆模型自由度

自由度		自由度个数
簧载质量	纵向运动、侧倾运动 侧向运动、俯仰运动 垂向运动、横摆运动	6
非簧载质量	4 个垂向振动	4
车轮旋转	4 个旋转运动	4

车辆系统简图如图 6-4 ~ 图 6-6 所示。

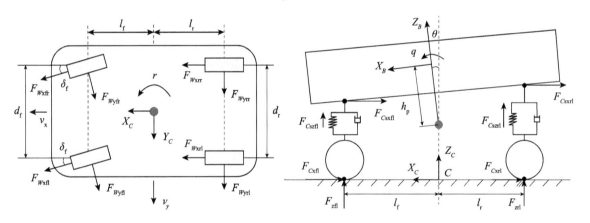

图 6-4　整车动力学模型（俯视）　　　　　图 6-5　整车动力学模型（侧视）

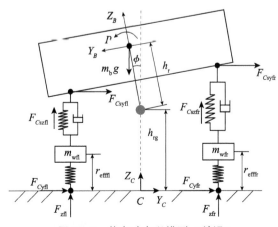

图 6-6　整车动力学模型（前视）

由于自由度较高，14 自由度车辆动力学模型不同子模型之间的计算位于不同的车辆坐标系之中，首先需要对车辆坐标系进行明确定义。在明确坐标系的基础上，进行簧载质量、非簧载质量、车轮旋转的建模。

（1）车辆坐标系

14 自由度车辆动力学建模中采用的坐标系主要包括惯性坐标系、底盘坐标系、车体坐标系以及车轮坐标系，如图6-7所示。

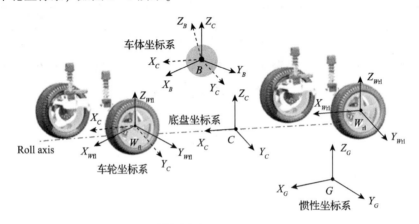

图6-7　车辆坐标系

1）惯性坐标系。惯性坐标系 $GX_GY_GZ_G$，也称为地面坐标系，单位向量为 (i_G, j_G, k_G)，其原点 G 固定于初始时刻车辆静止时质心在地面上的投影，X_G 轴指向车辆初始行驶方向（保持不变），Z_G 轴垂直地面向上，Y_G 轴为侧向轴，方向符合右手定则。

2）底盘坐标系。底盘坐标系 $CX_CY_CZ_C$，单位向量为 (i_C, j_C, k_C)，其原点 C 为整车质心在侧倾轴线上的投影，X_C 轴指向车辆行驶方向，Z_C 轴方向垂直地面向上，Y_C 轴为车辆侧向轴，方向符合右手定则。

3）车体坐标系。车体坐标系 $BX_BY_BZ_B$，单位向量为 (i_B, j_B, k_B)，其原点 B 固定于车身质心，X_B 轴指向车辆前进方向，Z_B 轴为簧载质量垂直轴，规定背离地面向上的方向为正，Y_B 轴为车体侧向轴，方向符合右手定则。

4）车轮坐标系。车轮坐标系 $WX_WY_WZ_W$，分别对应于四个车轮，单位向量为 (i_W, j_W, k_W)，其原点 W 固定于车轮中心，X_W 轴以车轮中心的线速度方向为正，Z_W 轴以垂直地面向上为正，Y_W 轴为车轮侧向轴，方向符合右手定则。本书研究的目标车型为前轮转向，因此，前轮车轮坐标系相对于底盘坐标系绕 Z_W 轴转动了一个角度 δ_f，而后轮车轮坐标系三个轴线与底盘坐标系三个轴线完全平行。

汽车为典型的多刚体系统，因此，根据多刚体动力学原理，车辆各坐标系可以进行相互转换。惯性坐标系、底盘坐标系以及车体坐标系的转动位置关系如图6-8所示。从惯性坐标系到车体坐标系的旋转次序为：绕 Z_G 的横摆 ψ → 绕 Y_C 的俯仰 θ → 绕 X_B 的侧倾 ϕ。

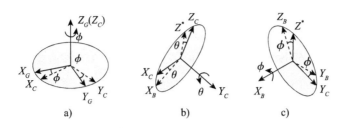

图 6-8　各坐标系之间的转动位置关系

公式（6.9）至（6.34）中，右侧下标 G 代表该参数在惯性坐标系中，C 代表该参数在底盘坐标系中，B 代表该参数在车体坐标系中，W 代表该参数在车轮坐标系中，x、y、z 代表对应坐标系下的 X 轴，Y 轴，Z 轴，fl、fr、rl、rr 分别代表车辆前左轮、前右轮、后左轮、后右轮。

（2）簧载质量模型

根据质点系动量定理，在车体坐标系中有

$$
\begin{aligned}
\boldsymbol{F}_B &= {}^{B}R_G \cdot \boldsymbol{F}_G \\
&= {}^{B}R_G(m_{\mathrm{b}}\,{}^{G}\boldsymbol{a}_B) \\
&= m_{\mathrm{b}} \cdot {}^{B}_{G}\boldsymbol{a}_B \\
&= m_{\mathrm{b}}\dot{\boldsymbol{v}}_B + m_{\mathrm{b}}{}^{B}_{G}\boldsymbol{\omega}_B \boldsymbol{v}_B
\end{aligned}
\tag{6-9}
$$

式中，$\boldsymbol{F}_B$ 为车体坐标系下簧载质量受力，${}^{B}R_G$ 为惯性坐标系与车体坐标系间的转换系数，m_{b} 为簧载质量，${}^{B}_{G}\boldsymbol{a}_B$ 为簧载质量在惯性坐标系中的加速度转换到车体坐标系中的加速度值，$\boldsymbol{v}_B$ 为车体速度，$\dot{\boldsymbol{v}}_B$ 为车体加速度，${}^{B}_{G}\boldsymbol{\omega}_B$ 为簧载质量在惯性坐标系中的角速度转换到车体坐标系中的角速度值。

其中

$$
\boldsymbol{v}_B = \begin{bmatrix} v_x & v_y & v_z \end{bmatrix}^{\mathrm{T}} \tag{6.10}
$$

$$
\dot{\boldsymbol{v}}_B = \begin{bmatrix} \dot{v}_x & \dot{v}_y & \dot{v}_z \end{bmatrix}^{\mathrm{T}} \tag{6.11}
$$

$$
{}^{B}_{G}\boldsymbol{\omega}_B = \begin{bmatrix} p & q & r \end{bmatrix}^{\mathrm{T}} \tag{6.12}
$$

式中，p 为车辆侧倾角速度，q 为车辆俯仰角速度，r 为车辆横摆角速度。

因而有

$$
\boldsymbol{F}_B = m_{\mathrm{b}}\begin{bmatrix} \dot{v}_x + qv_z - rv_y \\ \dot{v}_y + rv_x - pv_z \\ \dot{v}_z + pv_y - qv_x \end{bmatrix} \tag{6.13}
$$

根据质点系动量矩定理，在车体坐标系中有

$$
\boldsymbol{M}_B = \boldsymbol{I}_B{}^{B}_{G}\dot{\boldsymbol{\omega}}_B + {}^{B}_{G}\boldsymbol{\omega}_B \times (\boldsymbol{I}_B{}^{B}_{G}\boldsymbol{\omega}_B) \tag{6.14}
$$

式中，$\boldsymbol{M}_B$ 为车体坐标系下簧载质量所受力矩，$\boldsymbol{I}_B$ 为车体转动惯量，${}^{B}_{G}\dot{\boldsymbol{\omega}}_B$ 为簧载质量在惯性坐标系中的角速度转换到车体坐标系中的角加速度值。

其中

$$
{}_{G}^{B}\dot{\boldsymbol{\omega}}_{B} = \begin{bmatrix} \dot{p} & \dot{q} & \dot{r} \end{bmatrix}^{\mathrm{T}} \tag{6.15}
$$

式中，$\dot{p}$ 为车辆侧倾角加速度，$\dot{q}$ 为车辆俯仰角加速度，$\dot{r}$ 为车辆横摆角加速度。

因此有

$$
\boldsymbol{I}_{B}{}_{G}^{B}\dot{\boldsymbol{\omega}}_{B} + {}_{G}^{B}\boldsymbol{\omega}_{B} \times (\boldsymbol{I}_{B}{}_{G}^{B}\boldsymbol{\omega}_{B})
$$

$$
= \begin{bmatrix} I_X & 0 & 0 \\ 0 & I_Y & 0 \\ 0 & 0 & I_Z \end{bmatrix} \begin{bmatrix} \dot{p} \\ \dot{q} \\ \dot{r} \end{bmatrix} + \begin{bmatrix} p \\ q \\ r \end{bmatrix} \left(\begin{bmatrix} I_X & 0 & 0 \\ 0 & I_Y & 0 \\ 0 & 0 & I_Z \end{bmatrix} \begin{bmatrix} p \\ q \\ r \end{bmatrix} \right) = \begin{bmatrix} \dot{p}I_X - qrI_Y + qrI_Z \\ \dot{q}I_Y - prI_X + prI_Z \\ \dot{r}I_Z - pqI_X + pqI_Y \end{bmatrix} \tag{6.16}
$$

即

$$
\boldsymbol{M}_B = \begin{bmatrix} \dot{p}I_X - qrI_Y + qrI_Z \\ \dot{q}I_Y - prI_X + prI_Z \\ \dot{r}I_Z - pqI_X + pqI_Y \end{bmatrix} \tag{6.17}
$$

式中，I_X、I_Y、I_Z 为车辆绕 X、Y、Z 轴惯性转动惯量。

由式（6.13）和式（6.17）可以得到簧载质量的 6 个自由度方程。下面，对车辆力及力矩系统进行分析。

定义簧载质量在与悬架接触点的受力在底盘坐标系下的表达为 $\boldsymbol{F}_{Ci}$，有

$$
\boldsymbol{F}_{Ci} = \begin{bmatrix} F_{Cxi} & F_{Cyi} & F_{Czi} \end{bmatrix}^{\mathrm{T}} \tag{6.18}
$$

其中，F_{Czi} 将在下节非簧载质量振动模型中求解，而 F_{Cxi} 和 F_{Cyi} 有

$$
\begin{bmatrix} F_{Cxi} \\ F_{Cyi} \end{bmatrix} = \begin{bmatrix} F_{Cxi} + m_{wi}g\sin\theta - m_{wi}(\dot{v}_{Wxi} - rv_{Wyi} + qv_{Wzi}) \\ F_{Cyi} - m_{wi}g\sin\phi - m_{wi}(\dot{v}_{Wyi} - pv_{Wzi} + rv_{Wxi}) \end{bmatrix} \tag{6.19}
$$

式中，m_{wi} 为非簧载质量，F_{Cxi} 为底盘坐标系下轮胎接地点处轮胎纵向力，F_{Cyi} 为底盘坐标系下轮胎接地点处轮胎侧向力，v_{Wxi}、v_{Wyi}、v_{Wzi} 车轮坐标系车轮轮心纵向、侧向、垂向速度。

将轮胎力转换到底盘坐标系有

$$
\boldsymbol{F}_{Ci} = {}^{C}\boldsymbol{R}_{Wi} \cdot \boldsymbol{F}_{Wi} \tag{6.20}
$$

式中，F_{Wi} 为轮胎力，${}^{C}\boldsymbol{R}_{Wi}$ 为轮胎坐标系与底盘坐标系间的转换系数。

因此，可以得到

$$
\begin{bmatrix} F_{Cxfl} \\ F_{Cxfr} \\ F_{Cxrl} \\ F_{Cxrr} \end{bmatrix} = \begin{bmatrix} F_{Wxfl}\cos(\delta_f) - F_{Wyfl}\sin(\delta_f) \\ F_{Wxfr}\cos(\delta_f) - F_{Wyfr}\sin(\delta_f) \\ F_{Wxrl} \\ F_{Wxrr} \end{bmatrix} \tag{6.21}
$$

$$
\begin{bmatrix} F_{Cyfl} \\ F_{Cyfr} \\ F_{Cyrl} \\ F_{Cyrr} \end{bmatrix} = \begin{bmatrix} F_{Wyfl}\cos(\delta_f) + F_{Wxfl}\sin(\delta_f) \\ F_{Wyfr}\cos(\delta_f) + F_{Wxfr}\sin(\delta_f) \\ F_{Wyrl} \\ F_{Wyrr} \end{bmatrix} \tag{6.22}
$$

式中，F_{Cxfl}、F_{Cxfr}、F_{Cxrl}、F_{Cxrr} 为底盘坐标系下轮胎接地点处轮胎纵向力，F_{Cyfl}、F_{Cyfr}、F_{Cyrl}、F_{Cyrr} 为底盘坐标系下轮胎接地点处轮胎侧向力，F_{Wxfl}、F_{Wxfr}、F_{Wxrl}、F_{Wxrr} 为前左、前右、后左、后右车轮轮胎纵向力，F_{Wyfl}、F_{Wyfr}、F_{Wyrl}、F_{Wyrr} 为前左、前右、后左、后右车轮轮胎侧向力，δ_f 为前轮转角。

将簧载质量在与悬架接触点的受力转换到车体坐标系中有

$$F_{Bi} = \begin{bmatrix} F_{Bxi} \\ F_{Byi} \\ F_{Bzi} \end{bmatrix} = {}^{B}R_{Ci}F_{Csi} = {}^{B}R_{Ci} \begin{bmatrix} F_{Csxi} \\ F_{Csyi} \\ F_{Cszi} \end{bmatrix} \tag{6.23}$$

式中，${}^{B}R_{Ci}$ 为底盘坐标系与车体坐标系之间的转换系数。

因此，簧载质量受到的力和力矩分别为

$$F_B = \begin{bmatrix} F_{Bx} \\ F_{By} \\ F_{Bz} \end{bmatrix} = \begin{bmatrix} \sum F_{Bxi} + m_b g\sin\theta \\ \sum F_{Byi} - m_b g\sin\phi\cos\theta \\ \sum F_{Bzi} - m_b g\cos\phi\cos\theta \end{bmatrix} \tag{6.24}$$

$$M_B = \begin{bmatrix} \sum F_{Byi}h_r + (F_{Bzrl} - F_{Bzrr})\dfrac{d_r}{2} + (F_{Bzfl} - F_{Bzfr})\dfrac{d_f}{2} \\ \sum F_{Bxi}h_p - (F_{Bzfl} + F_{Bzfr})l_f + (F_{Bzrl} + F_{Bzrr})l_r \\ (F_{Byfl} + F_{Byfr})l_f - (F_{Byrl} + F_{Byrr})l_r + (F_{Bxfr} - F_{Bxfl})\dfrac{d_f}{2} + (F_{Bxrr} - F_{Bxrl})\dfrac{d_r}{2} \end{bmatrix} \tag{6.25}$$

式中，d_r 为后轴轮距，d_f 为前轴轮距，l_r 为质心距后轴距离，l_f 为质心距前轴距离，h_r 簧载质量质心到侧倾中心的距离，h_p 簧载质量质心到俯仰中心的距离，F_{Bxfl}、F_{Bxfr}、F_{Bxrl}、F_{Bxrr} 为车体坐标系下悬架接触点处车体所受纵向力，F_{Byfl}、F_{Byfr}、F_{Byrl}、F_{Byrr} 为车体坐标系下悬架接触点处车体所受侧向力，F_{Bzfl}、F_{Bzfr}、F_{Bzrl}、F_{Bzrr} 为车体坐标系下悬架接触点处车体所受法向力。

（3）非簧载质量振动模型

为研究计算，将悬架系统简化为簧载质量、非簧载质量及弹性和阻尼元件，简化后的车辆振动模型如图 6-9 所示。假设簧载质量和非簧载质量只沿底盘坐标系 Z_C 轴运动。

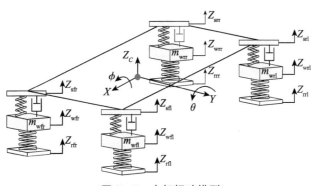

图 6-9　车辆振动模型

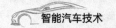

非簧载质量振动模型为

$$\ddot{z}_{wi} = m_{wi}^{-1}\ (F_{Czi} - F_{Cszi}) \tag{6.26}$$

即

$$\begin{bmatrix} \ddot{z}_{wfl} \\ \ddot{z}_{wfr} \\ \ddot{z}_{wrl} \\ \ddot{z}_{wrr} \end{bmatrix} = \begin{bmatrix} (F_{Czfl} - F_{Cszfl})/m_{wfl} \\ (F_{Czfr} - F_{Cszfr})/m_{wfr} \\ (F_{Czrl} - F_{Cszrl})/m_{wrl} \\ (F_{Czrr} - F_{Cszrr})/m_{wrr} \end{bmatrix} \tag{6.27}$$

式中，$\ddot{z}_{wfl}$、$\ddot{z}_{wfr}$、$\ddot{z}_{wrl}$、$\ddot{z}_{wrr}$ 为前左、前右、后左、后右非簧载质量垂向加速度，F_{Czfl}、F_{Czfr}、F_{Czrl}、F_{Czrr} 为底盘坐标系下轮胎接地点处轮胎法向力，F_{Cszfl}、F_{Cszfr}、F_{Cszrl}、F_{Cszrr} 为底盘坐标系下前左、前右、后左、后右悬架力，m_{wfl}、m_{wfr}、m_{wrl}、m_{wrr} 为前左、前右、后左、后右非簧载质量。

其中，悬架输出力主要由车辆悬架弹簧、减振器以及横向稳定杆产生的反作用力组成

$$\begin{bmatrix} F_{Cszfl} \\ F_{Cszfr} \\ F_{Cszrl} \\ F_{Cszrr} \end{bmatrix} = \begin{bmatrix} k_{sfl}(z_{wfl} - z_{sfl}) \\ k_{sfr}(z_{wfr} - z_{sfr}) \\ k_{srl}(z_{wrl} - z_{srl}) \\ k_{srr}(z_{wrr} - z_{srr}) \end{bmatrix} + \begin{bmatrix} c_{sfl}(\dot{z}_{wfl} - \dot{z}_{sfl}) \\ c_{sfr}(\dot{z}_{wfr} - \dot{z}_{sfr}) \\ c_{srl}(\dot{z}_{wrl} - \dot{z}_{srl}) \\ c_{srr}(\dot{z}_{wrr} - \dot{z}_{srr}) \end{bmatrix} + \begin{bmatrix} F_{Czbfl} \\ F_{Czbfr} \\ F_{Czbrl} \\ F_{Czbrr} \end{bmatrix} \tag{6.28}$$

式中，k_{sfl}、k_{sfr}、k_{srl}、k_{srr} 为前左、前右、后左、后右悬架刚度，c_{sfl}、c_{sfr}、c_{srl}、c_{srr} 为前左、前右、后左、后右悬架阻尼，z_{wfl}、z_{wfr}、z_{wrl}、z_{wrr} 为前左、前右、后左、后右非簧载质量垂向位移，$\dot{z}_{wfl}$、$\dot{z}_{wfr}$、$\dot{z}_{wrl}$、$\dot{z}_{wrr}$ 为前左、前右、后左、后右非簧载质量垂向速度，F_{Czbfl}、F_{Czbfr}、F_{Czbrl}、F_{Czbrr} 为前左、前右、后左、后右横向稳定杆作用力，z_{sfl}、z_{sfr}、z_{srl}、z_{srr} 为前左、前右、后左、后右悬架与车体接触点处的垂向位移，$\dot{z}_{snfl}$、$\dot{z}_{snfr}$、$\dot{z}_{snrl}$、$\dot{z}_{snrr}$ 为前左、前右、后左、后右悬架与车体接触点处的垂向速度。

横向稳定杆作用力为

$$\begin{bmatrix} F_{Czbfl} \\ F_{Czbfr} \\ F_{Czbrl} \\ F_{Czbrr} \end{bmatrix} = \begin{bmatrix} k_{bf}[\ -\phi + (z_{wfl} - z_{wfr})/d_f\ ]\ /d_f \\ k_{bf}[\ \phi - (z_{wfl} - z_{wfr})/d_f]/d_f \\ k_{br}[\ -\phi + (z_{wrl} - z_{wrr})/d_r]\ /d_r \\ k_{br}[\ \phi - (z_{wrl} - z_{wrr})/d_r]/d_r \end{bmatrix} \tag{6.29}$$

式中，k_{bf} 为前横向稳定杆刚度，k_{br} 为后横向稳定杆刚度。

轮胎法向力为

$$\begin{bmatrix} F_{Czfl} \\ F_{Czfr} \\ F_{Czrl} \\ F_{Czrr} \end{bmatrix} = \begin{bmatrix} F_{Wzfl} \\ F_{Wzfr} \\ F_{Wzrl} \\ F_{Wzrr} \end{bmatrix} = \begin{bmatrix} k_{wfl}(z_{rfl} - z_{wfl}) \\ k_{wfr}(z_{rfr} - z_{wfr}) \\ k_{wrl}(z_{rrl} - z_{wrl}) \\ k_{wrr}(z_{rrr} - z_{wrr}) \end{bmatrix} \tag{6.30}$$

式中，F_{Wzfl}、F_{Wzfr}、F_{Wzrl}、F_{Wzrr} 为前左、前右、后左、后右车轮轮胎法向力，k_{wfl}、k_{wfr}、k_{wrl}、

k_{wrr}为前左、前右、后左、后右车轮轮胎垂向刚度，z_{rfl}、z_{rfr}、z_{rrl}、z_{rrr}为前左、前右、后左、后右路面纵断面高度。

考虑到车身发生的侧倾、俯仰与垂向运动的相互耦合，在运动幅度不大的情况下，悬架与车体四个接触点的垂向位移可以表示为

$$\begin{bmatrix} z_{sfl} \\ z_{sfr} \\ z_{srl} \\ z_{srr} \end{bmatrix} = z_{scg} \begin{bmatrix} 1 \\ 1 \\ 1 \\ 1 \end{bmatrix} + \theta \begin{bmatrix} -l_f \\ -l_f \\ l_r \\ l_r \end{bmatrix} + \frac{\phi}{2} \begin{bmatrix} d_f \\ -d_f \\ d_r \\ -d_r \end{bmatrix} \tag{6.31}$$

式中，z_{scg}为簧载质量质心位移。

考虑到车轮载荷由于车辆运动造成的转移，各车轮载荷为

$$\begin{bmatrix} F_{zfl} \\ F_{zfr} \\ F_{zrl} \\ F_{zrr} \end{bmatrix} = \frac{m_b g}{2(l_f + l_r)} \begin{bmatrix} l_r \\ l_r \\ l_f \\ l_f \end{bmatrix} + \begin{bmatrix} m_{wfl} \\ m_{wfr} \\ m_{wrl} \\ m_{wrr} \end{bmatrix} g + \begin{bmatrix} F_{Czfl} \\ F_{Czfr} \\ F_{Czrl} \\ F_{Czrr} \end{bmatrix} \tag{6.32}$$

（4）车轮旋转模型

车轮旋转模型如图6-10所示。

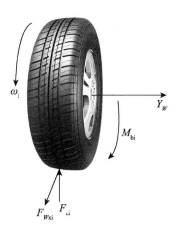

图6-10 车轮旋转模型

在车轮坐标系中，有

$$\begin{bmatrix} M_{fl} \\ M_{fr} \\ M_{rl} \\ M_{rr} \end{bmatrix} = - \begin{bmatrix} M_{bfl} \\ M_{bfr} \\ M_{brl} \\ M_{brr} \end{bmatrix} - \begin{bmatrix} F_{Wxfl} \\ F_{Wxfr} \\ F_{Wxrl} \\ F_{Wxrr} \end{bmatrix} r_{eff} \tag{6.33}$$

$$\begin{bmatrix} \dot{\omega}_{fl} \\ \dot{\omega}_{fr} \\ \dot{\omega}_{rl} \\ \dot{\omega}_{rr} \end{bmatrix} = \begin{bmatrix} M_{fl}/I_{wf} \\ M_{fr}/I_{wf} \\ M_{rl}/I_{wr} \\ M_{rr}/I_{wr} \end{bmatrix} \tag{6.34}$$

式中，M_{fl}、M_{fr}、M_{rl}、M_{rr}为前左、前右、后左、后右车轮力矩，M_{bfl}、M_{bfr}、M_{brl}、M_{brr}为前左、前右、后左、后右车轮制动力矩，I_{wf}、I_{wr}为前、后车轮转动惯量，$\dot{\omega}_{fl}$、$\dot{\omega}_{fr}$、$\dot{\omega}_{rl}$、$\dot{\omega}_{rr}$为前左、前右、后左、后右车轮角加速度，r_{eff}为车轮有效转动半径。

6.3　行驶场景建模技术

汽车行驶场景是道路、交通与气象等诸多要素的集合，是影响乃至决定智能汽车性能与安全的关键因素，具有高度的不确定、不可重复、不可预测和不可穷尽等特征。这些特征使得有限的场地或道路测试远远无法复制、重现或穷举行驶环境对智能汽车的影响，难以满足系统的可靠性和鲁棒性要求。因此，丰富且具有较强确定性的汽车行驶场景建模技术，是智能汽车研发、测试与评价的关键保障技术，对于提高系统性能、保障安全性、实现友好的人机交互体验等均具有十分重要的意义。

6.3.1　场景构建概述

行驶场景是汽车行驶环境的抽象且有限映射，是反映汽车智能驾驶外部影响因素与信息的集合；它包含一定时间和空间范围内影响车辆运行状态和轨迹的周边环境要素，包括道路、气象、静止与动态交通参与物等诸多因素。

汽车行驶环境建模的本质是反映汽车行驶与环境的交互特性与影响，包括随机特征、边界条件、失效特例。此外汽车行驶环境还包括道路的结构化与非结构化、交通复杂性与混杂性、气象条件的不可预测性等特征，以及不同地域驾驶特征的差异性等。虽然汽车行驶环境无限丰富且不可穷举，而场景和场景库构建的使命则是建立对汽车行驶环境的抽象且有限映射，通过建立数量有限但能反映汽车行驶环境关键要素和特征的行驶场景（图 6-11），以尽可能消除汽车行驶环境天然的不确定性、不可预测性、不可重复性和不可穷举性，实现智能汽车高效、高逼真、可重复且可自动化的研发、测试与评价等。

图 6-11　场景构建对行驶环境的抽象与映射

智能汽车的关键技术包括环境传感感知、决策与规划、控制与执行。行驶场景及场景数据库可为目标检测与跟踪、场景理解、语义分割和基于端到端的深度学习等算法提供模型的训练集和测试集，为自动驾驶系统的设计与优化提供重要支撑，为运动控制算法的设计与测试提供丰富的试验依据。传统的基于道路或封闭场地试验的研发手段不仅无法提供复杂且动态多变的道路、交通或气象测试环境，试验工况设置也不灵活、难以复制、难以自动化，特别是无法保障极端或危险工况下测试的安全，而且研发成本巨大且效率低。

综上所述，汽车行驶环境建模的关键技术可简单归纳如下：

1）场景要素特征：对无限丰富与极其复杂行驶环境的理解、抽象与映射。

2）场景构建方法：基于数字虚拟化和实验室模拟技术反映其特征化、逼真度和完整性。

6.3.2　场景要素特征

汽车行驶环境丰富多样且变化迅速，其映射的行驶场景具有复杂度、危险度和随机性等主要的关键特征。

复杂度是对驾驶人驾驶过程中周围环境多样性状况的描述和评估，它与道路交通环境密切相关。行驶场景复杂度的影响因素中仅考虑场景关键要素及其属性而不考虑风向、温度、湿度等对驾驶性能影响小的场景要素，也不包含驾驶人主观因素。复杂度是一个相对的概念，不会离开所研究的车辆单位而单独存在，在道路交通环境中会随着行驶路线的选择、速度变化等因素的变化而变化。简单地说，交通越顺畅、路面越宽阔干燥平坦、周边车辆和行人越少，这样的因素产生的场景复杂度就越低。在城市场景中，复杂度的度量有助于使智能驾驶系统更准确地认识周边实时变化的交通环境，可提升交通流的运行效率和安全空间。

危险度是对任何可能给车辆和驾驶人造成伤害的周边环境场景突发情况、情境或组合状况的描述和评估。交通场景中的危险源分为显性危险源和潜在危险源两类。显性危险场景是道路交通环境中存在着明显的危险，如车辆前方突然有行人横穿马路；潜在危险场景是指交通环境中存在着驾驶人或智能驾驶系统不能立刻发现、还未暴露出来的危险，如恶劣气象能见度低、路面湿滑、路况复杂等场景。城市场景的危险度判定和预测可提升驾驶人或智能驾驶系统对交通环境的危险处置能力。其中，驾驶人需要通过长时间的驾驶累积而养成，智能驾驶系统则需要准确收集周边信息数据并根据深度学习不断训练预测和校正。

随机性体现了实际的道路环境和交通路况条件下的瞬时千变万化。尤其是城市场景，由于交通流变化快且人车混合交通随机性大，随机性分析有助于驾驶人或智能驾驶系统做出不同的判断和决策的备案，可迅速采取应对措施。

6.3.3　场景构建方法

在明确场景要素种类之后，可以结合智能汽车行驶场景的具体特点，对智能汽车的行驶场景进行构建。构建的主要内容包括：基于模型和图像的混合建模，包括支持对车载摄像头、视觉成像和图像处理等的模拟和仿真；复杂气象模拟，包括风、雨、雪、雾、冰雹

等对雷达电磁波传播和图像成像的影响；车载雷达及其检测的模拟技术，包括对雷达电磁波发射、传播、反射和接受机理的模拟，以及对雷达散射面积（Radar Cross Section，RCS）的估算模型等；场景静态要素模拟，包括汽车行驶道路和道路网络拓扑结构、数字地图、GPS 导航、交通标志信号、标志设施模拟等；场景动态要素模拟，包括车辆、行人、非机动车的交通路况模拟；车联网建模，包括 V2V 车载无线通信信道建模和 V2I 联网的无线路由及无线通信网络建模等关键技术的建模。

在构建的过程中，道路作为行驶场景的基础，首先应该对道路进行明确的建模。在道路模型中（图6-12），一般对车道、道路属性进行设置，对多车道、路口、出口斜坡、超高、弯曲、路面摩擦、道路交通标志、交通灯、限速标志、停车标志等进行设定，还应该能够自定义路面标志线，包括实线、虚线、停车位、不规则几何线段，并可进行不平度设置和各种道路细节设定，甚至还应该可以完成桩桶、井盖、路面凸起、路肩、人行道、曲线规则栅格路面（Curved Regular Grid，CRG）数据的导入等功能，如图6-13所示。

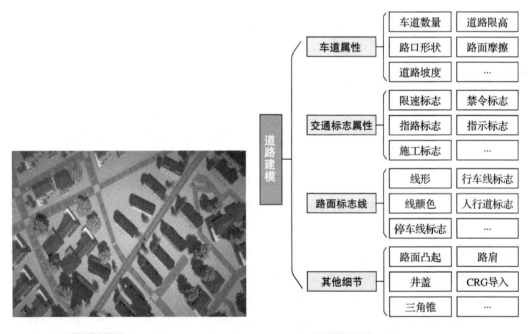

图6-12　道路环境模拟　　　　图6-13　道路建模细节设定

6.4　环境感知传感器建模技术

感知系统在智能汽车技术架构中处于首要位置，在感知→决策→控制执行的技术架构中，首先需要通过雷达、摄像头、定位装置等感知传感器收集必要的车辆行驶环境信息，才能对车辆的环境有一个较好的理解，从而进行后续的决策与控制。因此，在虚拟测试的过程中搭建精确的环境感知传感器模型显得十分重要。

6.4.1 激光雷达建模

对车载激光雷达进行建模的目的是在虚拟驾驶环境中使用虚拟的激光雷达，以得到类似真实激光雷达的、可以用于汽车控制的虚拟驾驶环境信息。由于车载激光雷达的主要功能是对环境和目标的检测，想要模拟车载激光雷达的功能，也需要对环境和目标进行合理的建模。环境模型主要用来描述环境中激光传输的介质对探测的影响。目标模型描述了目标的形状及其反射特性。考虑到激光雷达在探测环境中的目标时可以产生空间信息以及能量信息，使用几何模型和物理模型共同描述激光雷达的探测过程。

激光雷达模型框架如图 6 - 14 所示。

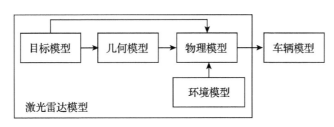

图 6 - 14 激光雷达模型框架

1. 几何模型

激光雷达最主要的性能参数就是距离信息和角度信息的探测范围。这两个关键的参数可以确定一个理想化的几何空间，在该空间中的目标可以被激光照射。目标的反射能力越强，激光照射在目标上反射的回波就越强，越容易被激光接收器检测到，继而使目标的位置得以确定。在激光雷达几何模型的构建过程中，主要包括激光雷达的视锥模型和目标物模型。

视锥模型用来抽象激光雷达探测几何范围。由于真实的激光雷达在水平方向和垂直方向上的可探测角度范围一般不同，使用椭圆锥模型作为激光雷达的视锥。椭圆锥的数学表达式如下

$$\begin{cases} \dfrac{y^2}{x^2 \tan^2\left(\dfrac{\alpha}{2}\right)} + \dfrac{z^2}{x^2 \tan^2\left(\dfrac{\beta}{2}\right)} \leqslant 1 \\ x^2 + y^2 + z^2 \leqslant R^2 \end{cases} \tag{6.35}$$

由数学表达式可以看出，锥体可以由三个属性来确定，分别是激光雷达的探测距离 R、激光雷达在水平方向上的角度视野（水平视场角）α 和激光雷达在垂直方向上的视野（垂直视场角）β。视锥模型的示意如图 6 - 15 所示。

在虚拟驾驶环境中，常见的目标类别有车辆、建筑物、行人等。目标模型的几何抽象方式有很多，使用包围盒形式（图 6 - 16）能涵盖目标在三个方向上的轮廓尺寸信息，同时其计算简便，可以大大提高运算效率。

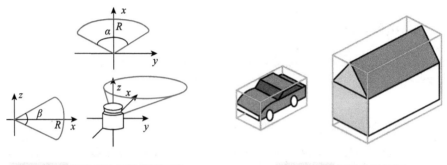

图6-15 激光雷达视锥模型示意　　　　图6-16 包围盒示意图

2. 物理模型

在雾、霾等恶劣天气下，激光雷达的探测范围会受到影响。除此之外，目标的类别和反射能力也会影响激光雷达的探测结果，如图6-17所示。物理模型主要从能量角度模拟天气环境和目标本身反射能力对探测的影响，主要考虑对激光雷达可探测范围的影响。

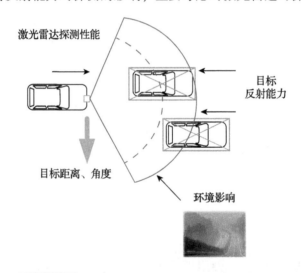

图6-17 对激光雷达探测范围造成影响的物理因素

目标的反射特性主要影响目标的反射截面积大小。当激光照亮的范围面积比目标的面积小时，认为目标为扩展目标。当光斑为圆形时，目标的散射截面可以简化为

$$\sigma = \pi \varphi^2 R^2 \rho_T \tag{6.36}$$

式中，ρ_T 为目标平面反光系数；φ 为光束发散角；R 为目标被照射部位相对于雷达中心的距离。

环境模型主要针对天气带来的激光传输衰减过程，考虑天气对激光雷达方程中大气传输系数 η_{Atm} 的影响，大气传输系数定义为：

$$\eta_{Atm} = \exp\left(-2\gamma R\right) \tag{6.37}$$

式中，γ 为距离发射端 R 处的大气衰减系数。大气衰减系数是波长 λ 的函数，由环境中的两部分带来，一部分是大气分子，一部分是大气气溶胶，即

$$\gamma(\lambda) = \gamma_{\text{molecules}}(\lambda) + \gamma_{\text{aerosol}}(\lambda) \tag{6.38}$$

大气分子衰减系数主要和激光波长有关，气溶胶衰减系数除了与波长有关外还和天气情况相关。为了方便建模，选取波长为车载激光雷达市场上常见的905nm。

根据国际电信联盟无线电通信组建议的结果，当波长大于$0.8\mu m$时，大气分子的瑞利散射对信号的损耗可以忽略不计。因此，对于905nm波长的激光，大气气体分子引起的散射和吸收损耗可以不考虑。因此，在晴空大气条件下，大气引起的激光衰减主要为大气气溶胶引起的衰减，即

$$\gamma(\lambda) \approx \gamma_{\text{aerosol}}(\lambda) \tag{6.39}$$

大气气溶胶衰减系数可表示为

$$\gamma_{\text{aerosol}}(\lambda) = \sigma_\alpha(\lambda) + k_\alpha(\lambda) \tag{6.40}$$

式中，$k_\alpha(\lambda)$和$\sigma_\alpha(\lambda)$分别为气溶胶的吸收和散射系数。很多时候吸收系数和散射系数的作用被合并为衰减系数。在物理模型中按照天气来对衰减过程进行建模，大气总的衰减系数可以表示为

$$\gamma(\lambda) = \gamma_{\text{haze}}(\lambda) + \gamma_{\text{fog}}(\lambda) + \gamma_{\text{rain}}(\lambda) + \gamma_{\text{snow}}(\lambda) \tag{6.41}$$

式中，γ_{haze}为霾衰减系数；γ_{fog}为雾衰减系数；γ_{rain}为雨衰减系数；γ_{snow}为雪衰减系数。在不考虑几种天气混合的状况时，每种天气下只有一种天气的衰减系数非零。

6.4.2 毫米波雷达建模

毫米波雷达模型分成两部分：几何模型和物理模型。几何模型属于功能性建模，模拟理想雷达的功能，不考虑实际雷达探测目标的具体机理，将其发射的电磁波束抽象成椭圆椎体，与搜索空域内的目标物体特征点集求交并输出。物理模型在几何模型的基础上，通过模拟实际雷达信号的处理流程和添加噪声，使毫米波雷达模型更接近真实情况。

1. 几何模型

毫米波雷达几何模型旨在模拟实际雷达的探测功能，不考虑其具体的实现原理和硬件结构，将雷达发射电磁波波束抽象成空间椎体，将场景中感兴趣的目标离散成一系列预先定义的能充分表达出物体形状特征的特征点集（Points of Shape Characteristics，PSC）。雷达的探测过程被转化成为如何找到被雷达视锥照射到的PSC的问题，这些被找到的PSC应该满足以下两个条件：①位于雷达视锥内；②没有被遮挡，没有任何物体或PSC位于雷达视锥顶点至该PSC的连线上。

目标物体是指场景中所有感兴趣的、可以对雷达发射的电磁波在物理上做出反应，即产生回波信号的运动或静止的物体，例如各种交通车辆、交通标志、房屋建筑以及行人等。为了兼顾计算效率，将复杂的目标物体用一系列的点集PSC（顶点、棱边、曲面等）来表征其形状特征，如图6-18所示。

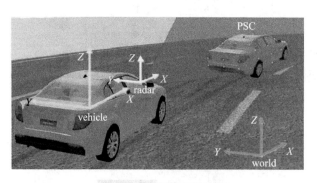

图 6 - 18 特征点集 PSC

当目标物体的三维尺寸远远大于电磁波波长时，可以用光学方法处理电磁波，将雷达发射的电磁波束抽象成一个由椭圆锥体和平面包围成的封闭空间锥体，由三个特征参数表征，分别是水平视场角 α、垂直视场角 β、最大距离 R，满足以下不等式组

$$\begin{cases} \dfrac{x^2}{\left(y\tan\dfrac{\alpha}{2}\right)^2} + \dfrac{z^2}{\left(y\tan\dfrac{\beta}{2}\right)^2} \leqslant 1 \\ y \leqslant R \end{cases} \tag{6.42}$$

式中，$[x, y, z]$ 表示一个空间点的三维坐标。

雷达对周围场景探测的过程就是不断提出场景中的目标物体特征点、最终留下被雷达"照射"到的点集的过程，关键问题是如何快速筛选出符合条件的 PSC，它的流程如图 6 - 19

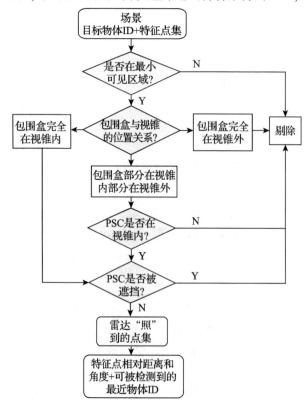

图 6 - 19 雷达探测过程流程

所示。它主要由四部分组成：判断是否在最小可见区域；判断包围盒与视锥的位置关系；判断 PSC 是否在视锥内；判断 PSC 是否被遮挡。

1）最小可见区域判断：场景范围远远大于雷达可探测到的范围，存在大量的物体处于雷达的波束之外，为了避免不必要的计算，首先需要判断哪些物体在雷达的波束范围之内。

2）视锥可见判断：在上述最小可见区域内，利用包围盒快速排除肯定不满足条件的 PSC，即利用包围盒快速判断目标物体是否与视锥有交集，将完全位于视锥之外的目标物体特征点予以剔除。

3）视锥裁剪判断：对于部分位于视锥之内、部分位于视锥之外的包围盒，需要进一步细化判断，将位于视锥之外的目标物体特征点剔除。

4）遮挡判断：完全位于视锥之内及经视锥裁剪后的目标物体特征点之间可能存在遮挡，应将被遮挡的特征点剔除。

2. 物理模型

物理模型根据回波信号处理过程，将几何模型的输出作为输入并进一步筛选，使得模型最终输出更接近真实情况。毫米波雷达的基本组成如图 6 - 20 所示。雷达发射机以电磁波的形式发射能量，该能量经收发转换开关传给天线，天线再向某一个方向集中发射至空中；电磁波在空中传播的过程中遇到目标物体，一小部分能量会被目标物体反射回雷达处，反射回的电磁波能量同样由天线接收，并经过收发转换开关传给接收机；经过信号处理，得到目标物体的相对距离、相对速度及角度等信息。

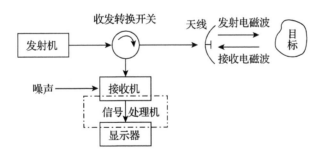

图 6 - 20　毫米波雷达基本组成

基于毫米波雷达的信号处理过程，汽车毫米波雷达物理模型建模流程如图 6 - 21 所示。由几何模型和 RCS 估计模块的输出参数定义物理模型的输入，首先构造时域上的差拍信号，每一个目标物体都会产生一个对应的时域差拍信号，将时域信号求和，并叠加高斯白噪声（Additive Gaussian White Noise，AGWN），用以模拟信号数字化过程中产生的量化噪声、由于非理想的频率合成器和混频器等产生的信号相位噪声以及系统内部的热噪声。然后，通过 2D - FFT 变换到频域进行频谱分析，进行恒虚警率（Constant False Alarm Rate，CFAR）检测，当信号幅值大于所设定的阈值时，认为其为目标物体产生的回波信号；当信号幅值小于所设定的阈值时，认为其为地面等杂波或噪声信号。最后找到所有峰值，计算目标的相对距离和速度，存储峰值 ID 及其对应的目标距离速度信息。

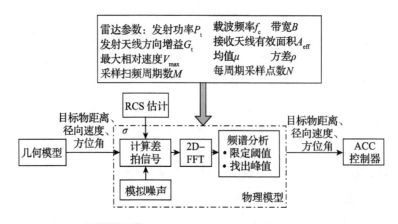

图6-21　汽车毫米波雷达物理模型建模流程

6.4.3　超声波传感器建模

超声波传感器是早期阶段车辆的主要外界感知硬件，由于其能够探测车辆周围障碍物的特性，被广泛运用于倒车雷达和盲区监测。作为车载传感器，40kHz 和 58kHz 是使用最广泛的波长。超声波传感器与毫米波雷达和激光雷达不同的地方在于它发出的是声波，因此能够检测一些透明的障碍和具有高反射特性表面的障碍物，这些障碍物对于基于电磁波检测原理的毫米波雷达和激光雷达来说，都具有很高的检测难度。

如图 6-22 所示，超声波传感器的建模不仅需要考虑传感器本身的特性，还要对传输介质和目标进行精确建模，因此整个建模分为三个部分：第一部分是传感器本身特性建模；第二部分是传输介质建模；第三部分是目标物体特性建模。

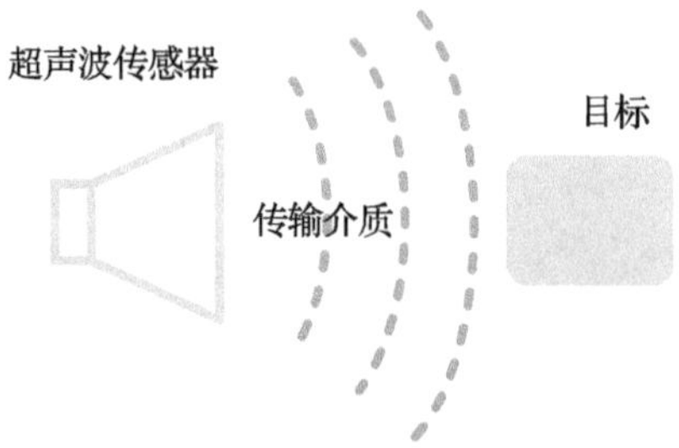

1. 超声波传感器特性

超声波传感器有三个重要的特性：方向性、声响时间和声压等级。

图6-22　超声波传感器工作过程

一种超声波传感器的方向性由其振动表面的大小和形状决定。越小的振动表面就会在同等带宽下有更高的方向性。更宽的振动表面会在传感器数量少的时候提供更广的探测范围。

声响时间通常是指在传感器收到一次响应时，声波通常会有一定的衰减时间，以准备下一次的声波接受。通常在目标很近的情况下，反射波会被衰减过程中的声波覆盖，这个区域也被称为"死区"，因而超声波也有一个最小检测距离，通常是几厘米，根据各种传感器属性的不同而略有差别。

声压等级是声音的有效值（Root Mean Square，RMS）相对于一个参考值的对数关系，表示如下：

$$SPL = 20\log_{10}\frac{P_{\text{rms}}}{P_{\text{ref}}} \tag{6.43}$$

式中，P_{ref}是参考的声音 RMS 值，P_{rms}是需要测定的声音的 RMS 值。

它表达了超声波发出和接收声音强度的一个特性。通常参考声压会选为 1kHz。

2. 传输介质

对于声波来讲，它的传输介质在汽车应用中主要指的是空气。由于大气复杂多变的状况，因而在传输过程中的衰减也叫大气衰减。大气衰减在超声波传输建模中扮演着重要角色，它会很显著地降低发射声压等级，因而会影响传感器的探测范围。在多种影响大气的因素中最重要的三种是温度、湿度以及大气压强。众所周知，声音在不同温度下的传输速度是不一样的，其关系主要表达如下

$$c_{\text{sound}} = 331.4\sqrt{1 + \frac{T}{273.15}} \tag{6.44}$$

式中，c_{sound}是该种温度条件下的声速，T 是介质温度。

声速的主要作用是联合声响时间计算最小检测距离。

声压等级的表达式如下

$$SPLr = SPLt - 20\log_{10}\frac{2R}{R_0} - 2\alpha R + SPLa \tag{6.45}$$

式中，R_0 是参考距离范围，SPLr 是接收声压等级；SPLt 是发射声压等级；R 是探测范围；α 是周边环境下的衰减常数；SPLa 是目标吸收声压等级。其中衰减常数是由温度、湿度和大气压结合判定的，对于衰减常数有如下表达式

$$\alpha = \frac{p_s}{p_{s0}}F^2\left\{1.84\times10^{-11}\left(\frac{T_0}{T}\right)^{\frac{1}{2}} + \left(\frac{T_0}{T}\right)^{-\frac{5}{2}}\left[0.01278\frac{e^{\frac{-2239.1}{T}}}{F_{r,O}+\frac{F^2}{F_{r,O}}} + 0.1068\frac{e^{-\frac{3352}{T}}}{F_{r,N}+\frac{F^2}{F_{r,N}}}\right]\right\} \tag{6.46}$$

其中，$F = \dfrac{f}{p_s}$。

$$F_{r,O} = 24 + 4.40\times10^4 h\frac{0.02+h}{0.0391+h} \tag{6.47}$$

$$F_{r,N} = \left(\frac{T}{T_0}\right)^{\frac{1}{2}}\left\{9 + 280h\cdot\exp-417\left[\left(\frac{T}{T_0}\right)^{\frac{1}{3}}-1\right]\right\} \tag{6.48}$$

式中，T_0 为参考温度，p_s 为当前大气压强，p_{s0} 为标准大气压强，h 为绝对湿度，f 为相关系数。

综上所述，在特定声压频率下，可以由上述一系列表达式得出声音在大气中的衰减程度。

3. 目标属性

不同目标会有不同的衰减程度，目标属性可以被分为物理属性、外观尺寸、几何形状

及位置。通常来讲，当声波接触到目标物体时会有一定的声音强度上的减弱，也就是说在一定程度上的声音会被物体吸收，如木头和金属就会对声音有不同的反射属性。这种由不同物理属性所导致的衰减也被称为声阻抗，表 6-2 列出了几种不同材质的声阻抗。

表 6-2　声波在不同材质中的特性

材质	声速/（m/s）	密度/（g/cm³）	声阻抗/（kg/s·m²×10⁶）
空气	330	0.0013	0.000429
皮肤	1730	1.15	1.99
混凝土	3100	2.6	8.0
铁	5900	7.69	45.4
玻璃	5500	2.2	13
木材	3500	0.45	1.57

除了声阻抗之外，物体的位置也会决定其反射声波的强度，如图 6-23 所示。

图 6-23 中所表示出来的物体 2 和物体 3 就会对声波有不同的反射强度，而超声波传感器的波束模式会决定位于不同位置上的物体最终得到的反射波强度的不同。

综上，一个整体的超声波检测模型包括了传感器本身的模型、传输介质模型以及目标物体模型，每一部分都会影响最终的检测结果，如图 6-24所示。

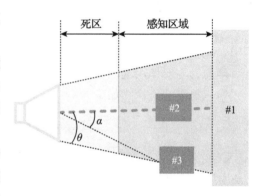

图 6-23　物体位置与反射声波之间的关系

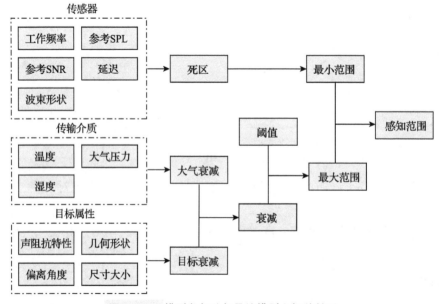

图 6-24　模型各部分与最终模型之间的关系

6.5　硬件在环虚拟测试技术

智能汽车硬件在环测试（Hardware-in-loop，HiL）主要包括环境感知系统在环测试、决策规划系统在环测试和控制执行系统在环测试等。其中，控制系统在环测试和执行系统在环测试在传统车辆的测试验证过程中已经发展得较为成熟，感知系统在环测试则是智能汽车独特的硬件在环测试内容。

6.5.1　感知系统在环测试

1. 摄像头在环测试

摄像头在环测试的基本原理是，基于车载摄像头采集到的图像信号预留控制算法的处理器集成接口，通过独立的信号处理单元导入用户算法，进行车辆自动加速、减速以及相关 ADAS 集成功能的测试研究。

常见的摄像头在环测试共有三个方案，如图 6 - 25 所示。方案一中，系统提供的车载摄像头识别环视显示屏后，会输出必要信号并预留接口给系统进行车辆的自动控制，以实现自动驾驶功能。摄像头和驾驶模拟器系统通过 CAN 总线连接，将摄像头模块集成到整个测试系统中，并完成调试。为避免由于显示器屏幕反光对读取图像的影响，方案二和方案一的不同之处在于，图像不是通过摄像头读取，而是将计算机模拟的虚拟数据通过专门的处理单元传输给摄像头的图像处理单元，跳过摄像头和成像单元。方案三可以利用真实数据实现实验室摄像头在环的方式，由真实摄像头采集的数据通过数据处理单元输入到摄像头的图像处理单元。

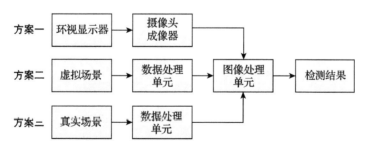

图 6 - 25　摄像头在环测试方案

当前方案一的测试方案较为成熟。如图 6 - 26 所示，在测试过程中，工控机中运行场景模型，通过 HDMI 将图像展示在显示器或幕布上，摄像头通过光电信号的采集与转换获取原始图像，在经过灰度化、边缘检测等处理后获取车道线等信息，并将这部分信息发给控制算法。根据车辆的动作状态，场景模型会进行实时更新生成对应场景，从而完成闭环测试。

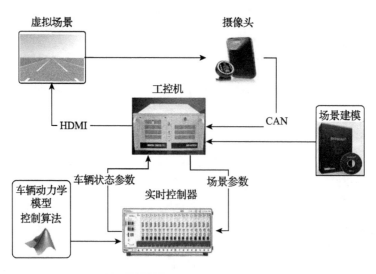

图 6-26　摄像头在环测试方案

2. 毫米波雷达在环测试

毫米波雷达在环测试能够实现雷达传感器参数（噪声、波束宽度和频率等）和雷达目标检测性能（目标识别准确度、距离精度，角度精度和速度精度等）的测试验证，由于目标可模拟，可以进行重复测试。

毫米波雷达在环测试系统的原理如图 6-27 所示。首先，毫米波雷达发射毫米波信号，信号采集系统采集发射信号并对信号进行降频；然后，将信号发送到信号处理器进行波形分析，根据虚拟目标与毫米波雷达之间的距离和相对速度，信号处理器对信号进行适当的延时和多普勒频移；之后，将产生的模拟回波信号升频到 77GHz，通过天线发送回毫米波雷达；毫米波雷达接收回波信号并进行处理，探测到虚拟目标，ECU中的自动驾驶算法对车辆执行器进行控制，通过车辆动力学模型产生响应，更新主车和目标车辆相对距离和相对速度等信息，形成闭环。

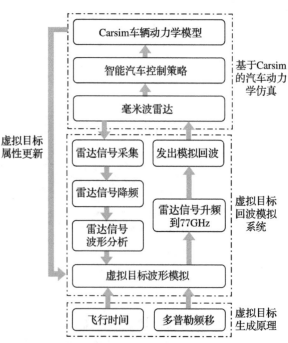

图 6-27　毫米波雷达在环测试系统的原理

毫米波雷达在环测试的方案如图 6-28 所示。毫米波雷达发出毫米波信号，该信号绝大部分被暗箱吸收，小部分信号被收发天线接收；收发天线将毫米波信号送入收发信号变频器中，收发信号变频器将毫米波雷达信号降频到数据处理器可以接收处理的频率范围之内；降频后的毫米波信号被送入数据处理器进行信号分析，然后数据处理器对信号进行适当的延时和多普勒频移，生成包含相对速度、相对距离信息的虚拟目标信号，将生成的虚拟目标信号送入收发变频器升频到毫米波雷达的工作频率，通过收发天线将包含虚拟目标信息的毫米波信号发送回毫米波雷达；毫米波雷达接收到虚拟目标信息，通过 CAN 总线发送给实时控制器，实时控制器运行毫米波雷达目标筛选算法、自动驾驶算法和汽车动力学模型；快速控制原型将解算出主车与目标车之间的相对距离、相对速度、相位角、RCS 等环境信息和车辆状态信息，通过 CAN 总线发送至回波模拟系统，形成闭环，完成毫米波雷达硬件在环测试系统。其中，虚拟目标的相位角信息通过毫米波雷达转台的旋转角度模拟。

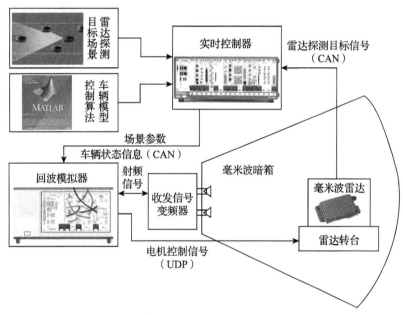

图 6 - 28　毫米波雷达在环测试方案

3. V2X 在环测试

　　V2X 通信系统硬件在环的场景测试平台用来进行通信性能的测试，以弥补室外电磁环境时信号变性造成的测试有效性低的缺点。该系统可检测 V2X 正确发送、接收和解释信号，以及与路边单元和其他车辆的交互能力，并通过车载单元（On Board Unit，OBU）、路侧单元（Road Side Unit，RSU）的重复测试提升测试的有效性和可信度。

　　V2X 在环通信性能测试平台的构建采用虚拟信道模拟和真实信道场景两种不同方案，如图 6 - 29 所示。方案一中，V2X 通信目标模拟与车辆动力学模拟联合仿真，基于车辆动力学软件产生虚拟场景环境，专用短程通信技术（Dedicated Short Range Communication，DSRC）引擎根据虚拟场景中周边车辆和基站环境产生模拟的基础安全信息（Basic Safety Message，BSM）通信信息，BSM 包含了目标的速度和位置等信息；信道模拟器接收 BSM 信息并附加 V2X 通信交互过程中的信息衰减动态，再将虚拟的 BSM 传输给车载通信单元

（OBU/RSU），经过数据识别处理得到目标结果，再通过 CAN 总线发送给虚拟车辆模型用于决策控制。方案二中，用人工真实信道场景代替了虚拟场景，使用真实的信道传递实际 BSM 信息，以及真实车辆代替虚拟车辆模型来完成 V2X 的闭环通信测试。两种方案中均可预先设置好目标的速度和位置等信息，将其与识别结果对比分析，可测试 V2X 通信准确度、传输延迟等性能。

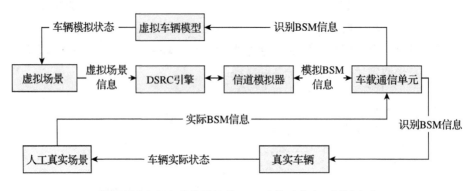

图 6-29　面向通信性能的 V2X 通信系统在环测试方案

6.5.2　控制系统在环测试

随着自动驾驶系统等级的逐渐提高，车辆电子控制单元（Electronic Control Unit, ECU）软件变得越来越复杂，在整个车辆安全中所占比重也不断提高，开发前期便需要进行详尽的测试以保障 ECU 的完备性。实车试验成本高、安全隐患大，并且对试验工况有很高的要求。在环测试可以有效地缩短开发周期、精简开发流程、提升开发效率，并且排除了很多传统开发技术的缺点和纰漏。

一套典型的控制系统在环测试方案如图 6-30 所示。方案 CAN 总线上设有 3 个节点：2 个 dSPACE 控制器和力矩转向盘。把控制算法下载到第一个控制器中，把被控目标车辆模型下载到第二个控制器中，分别配置一台主机给这两个模拟处理器，在 ControlDesk 的软件环境中，观测试验变量和参数，进行试验过程管理。dSPACE 处理器板卡操作简便，运算快速，常作为快速原型硬件在环试验的模拟器使用。它具有 ADC、DAC、CAN、I/O 等接口。dSPACE 控制器通过其 2 个 ADC 接口来接收电子制动踏板和电子加速踏板传来的模拟信号，作为制动和加速的指令输入；从 CAN 总线上接收力矩转向盘的转向盘转角信号，作为转向盘指令输入；同时接收第二个 dSPACE 控制器传来的车辆状态参数。为了方便控制器提取参数，避免对控制器的运行造成影响，这里认为所有的实际状态参数都可以获得。接收的车辆状态参数包括：4 个车轮的转速、车辆的横摆角速度、纵向车速、侧向车速、4 个车轮的侧偏角、车辆的质心侧偏角、4 个车轮的法向载荷、4 个车轮的侧向力、4 个车轮的纵向力、4 个车轮转角，一共 28 个信号。同时，控制器发出 4 个需求的驱动力矩、4 个需求的制动力矩、4 个车轮转角，共 12 个信号到 CAN 总线上。

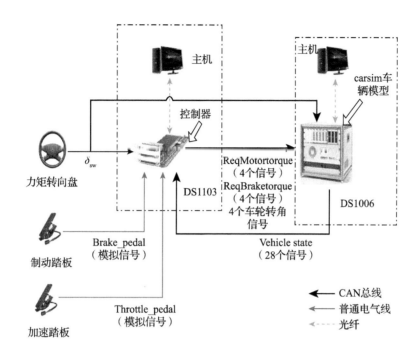

图 6-30　控制系统在环测试方案

6.5.3　执行系统在环测试

随着智能汽车功能的不断丰富，EEA、AUTOSAR 和域控制器等针对执行系统的电子电气架构相继出现，执行系统 ECU 的功能不断发生变化，算法复杂性不断增加。同时，执行系统构型不断发展，其测试需求不断提高，执行系统在环测试的重要性愈发凸显。

1. 制动系统在环测试

制动系统硬件在环测试根据不同需求分为信号级、功率级和机械级三个方案。信号级测试所使用的信号均为小电流信号，信号仅具有控制功能，不具备大功率驱动能力。功率级测试使用的信号为大电流功率信号，采用完整的控制器，其他部分为仿真模型，并配备合适的电子负载板卡用于消耗电流，最终完成测试，在零部件供应商的测试和验证阶段广泛采用此方案。机械级测试方案是嵌入真实的制动系统硬件，如电动助力器（iBooster）、主缸、压力调节单元、管路和前轮盘式制动器等，采用 4 个轮缸压力传感器，从压力到制动力采用模型进行仿真，完成制动系统硬件在环测试的闭环环境。

制动系统在环测试的主要内容是将物理系统状态的制动系统嵌入人 – 车 – 环境 – 任务的评价体系之中，以更准确地反映制动系统的特性，从而使得对智能汽车的测试评价更加准确而全面。可以采用图 6 – 31 所示的测试方案，集成化测试环境由交通场景、被测车辆模型和自动驾驶功能组成。在测试过程中，自动化测试平台将场景库中的测试场景导入集成测试环境，并完成建模和初始化。当自动驾驶功能需要主动制动时，系统通过 CAN 将主动制动信号发送至主动制动控制器，随后，该控制器控制主动制动机构动作，经过真实的

液压回路在轮缸建立制动压力，通过模拟量采集接口实时传递至车辆模型，实现其制动减速。

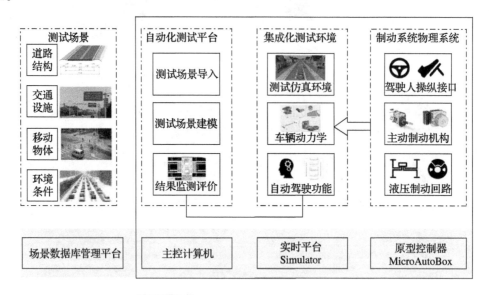

图6-31　制动系统在环测试系统设计方案

　　该设计方案的硬件架构如图6-32所示。制动系统由通过原型控制的iBooster和压力控制单元组成，集成化测试环境和控制算法运行在MicroLabBox中。主动制动信号通过CAN网络发送至制动系统控制器，制动控制器控制iBooster和压力控制单元主动制动在轮缸建立压力，并通过模拟信号采集接口输送到车辆模型，使得车辆完成预定的减速动作，从而实现测试回路的闭环。

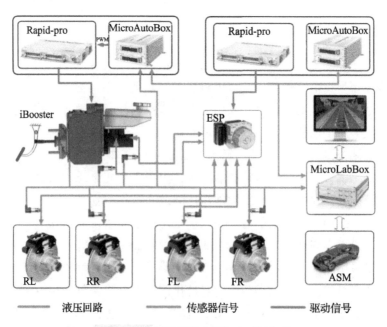

图6-32　制动系统在环平台硬件架构

2. 转向系统在环测试

转向系统硬件在环测试与制动系统类似，也分为信号级、功率级和机械级三种方案，如图 6-33 所示。信号级测试对象为转向系统 ECU 的控制单元，考察其控制策略；功率级测试对象为整个 ECU 模块，考察其功率驱动和控制策略；机械级测试对象为 ECU 和助力电动机整体，考察转向系统的特性。根据电子助力转向系统（Electronic Power Steering, EPS）开发阶段和测试目标的不同，应分别采取不同的测试方案。

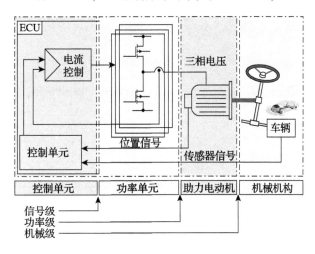

图 6-33　转向系统在环测试方案

进行机械级硬件在环测试时，通常采用整个电动助力转向系统总成作为测试对象，转向输入为驾驶人手力或电动机驱动，输出端则采用阻力加载装置对转向过程中的阻力进行模拟。目前的阻力加载方案大致有弹簧、液压缸、磁粉制动器、千斤顶以及伺服电动机五种，其对比优缺点见表 6-3。设计时需要根据转向系统的形式、测试内容和目标选择合适的方案。

表 6-3　五种阻力加载装置的优缺点对比

阻力加载装置名称	结构与控制	是否能逆向加载	模拟精度	可靠性	成本
弹簧	简单	否	较低	高	低
液压缸	较复杂	是	高	较高	高
磁粉制动器	较简单	否	较高	较高	较低
千斤顶	复杂	否	高	高	低
伺服电动机	复杂	是	高	较差	高

EPS 硬件在环测试方案如图 6-34 所示。在实际测试过程中，需要采集的传感器信号主要有转向盘力矩、转角、助力电流等，此外还需要车速、车辆起动信号、转向阻力等表征车辆运行状态的信号。车辆动力学模型中的转向系统由 EPS 系统实物代替，原有的 ECU 也可以采用 MicroAutoBox 代替。利用车辆动力学仿真软件搭建整车模型和行驶工况，并给

EPS 系统 ECU 或 MicroAutoBox 提供车速、档位等车辆状态信息。传感器以及控制器的 IO 接口模型采用 Simulink/RTW 搭建图形化模型，采用 RTI 软件自动生成相应的代码文件，连接试验台硬件和软件部分。测试过程中在 ControlDesk 界面监测转向系统状态并设置车辆起动信号和故障信号对转向系统 ECU 进行硬件在环测试。

当阻力加载装置选用伺服电动机、液压缸或磁粉制动器时，可以根据车辆动力学模型中得到的转向阻力对阻力加载装置模拟的阻力进行控制，以提高测试精度，使测试结果更接近于实车行驶状态。在此设计方案的基础上，如果将转向输入端改为电动机输入，则可以利用自动化测试管理软件 AutomationDesk 实现自动化测试，并提高转向输入的精度。

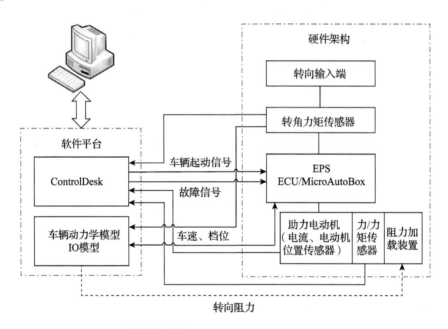

图 6-34　转向系统硬件在环测试方案

6.6　车辆在环虚拟测试技术

车辆在环测试是将整车嵌入到虚拟测试环境中进行测试，通过模拟场景测试整车的性能，主要包括转鼓平台车辆在环和封闭场地车辆在环平行测试，其关键在于将车辆信息传递给模拟环境以及将模拟环境中产生的传感器信息传递给车辆控制器。典型的车辆在环测试方案如图 6-35 所示。

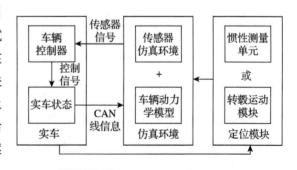

图 6-35　典型车辆在环测试方案

6.6.1　转鼓平台车辆在环测试技术

对智能汽车进行整车测试评估时，需要模拟测试车辆在真实的交通场景下的运行情况。转鼓平台车辆在环测试技术可以模拟车辆行驶时的周围环境，通过虚假信息注入的方式模拟整车行驶环境，测试车辆的自动驾驶性能。在测试的过程中，测试车辆放置于底盘测功机上，通过先进的车辆固定系统确保汽车进行逼真的运动（加速、制动）。在目前技术条件下，转鼓平台可模拟的最大速度为 250km/h，并可模拟相应的真实制动减速度。

整车转鼓平台测试实验室可被视为智能汽车系统设计和开发中不可缺少的一环，该实验室可处理任何组合的系统硬件和模拟模块，以生成组合的现实和虚拟系统或交通环境。转鼓平台在环测试可连接至仿真模拟工具，以对乘员受伤、预碰撞测试、先进的智能车辆系统设计和评估以及高级辅助驾驶系统（ADAS）开发和验证进行模拟。测试设备还可模拟现实的交通场景，例如使用轮式移动机器人来表示道路环境中的其他交通参与者，这种机器人又称移动基座。移动基座可添加假人进行扩展，类似真正乘用车的雷达、激光雷达和视觉系统。通过将转鼓平台和移动基座连接至"环路"，可为很多智能驾驶系统解决方案提供优质、详细和有效的测试。由于智能汽车上配备的电子元件数目众多，在电波暗室环境下的电磁稳定性试验越来越受到企业的重视，其在传统的整车转鼓平台的基础上增加了电波暗室，以此来创造一片可被控制的电磁干扰区域来进行电磁兼容试验，如图 6-36 所示。

图 6-36　电波暗室环境下的车辆在环试验平台

6.6.2　封闭场地车辆在环测试技术

除了转鼓平台车辆在环测试，封闭场地车辆在环测试技术也是解决智能汽车测试验证的重要手段。进行测试的过程中，车辆行驶在真实的道路上，通过信息注入的方式模拟车辆周围的其他交通参与者、静止障碍物等。由于使用真实的车辆代替车辆模型，在测试的过程中可以很大程度上提高测试精度；同时，由于周围的环境信息通过虚拟的方式进行生成，可以在封闭场地内进行重复测试和随机测试；一些不易出现的场景可以通过虚拟生成的方式进行设计，可提高测试场景的丰富程度。

6.7　虚拟测试及评价方法

6.7.1　基于功能的智能汽车测试评价方法

在智能汽车发展的初期，其功能多以单一节点实现，例如主动紧急制动（Autonomous

Emergency Braking，AEB)、自适应巡航 (Adaptive Cruise Control，ACC)、车道偏离预警 (Lane Departure Waring，LDW) 等。此时由于测试功能单一，测试时可以针对不同的自动驾驶功能，选择合适的测试场景配置，此时的测试评价方法多为基于功能的测试评价，大多属于矩阵测试的范畴。

针对不同的自动驾驶功能，测试方案也存在很大差异。以前方碰撞预警 (Forward Collision Waring，FCW) 为例，其通过雷达系统时刻监测前方车辆，判断本车与前车之间的距离、方位及相对速度，当存在潜在碰撞危险时对驾驶人进行警告，其本身不会采取任何制动措施去避免碰撞或控制车辆。根据其功能范围，针对 FCW 功能的测试方案包括前方车辆静止、前方车辆减速、前方车辆低速、单车道多车、前侧存在车辆、弯道车辆、车辆前上方存在物体、车辆前下方存在物体及路侧目标测试等，下面对前方车辆静止方案和前侧存在车辆的测试方案进行具体解释。

前方车辆静止的一种测试方案如图 6-37 所示，前车停在车道中心，纵轴方向与道路边缘平行，且前车与自车朝向一致，自车向前车尾部接近。自车从距离前车 150m 处出发，以额定速度 20m/s 在车道中心朝前车行驶，系统应能够在 TTC 最小为 2.1s 时发出报警。

前侧存在车辆的一种测试方案如图 6-38 所示。自车和目标车辆以相同的速度 20m/s 行驶，且车间距离不会触发报警。一辆前车以相同速度在目标车辆相邻车道行驶。前车与目标车辆的纵轴间距为 (3.5 ± 0.25)m，车宽应为 $1.4 \sim 2$m；自车纵轴相对于目标车辆纵轴横向位移应小于 0.5m。几秒后，相邻车道的前车减速至明显低于自车与目标车辆的速度，在自车超过相邻车道前车时系统不应发出报警；然后目标车辆减速至系统能发出预备碰撞预警的程度，自车开始报警，则测试通过。

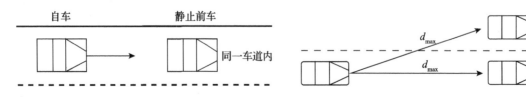

图 6-37　前方车辆静止的 FCW 功能测试方案　　　图 6-38　前侧存在车辆的 FCW 功能测试方案

在针对 ADAS 功能时，汽车安全完整性等级 (Automotive Safety Integration Level，ASIL) 也较为常用，这是 ISO 26262《功能安全》针对汽车电子/电器功能安全设计提出的安全性评价方法，将被测系统的安全等级分为 A、B、C、D 四个等级。ASIL 等级的三个基本要素为严重度、暴露率和可控性。严重度描述一旦风险成为现实，相关人员、财产将遭受损害的程度；暴露率描述风险出现时，人员或者财产可能受到影响的概率；可控性描述风险出现时，驾驶人等在多大程度上可以采取主动措施避免损害的发生。

对一个指定系统应用安全功能要求，ASIL 安全等级划分包括如下步骤：

1) 根据预想架构、功能概念、操作模式和系统状态等确定安全事件。

2) 危险分析和风险评估，初步确定 ASIL 安全等级。

3) 逐级分解安全要求和安全等级，ASIL 安全级别划分和 ASIL 安全级别逐层分解两个过程交替进行，直至抵达无法进一步分解零件或者子系统。

4）可用因素共存原则、相关失效分析和安全分析等原则来检查等级分配的合理性。

6.7.2　基于场景的智能汽车测试评价方法

"场景"的概念最先应用于软件系统的开发测试，用来描述系统的使用方式以及构想更多可行的系统。智能汽车测试领域，场景的基础特征包含道路环境要素、其他交通参与者、车辆驾驶任务、持续一定时间、具有动态变化的特性。

1. 场景要素

根据测试场景的定义，测试场景的要素可以分为测试车辆基础信息与交通环境要素两大类。具体要素内容如图6-39所示。

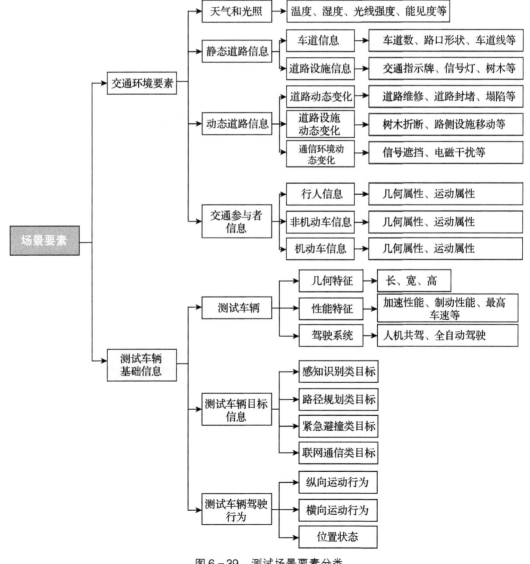

图6-39　测试场景要素分类

（1）测试车辆基础要素

智能汽车在测试过程中，测试车辆本身会对周围场景要素尤其是其他交通参与者产生明显的影响，测试车辆和周围驾驶环境之间相互作用形成闭环，因此测试车辆基础信息是测试场景要素中不可或缺的部分，其主要包括固有状态、目标信息、驾驶行为。

测试车辆的固有状态会对自动驾驶系统的行为决策起到关键影响，例如测试车辆的几何特征、性能特征、驾驶系统等。测试车辆的几何特征会决定其安全空间，几何尺寸越大，其所需的安全空间也就越大；测试车辆的性能特征会决定其行驶策略，以加速性能为例，不同的加速性能会决定驾驶系统选择不同的行驶测试，例如跟随或是超车；测试车辆的驾驶系统会决定驾驶人是否可实时参与到车辆驾驶行为之中，一旦发生意外情况，是由驾驶人进行接管还是驾驶系统进行保守型操作。测试车辆目标信息即为测试车辆的驾驶任务，会影响测试场景的覆盖范围及测试场景的持续时间。测试车辆驾驶行为指测试车辆当前的运动状态，例如当前的纵向速度、侧向速度等，明确测试车辆当前的驾驶状态是进行下一步路径规划的基础。

（2）交通环境要素

交通环境要素主要包含天气光照要素、静态道路信息、动态道路信息、交通参与者信息。天气光照要素会影响智能汽车的感知系统，例如逆光或顺光、光照的不同亮度、雾霾、雪等都会对雷达或者摄像头等产生影响；静态道路信息是场景要素的基础，从广义上来说，智能汽车都是在道路上进行行驶，在行驶的过程中，智能汽车还需要遵循一定的交通规则；动态道路信息会极大地提升行驶场景的复杂程度，增加智能汽车决策的困难；其他交通参与者信息包括行人信息、非机动车信息和机动车信息，在真实的行驶环境中，其他交通参与者具有很大的不确定性，其下一时刻的运动状态与其驾驶人息息相关，根据其当前状态合理地预估其下一步状态，是决策系统的重要任务。

2. 场景的数据来源

为保证自动驾驶测试时的场景类型足够丰富，需要收集大量的场景数据，将包含海量场景数据的数据集称为场景库。目前多个国家已着手研究自动驾驶测试场景库的构建工作，以期在自动驾驶测试领域占得先机。

目前，测试场景的数据来源主要包括三个部分：真实数据、模拟数据、专家经验，其具体内容如图 6-40 所示。

1）真实数据。真实数据来源主要包括道路数

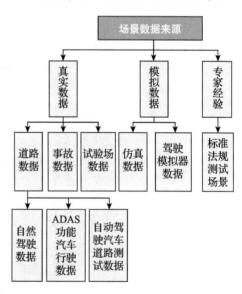

图 6-40　测试场景数据来源

据、试验场数据和事故数据。道路数据主要包含自然驾驶数据、自动驾驶汽车道路测试数据、ADAS 功能汽车行驶数据。自然驾驶数据是指在传统汽车上加装雷达、摄像头等传感器，在驾驶人正常行驶的过程中收集行驶信息和驾驶人操作信息。试验场数据是指为自动驾驶汽车测试建立专门的封闭试验场，在试验场内部建立尽可能多的交通场景，测试自动驾驶汽车在这些典型场景下的反应。测试试验场应满足高速巡回、V2X 的道路基础设施、特殊的测试轨道、测试坡道、多用途测试道路、外部噪声测试道路、转向路段等要求。事故数据是验证自动驾驶汽车安全性的关键，分析自动事故发生之前的车辆状态，测试自动驾驶汽车在碰撞前场景（Pre – Crash Scenario）中的反应非常必要。各国都积极建立事故数据库，以分析事故成因，提高道路安全性。我国的 CIDAS 数据库、德国的 GIDAS 数据、美国 NHTSA 中的 GES 数据库、欧盟的 ASSESS 项目等都对事故数据进行了收集统计。

2）模拟数据。模拟数据主要包括仿真数据和驾驶模拟器数据。仿真数据是指通过场景模拟软件搭建场景，让自动驾驶控制算法在虚拟环境中运行，记录自动驾驶汽车的行驶数据。驾驶模拟器是集车辆运动模拟系统、实时监控系统、声光系统、视景系统、数据采集与传输系统于一体的虚拟仿真测试设备，相比道路测试数据，其测试安全性提高、可重复性更好，相比仿真数据，其可以实现驾驶人在环，收集驾驶人与自动驾驶系统之间的耦合数据。

3）专家经验。专家经验是领域专家通过以往测试的先验知识总结的场景类型，标准法规测试场景是最典型的专家知识场景数据。我国发布的《智能网联汽车自动驾驶功能测试规程（试行)》中提出了包括交通标志和标线的识别及响应等在内的 34 个测试场景，这些法规测试场景都可以作为场景测试的数据来源。

3. 场景数据的处理流程

对于场景数据采集车辆所采集到的数据来说，由于传感器之间的工作频率差异，对不同传感器的数据首先需要进行时间同步处理。目前多使用 GPS、COMPASS、GLONASS 或 GALILEO 等统一时钟源设备实现传感器数据之间的纳秒级同步；对于不同频率的传感器数据，可采用中值采样、样条插值采样等方法实现时间同步。空间同步需要对不同传感器的坐标系进行统一，从而保证不同传感器数据在空间维度上的匹配。之后，还需要进行一系列的数据处理步骤才能形成有用的测试场景数据。典型的场景数据处理流程如图 6 – 41 所示。

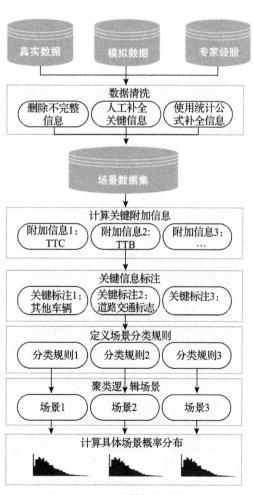

图 6 – 41　场景数据处理流程

具体步骤如下：1）将所收集到的场景数据进行清洗，主要包括清除冗余、删除缺失数据、数据修复等，其中数据修复可以进行关键信息的人工补全或者按照数据的统计学规律进行修复。在数据清洗过程中，应满足以下要求：①保持数据的完整性约束；②制定合适的数据清洗规则、满足用户需求；③在满足所有数据质量需求的前提下，清洗代价最小。

2）将清洗过后的数据进行整理，形成可用的场景数据集。

3）计算场景关键附加信息。对于不能通过传感器直接得到的关键信息，需要进行计算，包括碰撞时间（Time to Collision，TTC）、车头时距（Time Headway，TH）、制动时间（Time to Brake，TTB）等。

4）对场景要素中的关键信息进行标注。常用的标注方式包括：基于语义分析的方式、基于半监督学习的方式、基于贝叶斯学习的方式等。

5）定义场景分类规则。分析场景要素特征参数的分布规律，根据被测的自动驾驶功能需求，建立场景分类规则，例如前车切入危险场景中的本车速度、切入车辆速度、切入位置等。

6）聚类逻辑场景。将符合分类规则的场景聚类成为相应的逻辑场景，并明确场景要素的参数空间。常用的聚类算法主要有 K – Means 聚类、层次聚类、混合高斯模型等。

7）计算具体场景概率分布。根据上述场景数据，计算逻辑场景的核密度函数，以便于后续具体场景的随机生成。

8）根据具体场景概率分布进行测试用例的随机生成。

4. 场景测试中的常用方法

遍历测试方法是最基础的虚拟测试方法，即在一个可能存在可行状态（可行解）的状态全集中，依次遍历所有的元素，并判断是否为可行状态。在测试过程中，首先根据专家经验或智能汽车的功能边界，列举出可能遇到的所有逻辑场景，通过给定逻辑场景参数空间边界及离散条件等方式，生成所有可能的具体场景，然后将所有可能的场景依次进行试验，判断被测智能汽车算法在所有具体场景中的表现。这种方法可以发现被测算法在所有情况下的表现，对于算法的缺陷可以及时发现，但是穷举法测试效率低，测试成本高，尤其是智能汽车测试维度较多，极易发生维度爆炸的现象，无法将所有可能的场景全部进行测试。

组合测试方法（图 6 – 42）通过分析被测车辆与周围车辆的运动关系来生成测试用例，该方法将与被测车辆运动相关的周围 11 辆车的位置及运动状态考虑在内，从而分析它们处于何种运动状态时会对被测车辆的运动产生影响。以图 6 – 42 为例，被测车辆本车道前方车辆发生加速或者制动时，会对本车前方的运动空间产生影响，并且当其发生转向时，会对本车的右前或左前位置车辆产生干扰，从而影响本车的运动状态，因此需要考虑本车前方车辆的四种运动状态。图 6 – 42b 就是一个通过组合测试产生的典型前车左侧切入危险场景。同理，其他车辆的运动状态也可进行推断，通过这些周围车辆位置和运动状态的组合，即可大量生成相关的测试场景。

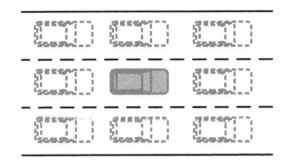 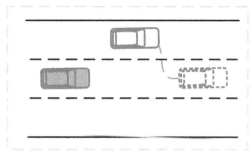

a）组合测试方法示意　　　　　　　　　b）典型测试危险场景

图 6-42　组合测试方法

蒙特卡洛测试方法是一种统计学的方法，用来模拟大量数据。该方法用于智能汽车的测试过程，首先需要进行大量的数据收集用以描绘场景可能的概率分布，并建立具体场景的概率分布曲线；根据概率分布曲线随机生成海量具体测试用例；统计并分析被测算法在不同具体场景中的测试结果。蒙特卡洛测试方法的好处是其测试结果具有统计意义，可反映被测算法在真实道路情况下的统计学情况。但由于自然驾驶数据中的安全场景占比较大，蒙特卡洛测试方法在生成具体场景的过程中会生成大量的安全场景，这极大地降低了测试效率。

6.7.3　智能汽车加速测试方法

在仿真测试的过程中，安全场景在总体场景中占据了很大的部分，这极大地降低了仿真测试的效率。研究人员尝试了各种加速测试方法，以期提高危险场景测试频率，从而提高测试效率。

加速测试方法以重要性采样为代表，其针对数据的处理过程分为以下六步：大量收集实际行驶过程中的数据；对数据进行过滤，保留下包含自动驾驶车与人类驾驶的车辆进行有价值的交互的数据；对人类驾驶行为进行建模，以此作为对自动驾驶车产生主要威胁，并且是概率分布的随机变量；减少日常驾驶中没有发生事故的数据，然后用发生了危险事故的数据进行取代；在加速场景下使用蒙特卡洛算法，从而能够在人类驾驶人与自动驾驶车之间产生高频率高密度的相互作用；使用统计分析的方式，根据测试的结果去反推实际情况中自动驾驶车的表现情况。

加速测试的核心思想是引入一个新的概率密度函数 $f^*(x)$ 代替原本的 $f(x)$，增大危险场景的生成概率，从而减少测试次数。在使用随机采样的场景生成方法时，危险场景的概率密度函数为 $f(x)$，其最小测试次数为：

$$n = \frac{z^2(1-\gamma)}{\beta^2 \gamma} \tag{6.49}$$

式中，γ 为危险场景发生的概率；β 为给定常数；z 与 $N(0,1)$ 的逆累积分布函数有关。

使用重要性采样进行危险场景生成时，危险场景的概率密度函数为 $f^*(x)$，其最小测试次数为

$$n = \frac{z^2}{\beta^2} \left\{ \frac{E_{f^*}\left[I^2(x) L^2(x) \right]}{\gamma^2 - 1} - 1 \right\} \tag{6.50}$$

式中，$I(x)$ 为危险事件 ε 的指标函数；$L(x)$ 为使用重要性采样的似然比。

加速测试方法可以极大地提高测试过程中的效率，并且由于似然比的引进，其测试结果也可反映真实道路上的统计情况。通过对前车切入、前车制动等典型场景对危险场景强化生成的方法进行验证，证明其测试速度可达到蒙特卡洛测试模拟的 7000 倍。

6.8 智能汽车虚拟测试评价实例

本节以世界智能驾驶挑战赛仿真赛为例介绍智能汽车虚拟测试评价实例。该比赛以 PanoSim 平台为载体，设置了多个测试场景，对被测算法的安全性进行测试。比赛类型的评价方法为设定具体场景限制条件，以条件满足比例确定算法得分。

6.8.1 安全避障测试

1. 比赛内容

比赛内容包括典型行人避障和车辆避障（直道、弯道）测试场景，参赛车辆按照既定线路行进，设置由于道路及交通参与者造成的边界场景，考察系统识别危险目标和主动制动算法的能力。

行人避障测试场景为行人从视觉盲区横穿，如图 6-43 所示。

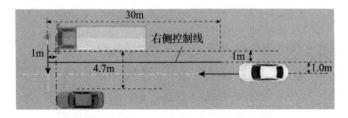

图 6-43　行人从视觉盲区横穿示意

直道车辆避障测试场景为目标车切出场景，弯道车辆避障测试场景为弯道多目标车场景，如图 6-44 和图 6-45 所示。

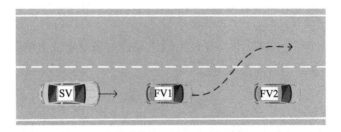

图 6-44　目标车切出场景示意

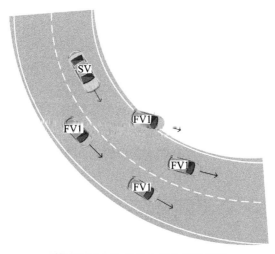

图6-45　弯道多目标车场景示意

2. 评分指标

（1）行人避障测试场景

1）视觉盲区场景中车速设置为50km/h，当车辆行驶至距离行人运动轨迹的垂直距离30m时，行人开始向车道中心位置运动，行人初始位置距离车道中心3m，行人速度为1m/s。

2）测试案例无碰撞发生且顺利完成比赛，可获得60分。

3）未碰撞的前提下，记录距离行人行走轨迹的纵向距离，制动停稳后距离目标在0.5~1m，加15分。

（2）直道车辆避障测试场景

1）本车以70km/h车速匀速行驶，左侧前方存在一辆速度为20km/h匀速行驶的目标车匀速行驶，当本车距离目标车一定距离时，目标车切入本车车道。

2）无碰撞发生且顺利完成比赛，可获得130分。

3）未碰撞的前提下，记录每次测试主车距离危险目标的距离，制动停稳后距离目标车在0.5~1m或以一定速度稳定跟随前车，加20分。

（3）弯道避障交通车辆测试场景

1）弯道半径为500m，本车车速设置为50km/h，车辆行驶在左侧车道，右侧车辆车速60km/h，距离（弧长）本车20m、40m、50m各一辆；本车道前车交通车辆车速20km/h，距离（弧长）本车20m。

2）无碰撞发生且顺利完成比赛，可获得130分。

3）未碰撞的前提下，记录每次测试主车最终距离前车的距离，制动停稳后距离目标

车在 0.5 ~ 1m 或以一定速度稳定跟随前车，加 20 分。

6.8.2 城市公路自动驾驶

1. 比赛内容

比赛选取天津市某处公路的具体路段并对应建模为仿真环境，嵌入仿真交通流，模拟真实城市公路情况。整个路段的仿真环境如图 6 - 46 所示。背景交通流中驾驶人类型包括谨慎型、稳健型和激进型三种，各类型驾驶人的比例可根据比赛难度进行设定。考察智能汽车在跟车、换道、紧急制动等测试场景下的感知、决策和规划能力。

图 6 - 46 城市公路路段仿真环境

2. 评分指标

1）顺利完成全部比赛路段可得 1000 分。

2）每次碰撞减 200 分，前三次发生碰撞时在碰撞点进行场景复位并进行后续比赛，第四次碰撞发生时结束比赛，行驶里程得分按结束比赛前行驶里程占总里程的百分比计算。

3）违反交通法规，例如压实线行驶、超速等，每次减 50 分。

4）最大加速度不超过 $5m/s^2$ 的参赛车辆加 200 分。

5）记录比赛完成时间，少于 10min 时，每减少 1s 加 5 分（不足 1s 不计）。

思考题

1. 数字仿真技术、硬件在环仿真技术、车辆在环仿真技术的技术优势和技术难点分别是什么？

2. 简述常用的车辆动力学建模方法。

3. 简述激光雷达建模方法。

4. 简述毫米波雷达建模方法。

5. 简述场景构建的几种方式。

6. 测试场景数据来源分为哪几类？分别有什么特点？

7. 摄像头在环测试验证共分为几种类型？

8. 简述毫米波雷达硬件在环试验台的工作原理。

9. 简述基于场景的智能汽车虚拟测试评价方法。

参考文献

[1] 节能与新能源汽车技术路线图战略咨询委员会, 中国汽车工程学会. 节能与新能源汽车技术路线图 [M]. 北京: 机械工业出版社, 2016.

[2] 李克强, 戴一凡, 李升波, 等. 智能网联汽车 (ICV) 技术的发展现状及趋势 [J]. 汽车安全与节能学报, 2017, 8 (1): 1-14.

[3] 琼卢克·高迪奥特. 无人驾驶: 人工智能如何颠覆汽车 [M]. 刘少山, 李力耘, 唐洁, 等译. 北京: 机械工业出版社, 2018.

[4] 甄先通, 黄坚, 王亮, 等. 自动驾驶汽车环境感知 [M]. 北京: 清华大学出版社, 2020.

[5] 李晓欢, 杨晴红, 宋适宇, 等. 自动驾驶汽车定位技术 [M]. 北京: 清华大学出版社, 2019.

[6] 余伶俐, 周开军, 陈白帆. 智能驾驶技术: 路径规划与导航控制 [M]. 北京: 机械工业出版社, 2020.

[7] 王庞伟, 王力, 余贵珍. 智能网联汽车协同控制技术 [M]. 北京: 机械工业出版社, 2019.

[8] 刘帅. 基于安全场的智能汽车个性化换道决策与规划算法研究 [D]. 长春: 吉林大学, 2019.

[9] 朱冰, 蒋渊德, 赵健, 等. 基于深度强化学习的车辆跟驰控制 [J]. 中国公路学报, 2019, 32 (6): 53-60.

[10] 蒋渊德. 智能汽车个性化辅助驾驶策略研究 [D]. 长春: 吉林大学, 2019.

[11] 冯瑶. 商用半挂汽车列车预测性紧急制动系统研究 [D]. 长春: 吉林大学, 2018.

[12] 朴奇. 基于多源信息的重型汽车碰撞预警策略研究 [D]. 长春: 吉林大学, 2017.

[13] 朱冰, 朴奇, 赵健, 等. 基于路面附着系数估计的汽车纵向碰撞预警策略 [J]. 汽车工程, 2016, 38 (4): 446-452.

[14] 陈虹, 郭露露, 宫洵, 等. 智能时代的汽车控制 [J]. 自动化学报, 2020, 46 (7): 1313-1332.

[15] 李享泰. 智能汽车人机共驾系统测试评价方法研究 [D]. 长春: 吉林大学, 2020.

[16] 朱冰. 基于液压制动力精细调节的轻型汽车底盘集成控制研究 [D]. 长春: 吉林大学, 2010.

[17] 朱冰, 贾晓峰, 王御, 等. 基于双 dSPACE 的汽车动力学集成控制快速原型试验 [J]. 吉林大学学报 (工学版), 2016, 1: 8-14.

[18] 朱冰, 张培兴, 赵健, 等. 基于场景的自动驾驶汽车虚拟测试研究进展 [J]. 中国公路学报, 2019, 32 (6): 1-19.

[19] 张曦. 基于模型预测原理的无人车局部路径规划算法研究 [D]. 重庆: 重庆理工大学, 2020.

[20] 潘鲁彬. 无人驾驶汽车的路径规划与跟随控制算法研究 [D]. 长沙: 湖南大学, 2016.

[21] 高健博. 无人驾驶汽车运动规划方法研究综述 [J]. 汽车工业研究, 2018, 8: 37-42.

[22] 马静, 王佳斌, 张雪. A* 算法在无人车路径规划中的应用 [J]. 计算机技术与发展, 2016, 26 (11): 153-156.

[23] 王晓原, 夏媛媛, 姜雨函, 等. 基于比较式随机路标图法的无人船舶局部路径规划方法: 201910059813. 0 [P]. 2019-05-24.

[24] 夏炎, 隋岩. PRM 路径规划算法优化研究 [J]. 应用科技, 2010, 37 (10): 1-5.

[25] 冯林，贾菁辉. 基于对比优化的 RRT 路径规划改进算法 [J]. 计算机工程与应用，2011，47（3）：210 – 213.

[26] 黄杭. 浅谈 Dijkstra 算法与 Floyd 算法 [J]. 中国新通信，2019，21（3）：162 – 163.

[27] 袁师召，李军. 无人驾驶汽车路径规划研究综述 [J]. 汽车工程师，2019（5）：11 – 13，25.

[28] 郑敏，王鹏，范丽波，等. 人工势场法在路径规划中的应用研究 [J]. 技术与市场，2019，26（6）：34 – 36.

[29] 顾冬雷，李晓格，王硕. 移动机器人路径规划方法 [J]. 机器人技术与应用 [J]. 2014（1）：28 – 30.

[30] 李爱娟. 智能车辆运动轨迹规划方法的研究 [D]. 南京：南京航空航天大学，2013.